大数据挖掘技术及其在医药领域的应用

张文学 连世新 编著

燕山大学出版社

2020·秦皇岛

图书在版编目（CIP）数据

大数据挖掘技术及其在医药领域的应用 / 张文学，连世新编著. 一秦皇岛：燕山大学出版社，2020.9（2022.3 重印）
ISBN 978-7-5761-0027-3

Ⅰ. ①大… Ⅱ. ①张… ②连… Ⅲ. ①医学一数据处理一研究 Ⅳ. ①R319

中国版本图书馆 CIP 数据核字（2022）第 036492 号

大数据挖掘技术及其在医药领域的应用
张文学 连世新 编著

出 版 人：陈 玉
责任编辑：王 宁 策划编辑：王 宁
封面设计：刘韦希 责任印制：吴 波
出版发行：燕山大学出版社 YANSHAN UNIVERSITY PRESS 地 址：河北省秦皇岛市河北大街西段 438 号
邮政编码：066004 电 话：0335-8387555
印 刷：英格拉姆印刷(固安)有限公司 经 销：全国新华书店

尺 寸：185mm×260mm 1/16 印 张：18 字 数：414 千字
版 次：2020 年 9 月第 1 版 印 次：2022 年 3 月第 2 次印刷
书 号：ISBN 978-7-5761-0027-3
定 价：58.00 元

《大数据挖掘技术及其在医药领域的应用》
编 著 团 队

主要编著人员

张文学（宁夏医科大学）

连世新（宁夏医科大学）

骨干编著人员

马宜青（宁夏医科大学）

董富江（宁夏医科大学）

其他编著人员

杨柳（宁夏医科大学）

宋斐（宁夏医科大学）

张海宏（宁夏医科大学）

张改茹（宁夏医科大学）

张倩（宁夏医科大学）

李正直（宁夏医科大学）

葛学锋（银川能源学院）

段彩芳（银川市第三人民医院）

刘学锐（西部安全认证中心有限责任公司）

前　言

移动互联、智能传感器、云计算、机器人等新兴信息通信技术与信息感知方式的发展和变化，深刻地改变着传统的医疗与健康服务模式。《大数据挖掘技术及其在医药领域的应用》以数据挖掘经典方法在医药数据中的运用案例为切入点，以数据预处理、数据挖掘、知识发现过程为主线，对医药数据的数据挖掘与模式识别技术进行系统性的讨论。本书内容主要包括医药数据的关联规则、医药数据的分类分析、医药数据的聚类分析、Hadoop及药品安全舆情的话题跟踪、大数据存储技术、大数据采集和预处理、大数据分析技术。本书注重数据挖掘的基本概念、原理、方法和技术在医药领域的应用。各章的主要内容如下：

第1章，绪论。本章主要讨论大数据的定义、大数据的特性、数据科学、数据工程等大数据的基本概念，医药大数据来源、医药大数据类型及特点、大数据在医疗行业的应用、医药大数据分析等医药大数据，数据挖掘的定义、数据库与数据仓库、数据挖掘的内容与特点、数据挖掘的功能、数据挖掘过程、数据挖掘的评价、数据挖掘的方法及技术工具等数据挖掘问题，数据预处理、特征提取、特征构造、特征缩放、特征编码、特征降维、特征选择等特征工程问题，以及中药方剂挖掘的预处理问题等。

第2章，医药数据的关联规则。本章主要包括医药数据的关联规则分析、关联规则挖掘概述、Apriori算法、挖掘各种类型的关联规则、关联规则进阶、基于关联规则的中药处方研究、Weka关联规则设计等问题和相关方法技术。

第3章，医药数据的分类分析。本章主要包括医药数据的分类分析，ID3分类算法、C4.5分类算法、CART分类算法等决策树分类算法问题，贝叶斯分类、分类模型的评价问题，以及基于决策树的肺炎数据集分析问题和相关方法技术。

第4章，医药数据的聚类分析。本章主要包括医药数据的聚类分析、相似度计算方法、KMeans算法、基于KMeans的药物聚类分析等问题和相关方法技术。

第5章，Hadoop。本章主要讨论大数据概述、Hadoop、HDFS、MapReduce问题，MapReduce的计算模式、开发环境、应用程序开发、编程过程等问题，以及基于NB和Hadoop的药品安全舆情的话题跟踪问题和相关方法技术。

第6章，大数据存储技术。本章主要讨论数据存储、数据管理系统、面向大数据的存储、大数据存储方式问题，NoSQL基础知识、NoSQL的种类、典型的NoSQL工具等问题，HBase的部署、配置、Shell、模式设计、安全等问题，以及Hive的相关方法技术。

第7章，大数据采集和预处理。本章主要讨论数据采集、大数据建模过程、数据采集工具问题，Flume、Kafka和Sqoop的相关方法技术，包括大数据的采集、大数据采集的数据来源、大数据采集的技术方法和大数据的预处理，以及大数据采集与预处理的一些工具和简单的采集任务执行范例。大数据采集后，为了减少及避免后续的数据分析和数据挖掘中出现问题，有必要对数据进行预处理。数据的预处理主要是对于已经采集到的数据进行适当的处理、清洗、去噪及进一步的集成存储。

第8章，大数据分析技术。大数据分析为处理结构化与非结构化的数据提供了新的途径。本章主要讨论大数据分析问题、Mahout的相关方法技术，包括大数据处理流程、大数据分析的主要技术、大数据分析应用，Mahout对医学大数据的分析处理。大数据的基本分析方法：预测性分析、可视化分析、大数据挖掘算法、语义引擎、数据质量和数据管理；大数据的分析流程：提出问题、大数据理解、大数据的采集、大数据的预处理、大数据分析、结果的解析；大数据分析的主要技术包括深度学习、知识计算及可视化等。

第9章，搭建大数据分析平台。主要内容包括VMware中安装CentOS，CentOS中安装Hadoop：启动CentOS 6、配置时钟同步、配置主机名、使用setup命令配置网络环境、配置hosts列表、安装JDK、安装Hadoop、启动 Hadoop集群；安装部署Hive：安装Hive、安装MySQL、配置Hive；安装部署HBase：解压HBase安装包、配置HBase环境、启动HBase；安装部署Mahout。

本书共9章，41.4万字。其中，第一章，绪论，6.6万字，由张文学、连世新、杨柳、宋斐、张改茹、李正直负责完成；第二章，医药数据的关联规则，4.0万字，由张文学、张海宏、张倩、葛学锋负责完成；第三章，医药数据的分类分析，7.5万字，由张文学负责完成；第四章，医药数据的聚类分析，3.0万字，由张文学、段彩芳、刘学锐负责完成；第五章，Hadoop，7.5万字，由张文学负责完成；第六章，大数据存储技术，3.3万字，由张文学、马宜青、董富江负责完成；第七章，大数据采集和预处理，2.0万字，由张文学、马宜青负责完成；第八章，大数据分析技术，1.0万字，由张文学、董富江负责完成；第九章，搭建大数据分析平台，6.5万字，由张文学负责完成。

感谢宁夏回族自治区教育厅2019—2020年度高等学校“双导师互聘计划”（宁教高办〔2019〕47号），宁夏医科大学校级学术技术带头人后备培育对象（宁医校发〔2020〕53号），国家社会科学基金西部项目（17XGL016），宁夏自然科学基金（2020AAC03122）、宁夏教育厅2018年产教融合人才培养示范专业（2018SFZY09）、宁夏医科大学教育教学改革研究专项（NYJY1916）对《大数据挖掘技术及其在医药领域的应用》的资助。

本书的顺利出版，要感谢责任编辑王宁女士和其他为此书付出辛勤劳动的燕山大学出版社的工作人员。感谢宁夏医科大学领导的关心和支持，感谢宁夏医科大学本科生刘蓉、杨丽、张渊、计辉、刘佳星、徐金鹏在稿件整理与图形绘制过程中的辛勤工作。本书参阅和借鉴了大量的文献资料，在此一并表示感谢。

2020年5月1日

目　　录

第1章 绪　　论

本章引言

数据的理念和思维方式已经成为人们应该具备的基本常识。拥有大数据的理念，能够掌握数据和运用数据的人，才能在“一切都被记录，一切都被分析”的数据化时代生存和发展。本章主要讨论大数据的定义、大数据的特性、数据科学、数据工程等大数据的基本概念，医药大数据来源、医药大数据类型及特点、大数据在医疗行业的应用、医药大数据分析等医药大数据问题，数据挖掘的定义、数据库与数据仓库、数据挖掘的内容与特点、数据挖掘的功能、数据挖掘过程、数据挖掘的评价、数据挖掘的方法及技术工具等数据挖掘问题，数据预处理、特征提取、特征构造、特征缩放、特征编码、特征降维、特征选择等特征工程问题，以及中药方剂挖掘的预处理问题、Ⅱ型糖尿病数据的缺失值处理、某大型医院三年住院治疗数据的规范化等。

1.1 大数据的基本概念

1.1.1 大数据的定义

大数据目前还没有公认的定义。麦肯锡研究院对大数据的定义：所涉及的数据集规模已经超过了传统数据库软件获取、存储、管理和分析的能力。维基百科给出的大数据定义：数据量规模巨大到无法通过人工在合理时间内达到截取、管理、处理并整理成为人类所能解读的信息。

数据增长速度与IT界的摩尔定律很类似，即社交网络、物联网、电子商务，35ZB 的数据全部刻录到容量为9GB的光盘上，其叠加的长度将达到233万千米，相当于在地球与月球之间往返三次。全球在2010年正式进入ZB时代，预计到2020年，全球将总共拥有35ZB的数据量。我们正处于大数据时代的边缘，85%的数据属于广泛存在于社交网络、物联网、电子商务等之中的非结构化数据。如今的数据类型早已不是单一的文本形式，还包括订单、日志、音频等各种形式，从而对人们的大数据处理能力提出了更高的要求。

以下为数据的换算：

1TB=2的40次方Byte＝1 099 511 627 776 Byte

1PB=2的50次方Byte＝1 125 899 906 842 624Byte

1EB=2的60次方Byte＝1 152 921 504 606 846 976 Byte

1ZB=2的70次方Byte＝1 180 591 620 717 411 303 424 Byte

1YB=2的80次方Byte＝1 208 925 819 614 629 174 706 176 Byte

1DB=2的90次方Byte＝1 237 940 039 285 380 274 899 124 224 Byte

1NB=2的100次方Byte＝1 267 650 600 228 229 401 496 703 205 376 Byte

大数据层次观：从微观层次看大数据是在新一代信息基础设施支撑下，物理空间运动过程加速向网络空间映射的结果，表现为规模巨大、种类多样、内在关联的数据集，趋向于无限接近真实世界；从中观层次看大数据是信息经济时代主要的生产要素，是改造“生产力”和“生产关系”的基础性力量，个人角色、企业组织结构与战略、国家治理方式、国家之间竞争方式等，将在数字空间中被重新构建；从宏观层次看大数据是认识论的变革，大量对象从不可知到可知，从不确定到精确预测，从小样本近似到全样本把握，是认识世界和改造世界能力的升华。

1.1.2 大数据的特性

大数据的表现形态。大数据在当今社会非常时髦，大数据的信息量是海量的，这个海量并不是某个时间端点的量级总结，而是持续更新、持续增量。由于大数据产生的过程中存在诸多的不确定性，使得大数据的表现形态多种多样：（1）多源性，大数据来源的复杂性。网络技术的迅猛发展使得数据产生的途径多样化。大数据结构的复杂性使得非结构化数据的格式多样化，而这些非结构化数据中可能蕴藏着非常有价值的信息。（2）实时性，大数据的实时性，体现为数据更新的实时性。如何及时、有效、全面地捕获到互联网、物联网、云计算中产生的大量不同来源的数据是直接影响数据价值体现的关键因素。（3）不确定性，体现的是数据的不确定性。原始数据的不准确以及数据采集处理粒度、应用需求与数据集成和展示等因素使得数据在不同尺度、不同维度上都有不同程度的不确定性。

怎么理解“大”？从字面理解，Large、Vast和Big都可以用于形容大小，Big更强调的是相对大小的大，是抽象意义上的大。大数据是抽象的大，是思维方式上的转变。量变带来质变，思维方式、方法论都应该和以往不同。计算机并不能很好地解决人工智能中的诸多问题，利用大数据却可以突破性地解决，其核心问题也由此变成了数据问题。

重新定义大数据的本质特征。多维度：特征维度多；完备性：全面性，全局数据；关联性：数据间的关联性；不确定性：数据的真实性难以确定，噪音。

IBM则用四个特征相结合来定义大数据：数量（Volume）、种类多样（Variety）、速度（Velocity）和真实（Veracity）。互动百科和国家数据公司IDC也提出四个特征来定义大数据，但与IBM定义不同的地方，是将第四个特征由真实（Veracity）替换为价值（Value）。

大数据的特点：Big Data，大数据，海量数据；Volume，Tb级数据；Velocity，流数据；Variety，时间空间变化；Value，巨大的商业与社会价值；Complexity，复杂系统，复杂的语义关系。

大数据的3I。Ill-defined：定义不明确的，多个大数据的定义都强调了大数据规模超过传统数据的规模，随着技术的进步，数据分析的效率不断提高，符合大数据定义的数据规模也不断变大，因而没有一个明确的标准。Intimidating：从管理大数据到使用正确的工具来获取它的价值，利用大数据的过程中充满了各种挑战。Immediate：数据的价值会随着时间快速衰减，为了保证大数据的可控性，需要缩短数据从搜集到获得的时间，使大数据成为真正的即时大数据，这意味着尽快地分析数据对获得竞争优势至关重要。

大数据的其他特征。体量大：4V中的Volume；类型多：结构化、半结构化和非结构化；来源广：数据来源广泛；及时性：4V中的Velocity；积累久：长期积累与存储；在线性：随时能调用和计算；价值密度低：大量的数据中真正有价值的少；最终价值大：最终带来的价值大。

我们以预测CPI（consumer price index）为例，介绍这4个V。（1）大规模，计算CPI需要商品信息，淘宝网有5亿用户、8亿商品，每分钟5万订单；（2）速度高，计算CPI需要关心居民评论，新浪微博每秒产生3万条微博；（3）价值稀疏，计算CPI需要居民对商品价格的评论，但是1万条评论中只有一小部分和价格有关；（4）形式多样，计算CPI需要使用国家信息中心的经济数据、淘宝商品价格、股票交易等结构化数据，也需要评论等非结构化数据，因此预测CPI使用的数据满足大数据的特点，我们需要大数据计算技术来支持CPI的预测。

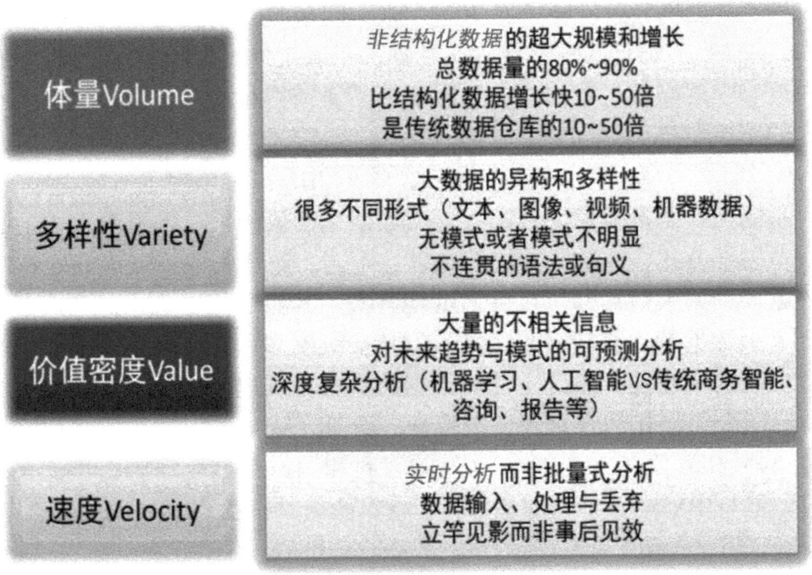

图1-1　大数据的4V特性

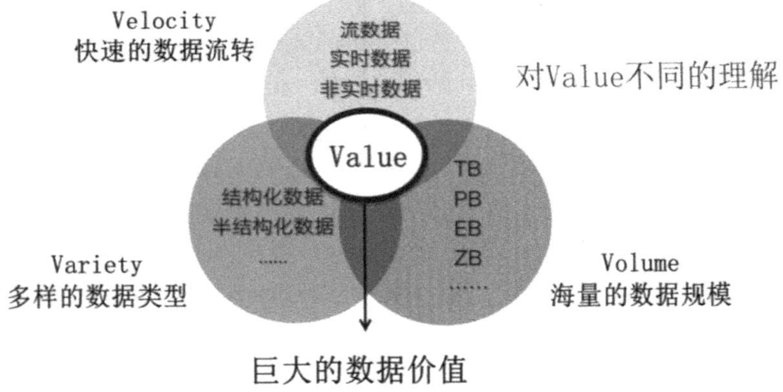

图1-2　大数据的价值

大数据价值，如传统实时路径只能监控主要道路的交通状况，而现在使用出租车或私家车的数据将产生海量实时轨迹数据。实时路况获取方法：实时路况可以通过安装在道路上的监测设备，或将定位设备安装在车上，实时动态地对其所经过路段的通行情况进行获取。与传统的红黄绿显示交通路况不同，“凯立德路况服务”采用的是通过交通事件来显示路况状态的方式，包括“道路施工”“道路封闭”等相对静态的信息，一级“临时管制”“交通事故”“车多缓行”等动态信息也都在“凯立德路况服务”上清晰展示。嘀嘀打车（现改名“滴滴打车”）数据：2014年1月10日至1月26日，滴滴打车全国日订单70万单，微信支付订单超过48万单。全国33个城市支持微信支付打车费，微信支付订单总量突破500万单。滴滴打车目前全国司机数40万，乘客3000万以上，北京日均订单12万单，630万用户。2014年1月31日至2月6日，春节7天，滴滴打车全国单日订单数突破100万单，7天平均日增幅约10%，其中微信支付订单比例为68%。全国开通了33个城市，日均订单全部超过1万单，平均成功率为83%。北京日订单16万单，微信支付订单比例为76%；上海日订单98000单，微信支付订单比例为78%；武汉日订单81600单，微信支付订单比例为69%；杭州日订单42000单，微信支付订单比例高达83%。2月6日订单数较1月31日翻了一倍。

大数据洞见的基础是在大数据这件事上，要从需求出发，而不是从大数据本身出发。有人会问，有了一些数据，怎么才能发挥更大的价值？坦率来说，许多时候不了解业务场景是很难提出建设性的意见的。

应该关注“大”还是关注“数据”？事实上，应该关注大数据的本质特征，关注实际的问题需求，关注大数据的思维，关注大数据的实践。

1.1.3 数据科学

数据科学是一门将“现实世界”映射到“数据世界”之后，在“数据层次”上研究“现实世界”的问题，根据“数据世界”洞见现实解释或决策的新兴科学。

数据科学是一门以“数据”，尤其是“大数据”为研究对象，并以数据统计、机器学习、数据可视化等为理论基础，主要研究数据预处理、数据管理、数据计算、数据产品开发等活动的交叉性学科。

数据科学是一门以实现“从数据到信息”“从数据到知识”和（或）“从数据到智慧”的转化为主要研究目的，以“数据驱动”“数据业务化”“数据洞见”“数据产品研发”和（或）“数据生态系统的建设”为主要内容的独立学科。

数据科学是一门以“数据时代”，尤其是“大数据时代”面临的新挑战、新机会、新思维和新方法为核心内容的，包括新的理论、方法、模型、技术、平台、工具、应用和最佳实践在内的一整套知识体系。

数据科学的知识体系。大数据基础：基本概念、数据洞察、技术架构、应用场景；大数据技术原理：感知采集、存储、管理、计算、分析、可视化；大数据创新实践：创新方法、数据工程、开放数据、行业实践。

数据科学的理论基础。大数据表达理论方面，包括大数据的生命周期、演化与传播规律，数据科学与社会学、经济学等之间的互动机制以及大数据的结构与效能的规律性；大数据计算理论方面，研究大数据的表示以及大数据的计算模型及其复杂性；大数据应用基础理论方面，研究大数据与知识发现，大数据环境下的实验与验证方法以及大数据的安全与隐私。

数据科学=思维+计算机科学+统计+应用。首先，建立大数据思维方式，学习怎样利用数据；其次，应该了解数据清理、集成、探索等相关技术；最后，洞见和商业意识也至关重要。

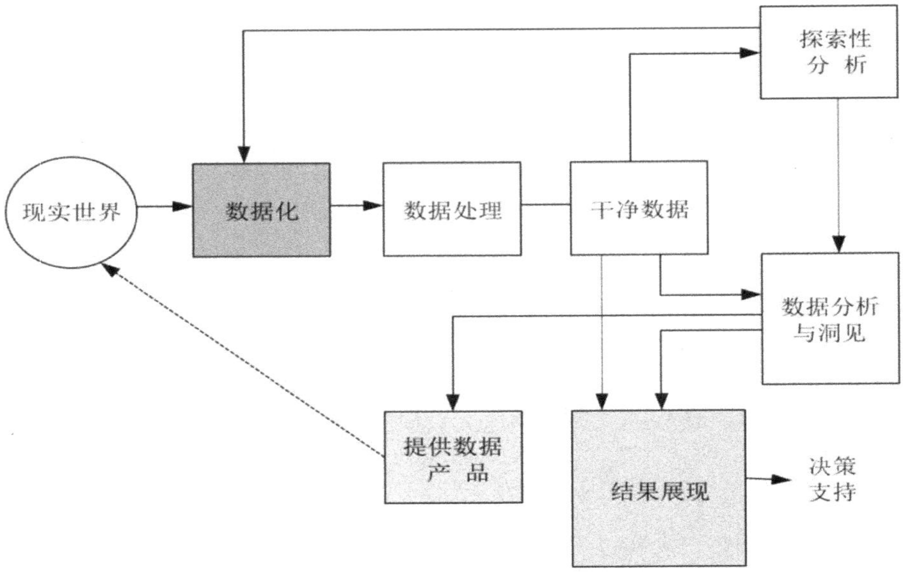

图1-3　数据科学的基本流程

1.1.4 数据工程

数据工程是指将工程思维引入数据科学领域，综合地采用各种工程技术方法设计、开发和实施新型的数据产品，并利用相关数据分析技术创造性地揭示与发现隐藏于数据中的特殊关系，为价值创造与发现提供系统解决方案的工程技术方法。它是数据科学、信息技术与工程方法的综合体。

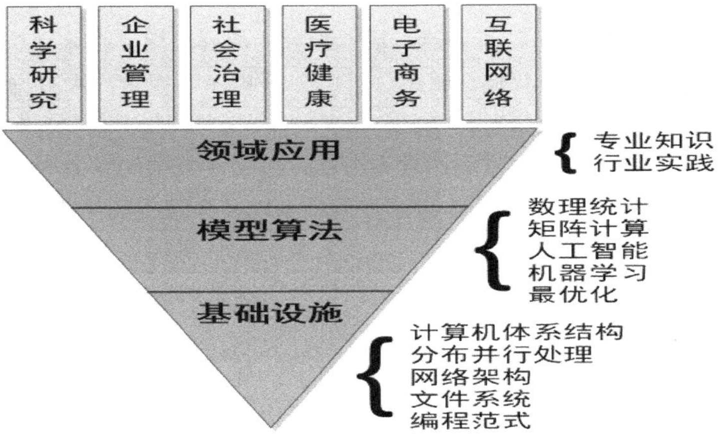

图1-4　数据工程全景图

数据工程的主要研究内容及分析技术。数据工程的主要研究内容可概括为三个方面：数据产品的创新，具体包括非结构化数据的结构化、数据衍生品的创造；数据产品及其数据衍生品的价值分析，包括数据产品及其数据衍生品内在关系（线性关系与非线性关系）的识别、数据产品及其数据衍生品价值评价模型的构建；建立在数据有效性基础上的理论探讨，包括理论体系的构建、定律与模型的发现等。

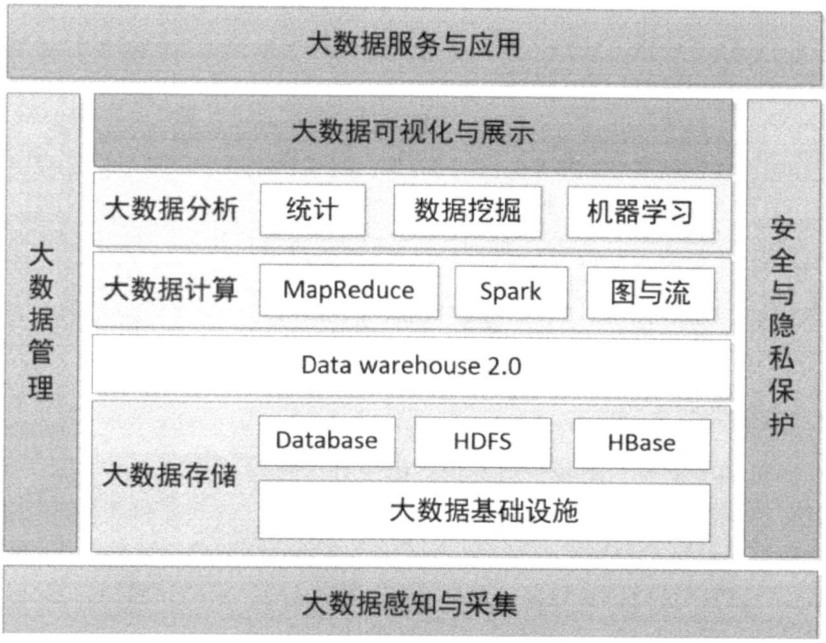

图1-5 数据工程的技术框架

1.2 医药大数据

1.2.1 医药大数据来源

全球医疗数据量2013年已达到153EB，2017年超过了600EB，预计2020年将达到2.314PB。在各医院的信息系统中也积累了大量的、宝贵的临床信息，尤其是结构化的电子病历系统更是产生了大量的、临床科研所必需的临床病例信息，这些数据信息又是分散的存储于电子病历、收费、医嘱、药品、检验、PACS、手术等业务系统中。

医院信息系统（HIS）是医疗数据的重要来源。医院信息系统包括电子病例系统（EMRS）、实验室信息系统（LIS）、医学影像存档与通信系统（PACS）、放射信息管理系统（RIS）、临床决策支持系统（CDSS）等。除此之外，各种健康设备可以帮助收集用户的生命体征信息，比如心电数据、血氧浓度、呼吸、血压、体温、脉搏、运动量等。社交网络和搜索引擎也包含了潜在的人口健康信息。

表1-1　人体生理信息的种类

种类	人体生理信息的内容
形态	身高、骨长、心脏、胃、肾等器官的几何形状、血管直径等
振动	心音、肠鸣音、呼吸音、血管音等
压力	血压、心内压、颅内压、胸腔内压、眼内压等
速度	血流速度、排尿速度、神经传导速度等
流量	血流量、呼吸流量、尿流量等
温度	体表温度、口腔温度、血液温度、直肠温度、其他脏器温度等
生物电	细胞电位、脑电、心电、胃电、肌电等
生物磁	心磁、脑磁、胃磁等
物理性质参数	组织密度、对X射线的衰减系数、体内氢核分布、对超声波的声阻抗等
化学成分	O_2、CO_2、Na^+等
生物量	酶、抗原、抗体、激素、神经递质、DNA、RNA和蛋白质等

1.2.2 医药大数据类型及特点

电子病历里的数据包括影像资料数据、电子处方数据、化验结果数据、病案首页数据、病程记录、诊断信息、护理病历记录、手术麻醉记录等各种不同类型的数据。其中包含结构化的数据，如病人的基本资料、所开医嘱等数据；同时包含大多数非结构化数据或半结构化数据，如病人的主述、诊断信息等数据，虽然是以结构化数据形式保存在表中的，但是其构成的语言是自然语言，往往带有一定的主观性；还包含了一些特定格式的数据，如各类检查信息，包括血管造影、彩色多普勒等图片和检查报告。

医疗卫生数据特点如下：

异构性。医疗数据类型的多样化，包括数值型数据、类别型数据、图像、文字、信号、语音、视频。医疗数据的异构性加大了知识发现的难度，使开发基于医疗数据库的通用软件系统较为复杂。

海量性。医疗工作自身的特点，如病情观察的不可间断、各种医疗检查结果纷繁复杂以及存有大量的医学文献专著等。高科技的医学检查设备（如SPEC、MRI、PET等）每天都会产生数千兆字节数据。

数学特征不显著。医疗数据混合了文字、图形等非数值型数据，使得数据挖掘人员并不能很好地找到可以反映数据间联系的模型。

难以发掘知识。主观性试验和诊断会带有主观性，难以发掘知识。同一个领域的顶尖专家往往会对对方的诊断带有异议，这就会难以整合。

标准化危机。在医学界，很多概念都没有规范，例如一个简单的概念“结肠腺癌，转移到肝”，有很多的表达形式，再如有的中药有很多别名。

伦理性、社会性、法律性。数据归属权问题、数据安全问题、法律诉讼问题等。

可及性。医疗数据可及性分为完全不可及、部分不可及、完全不可及和持续完全可及，如图1-6所示。

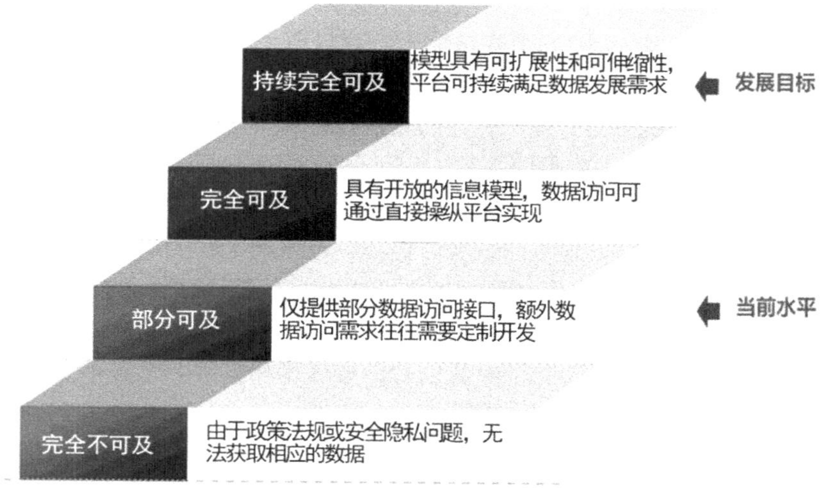

图1-6 医疗数据可及性

医学数据类型及特点主要包括多系统多类型、数据量大、增量迅速、结构复杂。以中南大学湘雅医院为例，目前全院编制床位有3500张，年门、急诊量达200万人次，年住院病人9万人次，年手术5万台次，每年的数据量表现如下：HIS 数据（含电子病例）增长量在50G左右；LIS 数据的增长量在30G左右；PACS 的非结构化数据主要由以下部分组成：核医学、CT、磁共振成像（MRI）、彩色B超、黑白B超、数字减影血管造影（DSA）、计算机放射成像（CR）、数字化X射线摄影、内窥镜（ES）等，每年的PACS数据增长量在100TB左右。从以上数据量来计算，以目前医疗有效数据保留三年以上的时效性来看，目前湘雅医院三年的数据保有量在300TB以上。

现有医疗信息化体系面向业务需求，缺乏面向医疗大数据有效利用的技术体系；数据可及性差，例如数据不开放、信息碎片化、新数据不断产生；数据可用性低，数据不准确、数据不完备、结构化程度低。绝大多数的医疗数据是处于归档状态，检索是十分复杂的。缺乏数据标准，导致无法统一。未来的数据利用前景是十分广阔的，不仅用于临床诊断、临床科研，而且对政府公共卫生决策及个人管理健康都会发挥积极的作用。

1.2.3 大数据在医疗行业的应用

健康医疗大数据典型应用。医疗行业拥有大量的病例、病理报告、治愈方案、药物报告等，通过对这些数据进行整理和分析将会极大地辅助医生提出治疗方案，帮助病人早日康复。可以构建大数据平台来收集不同病例和治疗方案以及病人的基本特征，建立针对疾病特点的数据库，帮助医生进行疾病诊断。医疗行业的大数据应用一直在进行，但是数据并没有完全打通，基本都是孤岛数据，没办法进行大规模的应用。未来可以将这些数据统一采集起来，纳入统一的大数据平台，为人类健康造福。

健康医疗大数据在医疗行业治理方面的典型应用：（1）卫生体制改革评估监测。对分级诊疗效果进行监测评估，对医院进行风险监控管理，对居民健康状况等重要数据进行精准统计和预测评价。（2）医院精细化运营管理。利用医疗成本大数据，促进医疗资源运营管理提升，基于DRGS的医疗服务能力分析，评价体系真实反映医院的实际运营水平，通过大数据供应链开放平台，助力医疗机构上下联动、公开透明，对采购全过程进行综合监督。（3）医疗保险控费。实现医疗保险由事后监控为主，逐步向事中监控、事前提示的立体化监管模式过渡，实现商业保险基于数据的保障设计与精准定价、理赔运营、市场和销售推广，通过系统实时监控，审核刷卡行为，对比医疗行为审查违规现象。（4）在数据的初步探索及应用方面。主要包括预约、现场患者与门诊/住院的指标分析，病人类别与是否门诊转住院的关联，门诊病人类别与住院总费用的关联，病人类别与年龄的关联，普通、专家、特需门诊的费用指标分析，患者年龄与费用的关联分析，每日门诊预测模型等。

健康医疗大数据在数据惠民服务方面的典型应用：（1）通过互联网模式，不断增强“自主健康”服务体验，让健康数据“多跑路”，让人民群众“少跑腿”，在互联网健康咨询、预约就诊、预约挂号、诊间结算、医保联网异地结算、移动支付等方面，给百姓带来更加便捷的应用服务。（2）随着大数据技术与健康医疗服务的深度融合，能够使优势资源“下得去”，更好地推动分级诊疗落地，加快远程医疗普及，推动精准医疗发展；（3）通过大数据分析的应用，推动覆盖全生命周期的预防、治疗、康复和健康管理一体化的健康服务。

大数据在疾病预测中的作用。2009年H1N1甲型流感造成全球20万人死亡。谷歌的“流行感冒预测”把5000万条美国人最频繁检索的词条和美国疾控中心在2003年—2008年间季节性流感传播时期的数据进行了比较，通过数学模型，构成了预测系统，在2009年发布了冬季流行感冒预测结果，与官方数据的相关性高达97%，但提早两周。

在中文电子病历文本信息处理方面，电子病历文本包含大量医疗信息，属于高度非结构化数据。非结构化数据，如患者昨日有低热，今早暂无发热，无明显头痛、头晕，左侧胸痛较前好转，活动后稍感气促，偶感腹痛不适，伴双膝关节肿痛，双下肢及臀部可见红色皮疹，无瘙痒。

大数据在临床业务、付款和定价、研发、大数据基因等方面的应用。在临床业务方面，开展比较效果研究，如临床决策支持系统、医疗数据透明度、远程病人监控、对病人档案的分析。在付款和定价方面，开展药品定价、检测医疗欺诈。在研发方面，建立预测建模，提高临床试验设计的统计工具和算法、临床实验数据的分析、个性化治疗、疾病模式分析的水平。在新的商业模式方面，汇总患者的临床记录和医疗保险数据集，扩展网络平台和社区。在大数据基因方面，人类可以将自身和生物体基因分析的结果进行记录和存储，建立基于大数据技术的基因数据库。人类蛋白质组计划的主要目标是以我国重大疾病的防治需求为牵引，发展蛋白质组研究相关设备及关键技术，绘制人类蛋白质组生理和病理精细图谱、构建人类蛋白质组“百科全书”，全景式揭示生命奥秘，为提高重大疾病预防诊治水平提供有效手段，为我国生物医药产业发展提供原动力。

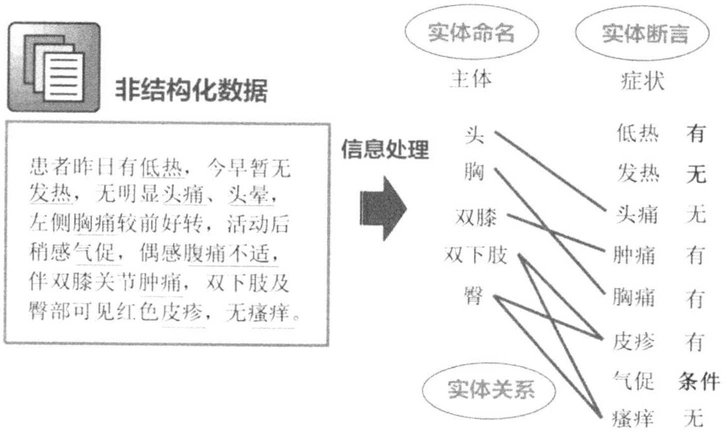

图1-7 中文病历文本数据的结构化

1.2.4 医药大数据分析

数据驱动的科学方法：步骤一，制定各种数据的标准、功能标准、传输标准；步骤二，进行信息化建设，收集数据、建立数据仓库、建立大数据仓库；步骤三，算法研究，这里面有N种数据挖掘算法，可以自动搜索大数据，同时可能做10种、20种、100种的假说，不同的算法去自动检索不同知识的存在；步骤四，知识发现，通过自动化的过程可以在同样的大数据里挖掘出各种各样可能潜在的知识；步骤五：验证和结论，最后通过统计方法得到进一步验证和结论。

医药大数据分析平台和工具：自然语言处理工具（分词、词性标注、专名识别、语法分析、语义角色标注）（中、英文）；自然语言处理、信息处理应用工具（索引与检索、语义匹配、规则引擎、用户信息模型、对话管理，社会媒体数据处理、信息抽取）；机器学习工具（分类、结构预测、排序学习、匹配学习）；语言知识库、一般知识库。

医药大数据分析相关技术：数据抽取、数据存储、数据处理；统计分析、数据挖掘、排序学习；模型预测、结果呈现；语义匹配、短文本对话。

生物医学数据挖掘的特殊性。原始数据数量大，且呈多样性或异质性；有时很难以数学方式来表达其结构及特征；医学数据经常需要更新；采集医学数据很难完全避免噪声干扰；生物医学数据难免会发生丢失；医学数据可能包含冗余的、没有意义的或不一致的属性；伦理、法律和社会等方面对隐私敏感问题的限制。

1.3 数据挖掘

1.3.1 数据挖掘的定义

1.数据特点

数据结构复杂，包括图像、复杂语义关系、文本等，特点是数据处理技术复杂；小样本数据的高维、模糊、语义复杂；数据挖掘时数据量变化导致技术变化。

大数据的共性，包括数据结构复杂、语义关系复杂、系统复杂、信息（知识）含量丰富，巨大价值（社会价值、商业价值）、需要专业数据分析。

技术要求：能够进行深层分析算法；有针对性，解决特定实际问题算法；降低算法时空复杂度；智能性高，自适应能力强。

为什么要数据挖掘？（1）数据的爆炸性增长：从TB到PB；数据的收集和数据的可获得性；自动数据收集工具、数据库系统、WEB、计算机化的社会；丰富数据的来源。（2）商业：WEB、电子商务、交易数据、股市。（3）科学：遥感、生物信息学、科学模拟。（4）社会及每个人：新闻、数码相机、YouTube；我们被数据所淹没，但却渴望知识。（5）“需要是发明之母”——数据挖掘：海量数据的自动分析技术。

2.数据挖掘的定义

商业企业角度的定义。按企业既定业务目标，对大量的企业数据进行探索和分析，揭示隐藏的、未知的或验证已知的规律性，并进一步将其模型化的、先进有效的方法。两个要点：数据源是在商业企业运作过程中产生的；分析的目的是企业获取最大利润，进行最佳运作决策，提供真正有价值的信息。

技术角度的定义。数据挖掘（DM：Data Mining）就是从大量的、不完全的、有噪声的、模糊的、随机的数据中，提取隐含在其中的、人们事先不知道的、但又是潜在有用的信息和知识的过程。在这个定义中，数据源必须是真实的、大量的、含噪声的。发现的是用户感兴趣的知识。

什么是数据挖掘？数据挖掘是（从数据中发现知识）从大量的数据中挖掘那些令人感兴趣的、有用的、隐含的、先前未知的和可能有用的模式或知识。数据挖掘的替换词，包括数据库中的知识挖掘（KDD）、知识提炼、数据/模式分析、数据考古、数据捕捞、信息收获，等等。

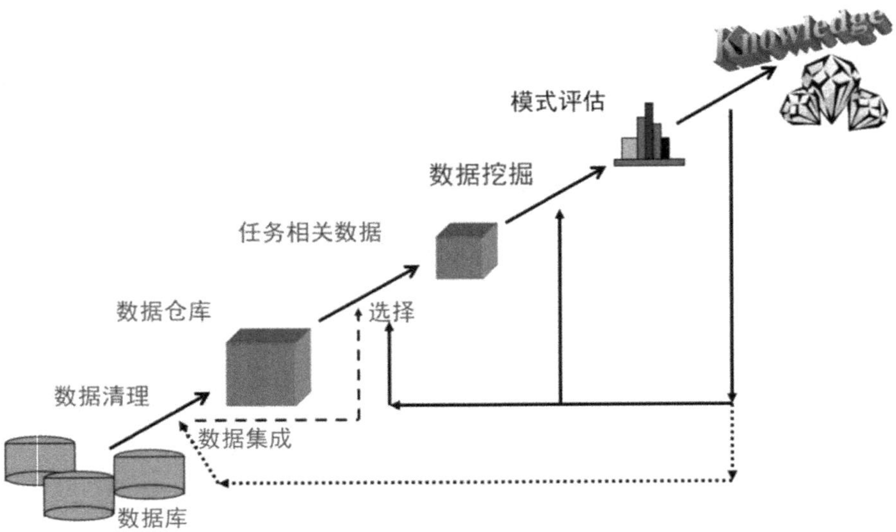

图1-8　数据挖掘过程

3.数据挖掘的会议

1989 IJCAI会议：数据库中的知识发现讨论专题；Knowledge Discovery in Databases（G. Piatetsky-Shapiro，1991）；1991—1994 KDD讨论专题；Advances in Knowledge Discovery and Data Mining（U. Fayyad，1996）；1995—1998 KDD国际会议（KDD'95—98）；Journal of Data Mining and Knowledge Discovery（1997）；1998 ACM SIGKDD，SIGKDD'1999—2002会议，以及SIGKDD Explorations。数据挖掘方面更多的国际会议，如PAKDD，PKDD，SIAM-Data Mining，（IEEE）ICDM，DaWaK，SPIE-DM等。

1.3.2 数据库与数据仓库

数据库技术的演化。20世纪60年代：网络数据库、层次数据库（hierarchical DB systems）；20世纪70年代：关系数据库模型和原型系统；20世纪80年代：RDBMS各种高级数据模型（扩展关系模型、OO等），各类以应用为导向的数据库（地理、科学计算等）；20世纪90年代：数据挖掘、数据仓库、多媒体数据库、WEB；21世纪：数据管理和挖掘、数据挖掘及应用、WEB技术（XML等）。

数据库是依照某种数据模型组织起来并存放于二级存储器中的数据集合。数据库由数据库管理系统统一管理，数据的插入、修改和检索均要通过数据库管理系统进行。

数据库系统是一个实际可操作的存储、维护并向应用系统提供数据的软件系统，是存储介质、处理对象和管理系统的集合体。数据库系统通常由软件、数据库和数据管理员组成。软件主要包括操作系统、各种宿主语言、实用程序以及数据库管理系统。数据管理员负责创建、监控和维护整个数据库，使数据能被任何有权使用的人有效使用。

数据库管理系统是一种系统软件，它的主要功能是维护数据库并有效地访问数据库中任意部分数据。对数据库的维护包括保持数据的完整性、一致性和安全性。

利用数据库系统进行数据挖掘的缺点：第一，动态数据（Dynamic Data）。大多数数据库的基本特点是内容经常变化。在一个在线系统中，必须采用预警机制来保证数据库中的这些变化不会导致错误的数据挖掘结果。第二，噪声和不确定性（Noise & Uncertainty）。错误的数据对于现实世界中的数据库是在所难免的，这主要存在于数据采集的各个环节。不确定性表现在发现的模式可能只在一部分数据上有效。第三，不完整数据（Incomplete Data）。由于不完整的数据域和数据域上值的缺少造成的不完整数据当然会影响发现的结果，数据库的最初设计并没有考虑知识发现的应用。模式的发现、评价、解释很可能需要数据库中不存在的信息。第四，冗余信息（Redundant Information）。同一数据在数据库中的多处出现。这种冗余信息有时会误导知识的发现过程，人们对根据冗余信息发现的知识缺乏足够的兴趣。第五，稀疏数据（Sparse Data）。数据库中的信息在实例空间中可能是稀疏的，这会严重影响发现的效率。

数据仓库是面向主题的、一致的、不同时间的、稳定的数据集合，从历史的角度组织和存储数据，并能集成地进行数据分析，用于支持经营管理和临床决策过程。数据仓库的多维特征满足以多维数据为核心的多维数据分析。在数据仓库基础上挖掘的知识可以方便地以图表、可视化、类自然语言等形式表示。数据仓库的常用工具：SQL 2005 面向数据仓库的工具；建立数据仓库和应用的流程，包括创建数据准备区、创建数据仓库、从业务系统提取数据、清理和转换数据、加载数据、发布数据集市、SQL查询、OLAP应用、数据挖掘、Web访问、数据更新。

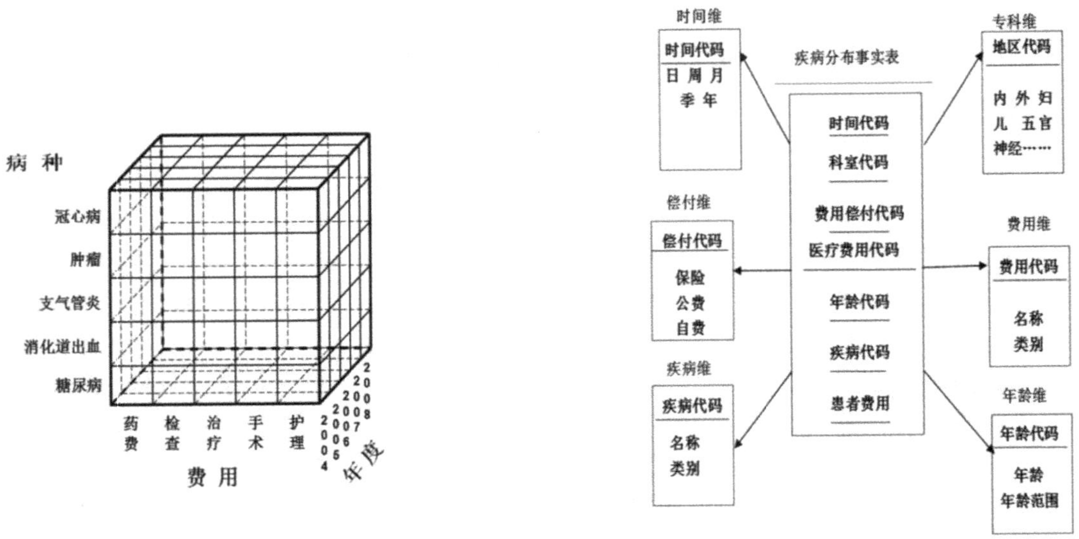

图1-9 数据仓库示例

表1-2 数据库与数据仓库之间的区别

对比内容	数据库	数据仓库
数据内容	当前值	历史的、存档的、归纳的、计算的数据
数据目标	面向业务操作、重复处理	面向主题域、管理决策分析与应用
数据特性	动态变化、按字段更新	稳定、不能直接更新、只是定时添加
数据结构	高度结构化、复杂、适合操作计算	简单、适合分析
使用频率	高	中到低
数据访问量	每次操作只访问少量记录	有的操作可能要访问大量记录
对响应时间的要求	以秒为单位计算	以秒、分钟甚至小时为计量单位

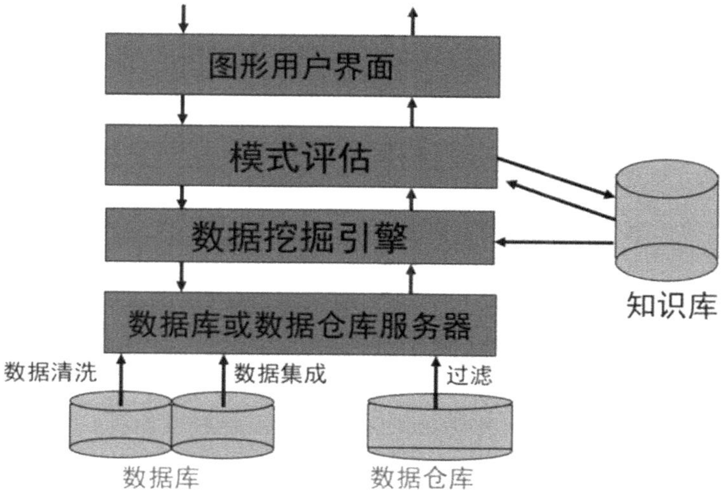

图1-10 典型数据挖掘系统的体系结构

1.3.3 数据挖掘的内容与特点

1.数据挖掘的内容

数据挖掘所发现的知识中最常见的有五类：广义知识（Generalization）、关联知识（Association）、分类知识（Classification & Clustering）、预测型知识（Prediction）、偏差型知识（Deviation）。

数据挖掘将数据转化为知识，其目的是从数据中揭示一些新的、有用的信息。数据挖掘所发现的知识最常见的有以下几类：（1）广义知识。广义知识指类别特征的概括性描述知识。根据数据的微观特性发现其表征的、带有普遍性的、较高层次概念的、中观和宏观的知识，反映同类事物的共同性质，是对数据的概括、精炼和抽象。（2）关联知识。它反映一个事件和其他事件之间依赖或关联的知识。如果两项或多项属性之间存在关联，那么其中一项的属性值就可以依据其他属性值进行预测。（3）分类知识。它反映同类事物共同性质的特征型知识和不同事物之间的差异型特征知识。（4）预测型知识。它根据时间序列型数据，由历史的和当前的数据去推测未来的数据，也可以认为是以时间为关键属性的关联知识。（5）偏差型知识。偏差型知识是对差异和极端特例的描述，揭示事物偏离常规的异常现象，如标准类外的特例、数据聚类外的离群值等。

2.数据挖掘的特点

数据挖掘的显著特点：第一，处理大量的数据。数据挖掘要处理的数据库（数据仓库）的规模十分庞大，达到GB、TB，甚至更大。第二，没有明确查询、挖掘假设。由于用户不能形成精确的查询要求，因此要依靠数据挖掘技术为用户寻找他可能感兴趣的东西。第三，基于统计规律发现规则。所发现的规则不必适用于所有数据，而是当达到一定的“门槛”时，即认为具有此规则。由此，利用数据挖掘技术可能会发现大量的规则。第四，规则的动态性。数据挖掘所发现的规则是动态的，它只反映了当前状态的数据集合具有的规则，随着不断地向数据库（数据仓库）中加入新数据，需要不断地更新规则。

3.数据挖掘与机器学习

并非所有的东西都是数据挖掘，以下这些系统不是数据挖掘系统：基于数据仓库的OLAP系统、机器学习系统、数据统计分析系统、信息系统。相比于上述系统，数据挖掘系统关注的范围更广，是一个多学科的融合。海量数据处理强调的是算法的可扩展性，例如，随着数据量的增加，算法运行时间的增长应该是接近线性的。

机器学习（Machine Learning）是研究机器获取新知识和新技能，并识别现有知识的学问，其理论主要是设计和分析一些让计算机可以自动“学习”的算法。机器学习算法从数据中自动分析获得规律，并利用规律对未知数据进行预测。

数据挖掘与传统联机分析处理OLAP不同，对大数据的深度分析主要基于大规模的机器学习技术。

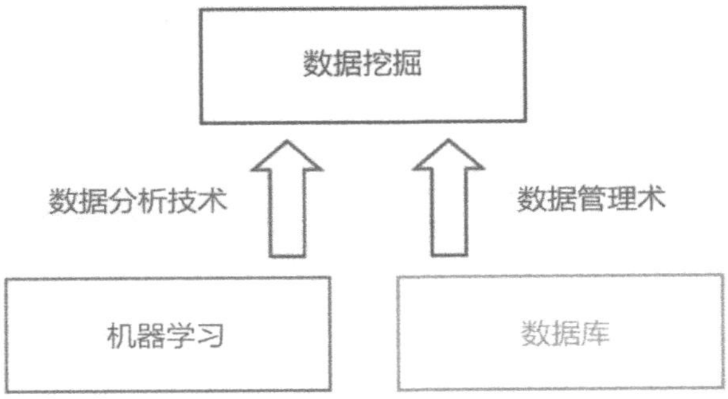

图1-11　数据挖掘与机器学习

1.3.4 数据挖掘的功能

数据挖掘的功能是指数据挖掘通过预测未来趋势及行为，做出前瞻的、基于知识的决策。数据挖掘的目标是从数据中发现隐含的、有意义的知识。具体的功能有以下七个方面：概念描述、关联分析、分类与预测、聚类分析、趋势分析（时间序列模式）、孤立点分析、偏差分析。数据挖掘的任务主要是关联分析、聚类分析、分类、预测、时间序列模式和偏差分析等。

1.概念描述

概念描述是对某类对象的内涵进行描述，并概括这类对象的有关特征。具体的描述分为特征性描述和区别性描述。特征性描述用于描述某类对象的共同特征。区别性描述用于描述不同类对象之间的区别。允许数据在多个抽象层概化，便于用户考察数据的一般行为。例如超市的销售数据，销售经理并不想了解每个客户的详细信息，而愿意观察到高层的数据；例如按地区对顾客分组，观察每组顾客的购买频率和顾客的收入等。

2.关联分析（Association Analysis）

关联规则挖掘是由Rakesh Apwal等人首先提出的。两个或两个以上变量的取值之间存在某种规律性，就称为关联。数据关联是数据库中存在的一类重要的、可被发现的知识。关联分为简单关联、时序关联和因果关联。关联分析的目的是找出数据库中隐藏的关联网。一般用支持度和可信度两个阈值来度量关联规则的相关性，还不断引入兴趣度、相关性等参数，使得所挖掘的规则更符合需求。

关联分析发现关联规则，这些规则展示属性值频繁地在给定数据集中一起出现的条件。“啤酒和尿布”就是从大型超市的购物篮当中分析出的关联规则。

3.聚类分析（Clustering Analysis）

聚类是把数据按照相似性归纳成若干类别，同一类中的数据彼此相似，不同类中的数据相异。聚类分析可以建立宏观的概念，发现数据的分布模式以及可能的数据属性之间的相互关系。

聚类分析是客观地按被处理对象的特征分类，将有相同特征的对象归为一类。

聚类与分类的区别：分类规则需要预先定义类别和训练样本；聚类分析直接面向源数据，没有预先定义好的类别和训练样本的存在，所有记录都根据彼此的相似程度来加以归类。

聚类分析将数据按本身的相似性聚集在一起，然后对聚集状况进行分析解释。比如，在市场营销调查前，先将顾客群集化，再来分析每群顾客最喜欢哪一类促销，而不是对每个顾客都用相同的标准规则来分析。

4.分类（Classification）

分类就是找出一个类别的概念描述，它代表了这类数据的整体信息，即该类的内涵描述，并用这种描述来构造模型，一般用规则或决策树模式表示。分类是利用训练数据集通过一定的算法而求得分类规则。分类可被用于描述和预测。

分类是依照所分析对象的属性分门别类、加以定义、建立类组，如将信用卡申请人分为低、中、高风险群，或是将顾客分到事先定义好的族群。分类的关键是确定对数据按照什么标准或什么规则进行分类。因此，分类时，首先根据属性特征为每一种类别找到一个合理的描述或模型，即确定分类规则，再根据规则对数据进行分类。

5.预测（Predication）

预测是利用历史数据找出变化规律，建立模型，并由此模型对未来数据的种类及特征进行预测。预测关心的是精度和不确定性，通常用预测方差来度量。预测是利用历史数据建立模型，再运用最新数据作为输入值，获得未来变化的趋势或者评估给定样本可能具有的属性值或值的范围。比如，预测哪些顾客会在未来的半年内取消该公司的服务，或是预测哪些电话用户会申请增值服务等。

6.时间序列模式（Time-series Pattern）

时间序列模式是指从研究系统的指标特征数据中统计出的某种经常发生的时间序列。挖掘的目的是从时间序列数据库中找出频繁出现的子序列。时间序列周期分析是指对周期模式的挖掘，即在时序数据库中找出重复出现的模式。

趋势分析又称为时间序列分析，它是从相当长时间的发展中发现规律和趋势。趋势分析是时序数据挖掘最基本的内容。

趋势分析和关联分析相似，其目的也是为了挖掘出数据之间的联系，但趋势分析的侧重点在于分析数据间的前后因果关系。

7.**偏差分析**（Deviation Analysis）

在偏差中包括很多有用的知识，数据库中的数据存在很多异常情况，发现数据库中的数据存在异常情况是非常重要的。偏差检验的基本方法就是寻找观察结果与参照之间的差别。孤立点是数据库中包含的一些与数据的一般行为或模型不一致的数据。大部分的数据挖掘方法将孤立点视为噪声或异常丢弃，而对某些应用，如欺骗检测，孤立点数据可能更有价值。孤立点数据分析又称作孤立点挖掘。

偏差分析又称为比较分析，它是对差异和极端特例的描述，用于揭示事物偏离常规的异常现象。

偏差检测的基本方法是寻找观测结果与参照值之间有意义的差别。偏差包括很多潜在的知识，如分类中的反常实例、不满足规则的特例、观测结果与模型预测值的偏差量值随时间的变化等。寻找出偏差的数据并对其进行分析是很有意义的。

1.3.5 数据挖掘过程

CRISP－DM是CRoss-Industry Standard Process－Data Mining的缩写，由SPSS、NCR、Daimler-Benz在1996年制定。CRISP是当今数据挖掘业界通用流行的标准之一，它强调数据挖掘在商业中的应用，解决商业中存在的问题，而不是把数据挖掘局限在研究领域。数据挖掘的步骤如下：第一，商业理解（Business Understanding）。找问题－确定商业目标，对现有资源的评估，确定问题是否能够通过数据挖掘来解决，确定数据挖掘的目标，制订数据挖掘计划。第二，数据理解（Data Understanding）。确定数据挖掘所需要的数据，对数据进行描述，初步探索数据，检查数据的质量。第三，数据准备（Data Preparation）。选择数据，清理数据，对数据进行重建，调整数据格式使之适合建模。第四，建立模型（Modeling）。对各个模型进行评价，选择数据挖掘模型，建立模型。第五，模型评估（Evaluation）。评估数据挖掘的结果，对整个数据挖掘过程的前期步骤进行评估，确定下一步应该怎么办，是发布模型还是对数据挖掘过程进行进一步的调整，产生新的模型。第六，模型发布（Deployment）。把数据挖掘模型的结果送到相应的管理人员手中，对模型进行日常的监测和维护，定期更新数据挖掘模型。

把商业经验溶入数据挖掘过程是数据挖掘成功的关键，因此，数据挖掘的流程可以简单地概括为以下五步：第一，定义问题。清晰地定义出业务问题，包括业务理解和数据理解，要确定数据挖掘的目的。第二，数据准备，包括选择数据和预处理数据。选择数据是在大型数据库和数据仓库目标中提取数据挖掘的目标数据集；数据预处理是进行数据再加工，包括检查数据的完整性及数据的一致性、去噪声，填补丢失的域，删除无效数据等。第三，数据挖掘和建模。根据数据功能的类型和数据的特点选择相应的算法，在净化和转换过的数据集上进行数据挖掘。第四，结果分析和模型评估。对数据挖掘的结果进行解释和评价，转换成能够最终被用户理解的知识。第五，模型的运用。将分析所得到的模型集成到业务信息系统的组织结构中去。

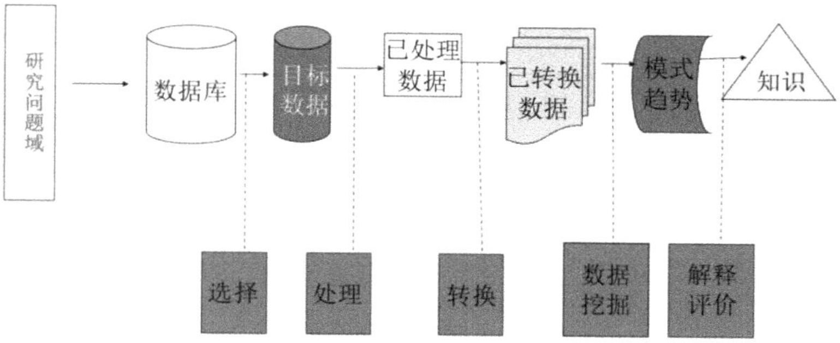

图1-12　数据挖掘和知识发现的基本步骤

数据的选择：根据某种标准选择数据，搜索所有与业务对象有关的内部和外部数据信息，并从中选择适用于数据挖掘应用的数据。

数据的预处理：包括清除和充实、研究数据的质量，为进一步分析做准备，并确定将要进行的挖掘操作的类型。

数据的转换：删除丢失重要内容的记录，通过数据分类、格式变换等将数据转换成一个分析模型。这个分析模型是针对挖掘算法建立的，建立一个真正适合挖掘算法的分析模型是数据挖掘成功的关键。

数据挖掘：运用工具或算法，对所得到的经过转换的数据进行挖掘，在数据中发现模式和规律。

解释评价：将发现的模式解释为可用于决策的知识。在结果分析部分，解释并评估结果，其使用的分析方法一般应依数据挖掘操作而定。在知识的同化部分，将分析所得到的知识集成到业务信息系统的组织结构中去。

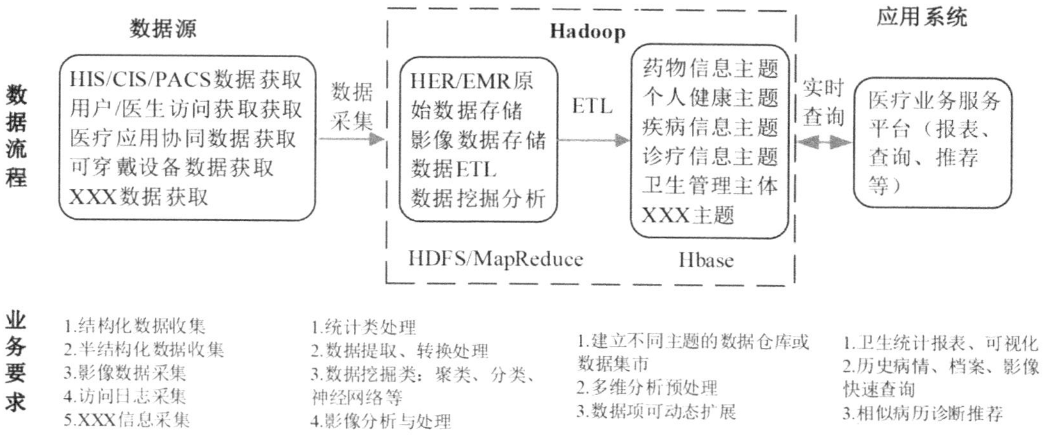

图1-13　根据医疗业务诉求确定数据处理方案

1.3.6 数据挖掘的评价

数据挖掘评价时样本的组织。将原始样本数据组织成学习样本集和测试样本集的原则：尽可能使学习样本集和测试样本集中的样本分布和样本总体的分布一致，尽可能使学习样本集有足够多的样本。

常用方法：第一，随机分组法。将已知数据集合随机地分为互不重叠的学习样本集和测试样本集。第二，交叉验证法。将原已知数据集随机地分为K组，依次以其中的一组数据为测试样本，而以其他数据为学习样本进行训练和测试。第三，留一法，是交叉验证法中当K等于原始样本数据量M时的特例。

表1-3　三类分类的混淆矩阵

	被分类归于C1类	被分类归于C2类	被分类归于C3类
实际属于C1类	C11	C12	C13
实际属于C2类	C21	C22	C23
实际属于C3类	C31	C32	C33

有指导分类学习的评价如表1-4所示。无指导学习的数据挖掘目标往往不清晰，但有评价指导学习数据挖掘的一些原理，可沿用于评价无指导学习的性能。

表1-4　特异性和灵敏度的计算

	被分类归于阳性的样本	被分类归于阴性的样本	总计
实际属于阳性的样本	a, Ntp	b, Nfn	$a+b$
实际属于阴性的样本	c, Nfp	d, Ntn	$c+d$
总计	$a+c$	$b+d$	$a+b+c+d$

1.3.7 数据挖掘的方法及技术工具

可以用很多方法对数据挖掘技术进行分类，一般的分类方法针对数据挖掘的功能进行。数据挖掘可以应用多种技术实现，不论如何分类，首先应明确以下概念：数据挖掘算法是数据挖掘技术的一部分；数据挖掘技术用于执行数据挖掘功能；一个特定的数据挖掘功能只适用于给定的领域。

常用的数据挖掘方法：大多属于数学统计方法或人工智能中的机器学习算法以及人工神经网络/遗传算法等；面向属性的归约方法，关联规则挖掘、聚类分析、决策树方法、人工神经网络方法、遗传算法。

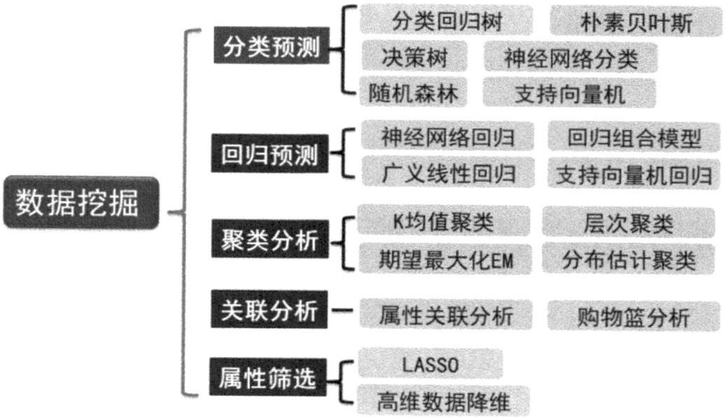

图1-14 数据挖掘的各种方法和技术

决策树的原理是从根节点（决策节点）到叶节点（结局节点）为一条支路，从一个决策节点放射出来的支路必须互斥且包含一切可能的情况，即每一方案各种状态发生的概率之和为1。决策树的优点是直观，易于理解及解释，对资料分布无特殊要求，缺点是处理大样本多变量时效率较低，分类性能较神经网络与SVM稍差。

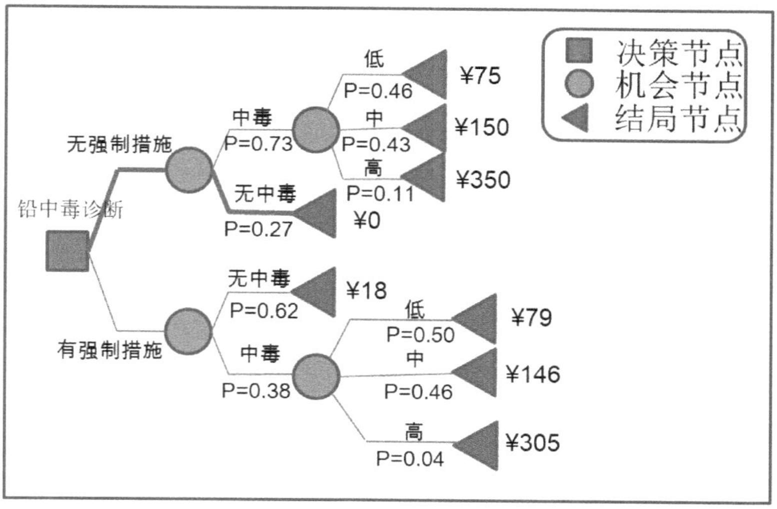

图1-15 决策树示例

关联规则的原理：假设数据项集X、Y，那么$X\rightarrow Y$代表糖尿病→高血压；支持度（在关联规则中，同时出现数据项集X、Y的概率）（糖尿病→高血压）=3/5=60%，在所有数据中，有60%的数据支持（糖尿病→高血压）；置信度（在关联规则中，包含X和Y的事务数与包含X的事务数之比），置信度（糖尿病→高血压）=3/4=75%，在得糖尿病的人中，有75%可以认为是高血压。

关联规则的优点：可产生清晰有用的结果；支持间接数据挖掘；可处理缺失的数

据。缺点：随着样本量增加，计算量增长得很快，不能判断关联的真实性，容易忽略稀有的数据。

数据项

事务

	糖尿病	高血压	脑卒中	吸烟	饮酒
1	1	1	1	1	1
2	1	1	0	0	1
3	1	1	1	1	0
4	1	0	1	1	0
5	0	1	0	0	0

图1-16　关联规则示例

DBMiner是加拿大SimonFraser大学开发的一个多任务数据挖掘系统，它的前身是DBLearn。该系统设计的目的是把关系数据库和数据开采集成在一起，以面向属性的多级概念为基础发现各种知识。DBMiner的特点是能完成多种知识的发现，如泛化规则、特性规则、关联规则、分类规则、演化知识、偏离知识等；综合了多种数据开采技术，如面向属性的归纳、统计分析、逐级深化发现多级规则、元规则引导发现等方法；提出了一种交互式的类SQL语言——数据开采查询语言DMQL；能与关系数据库平滑集成，实现了基于客户/服务器体系结构的Unix和PC（Windows/NT）版本。

WEKA（Waikato Environment for Knowledge Analysis）作为一个公开的数据挖掘工作平台，用于非商业目的的研究行为，集合了大量能承担数据挖掘任务的机器学习算法，包括对数据进行预处理、分类、回归、聚类、关联规则以及在新的交互式界面上的可视化。

1.4 特征工程

1.4.1 数据预处理

1.为什么进行数据预处理

为什么进行数据预处理？现实世界中的数据是“脏的”——数据多了，什么问题都会有；不完整，缺少数据值，缺乏某些重要属性，仅包含汇总数据，如occupation=""；有噪声，包含错误或者孤立点，如Salary = -10；数据不一致，如在编码或者命名上存在差异，如有的等级标记为“1，2，3”，有的为“A，B，C”；重复记录间的不一致性，如Age=“42” Birthday=“03/07/1997”；存在不完整的、含噪声的和不一致的数据。预处理数据可以改进数据的质量，从而有助于提高其后的挖掘过程的精度和性能。

不完整数据的出现可能有多种原因。有些感兴趣的属性，如销售数据中顾客的信息，并非总是可用的。其他数据没有包含在内只是因为输入时认为其是不重要的。相关数据没有记录可能是由于理解错误，或者因为设备故障。与其他记录不一致的数据可能已经删除。此外，记录历史或修改的数据可能被忽略。缺失的数据，特别是某些属性上缺少值的元组可能需要推导出来。

数据含噪声（具有不正确的属性值）可能有多种原因：收集数据的设备可能出故障；人或计算机的错误可能在数据输入时出现；数据传输中的错误也可能出现。

不一致的数据，可能是由命名约定或所用的数据代码不一致，或输入字段（如日期）的格式不一致而导致的。

2.数据为什么会变“脏”

不完整数据的成因：数据收集的时候就缺乏合适的值；数据收集时和数据分析时的不同考虑因素；人为/硬件/软件问题。

噪声数据（不正确的值）的成因：数据收集工具的问题；数据输入时的人为、计算机错误；数据传输中产生的错误。

数据不一致性的成因：不同的数据源；违反了函数依赖性。

3.数据预处理为什么是重要的

数据预处理为什么是重要的？没有高质量的数据，就没有高质量的挖掘结果。高质量的决策必须依赖高质量的数据，例如，重复值或者空缺值将会产生不正确的或者误导性的统计；数据仓库需要对高质量的数据进行一致地集成；数据预处理将是构建数据仓库或者进行数据挖掘工作中占工作量最大的一个步骤。

数据质量的多维度量：精确度、完整度、一致性、合乎时机、可信度、附加价值、可解释性、跟数据本身的含义相关的、内在的、上下文的、表象的以及可访问性。

4.数据预处理的步骤及方法

数据预处理的步骤：第一，数据清理。填写空缺值、平滑噪声数据，识别、删除孤立点，解决不一致。第二，数据集成。集成多个数据库、数据立方体或文件。第三，数据变换，规范化和聚集。第四，数据归约。得到数据集的压缩表示，它小得多，可以得到相同或相近结果。第五，数据离散化。数据归约的一部分，通过概念分层和数据的离散化来规约数据。

数据描述对于获得数据的总体印象至关重要。描述性数据汇总技术可以用来识别数据的典型性质，突显哪些数据值应当被视为噪声或离群点，度量数据的中心趋势和离散程度。

数据清理是指填充缺失值，光滑噪声并识别离群点，纠正数据中的不一致。

数据集成，是指合并来自多个数据存储的数据和可能需要将数据转换成适于挖掘的形式。

数据归约技术可以用来得到数据集的归约表示，它接近于保持数据的完整性，但数据量比原数据小得多。与非归约数据相比，在归约的数据上进行挖掘，所需的时间和内存资源更少，挖掘更有效，并产生相同或几乎相同的分析结果。

描述性数据汇总动机是为了更好地理解数据，获得数据的总体印象，识别数据的典型特征，凸显噪声或离群点。度量数据的中心趋势有均值、中位数、众数（模）、中列数。度量数据的离散程度有四分位数、四分位数极差、方差等。

数据度量可以分为三类。分布式度量（Distributive Measure）：将函数用于n个聚集值得到的结果和将函数用于所有数据得到的结果一样，例如count（），sum（），min（），max（）等。代数度量（Algebraic）：可以通过在一个或多个分布式度量上应用一个代数函数而得到，例如平均值函数avg（）[avg（） =sum（）/count（）]。整体度量（Holistic）：必须对整个数据集计算的度量，例如median（），mode（），rank（）。

5.数据清洗

数据清洗主要是删除原始数据集中的无关数据和重复数据，平滑噪声数据，删掉与挖掘主题无关的数据，处理缺失值、异常值等。清洗内容主要包括缺失数据处理、相似重复对象检测、异常数据处理、逻辑错误检测和不一致数据等。缺失数据处理：删除记录、数据插补和不处理。

（1）数据缺失。常用处理方法：忽略含有数据缺失的记录，用一个常量或标识符号来取代所有缺失的数据值，以全体数据相同属性的均值取代某个记录缺失的该属性值，以最可能发生的值取代某个记录缺失的属性值。

（2）删除缺失数据处理。主要针对缺失值数量较少且删除数据对整体数据几乎没有影响的数据进行处理，也可以根据数据缺失挖掘信息。例如，利用五组医疗数据集测试缺失数据对于病情阳性概率的影响，以及对分类结果精确度的影响，并通过knn、判别分析和朴素贝叶斯三种方法在数据缺失不同比例的情况下，对分类结果进行分析比较。

（3）缺失数据插补。属性间的关联性在缺失值估计过程中非常重要，在数据挖掘方法中，关键是挖掘属性间的关系。数据插补的目的在于估计正确的替代值。

（4）相似重复对象检测。基于不完备数据聚类的缺失数据填补方法，针对分类变量不完备数据集定义约束容差集合差异度，从集合的角度判断不完备数据对象的总体相异程度，并以不完备数据聚类的结果对基础进行缺失数据的填补。基于进化算法的自适应聚类方法，其基本思想是将聚类问题转化成一个全局优化问题，利用聚类方法填充缺失值。

（5）异常数据清洗。异常数据的探测主要有基于统计学、基于距离和基于偏离三类方法。将数据按距离划分为不同的层，在每一层统计数据特征，再根据定义的距离计算各数据点和中心距离的远近来判断异常是否存在。基于关联方法，将置信度和支持度很低的点视为异常点。采用数据审计的方法实现异常数据的自动化检测，称为数据质量挖掘，由两步构成：采用数理统计方法对数据分布进行概化描述，自动获得数据的总体分布特征；针对特定的数据质量问题进行挖掘以发现数据异常。

（6）数据噪声的清洗。分组平滑：分组是将某项数据值按一定的顺序排成序列，然后将若干个连续排列的相邻数据组成一个组。回归平滑：回归是将原始数据拟合为某种回归函数，以该函数的的值取代相应的原始数据。聚类平滑：聚类是以原始数据各个相关特征属性值构成特征空间，根据原始数据在此空间中的分布状态进行聚类。

（7）数据集成。数据挖掘需要的数据往往分布在不同的数据源中，数据集成就是将多个数据源合并存放在一个一致的数据存储（如数据库）中的过程。实体识别是指从不同数据源识别出现实世界的实体，任务是统一不同数据源的矛盾之处，例如，同名异义、异名同义、单位不统一。数据集成往往导致数据冗余，例如同一属性多次出现，同一属性命名不一致导致重复。仔细整合不同源数据能减少甚至避免数据冗余与不一致，对于冗余属性要先分析，检测到后再将其删除。

1.4.2 特征提取

特征提取的传统方法是手工制作特征，而手工设计有效的特征是一个漫长的过程。深度学习与传统方法相比，优势在于其能自动地从大数据中学习特征而不是采用手工制作的特征。手工制作的特征主要依赖于设计者的先验知识，很难充分利用大数据。深度学习可以自动从大数据中学习特征表示，并包括数以万计的参数。通过对大数据下的网络特征提取方法进行分析，在对大数据时代发展现状、社会需求、生活方式及其条件下的网络信息提取方法分析的基础上，研究提高大数据时代下，面向知识发现的网络信息特征提取方法的可行性以及最大效率性。

李雪菲在《大规模结构化数据特征抽取》一文中提到应用哈希函数对数据进行键值化处理，并在其中加入了统计和归一化方法，实现了主成分分析法用于提取降维数据。采用过滤式方法用于特征选择，采用数学操作和离散型特征编码的方法用于特征生成。

国外人们使用GPU加速生物医学信号处理。以打鼾声声音特征提取为例，在基于机器学习的生物医学数据分析中，特征提取在大量医学数据中显得十分繁重而耗时。Jian Guo的研究中，通过python使用图形处理单元从大量的打鼾声声音数据中提取特征。Vitaly Schetinin提出可以通过睡眠脑电图来提取特征，从而分析评价大脑的发育。他表示，在新生儿大脑发育评估的情况下进行贝叶斯评估和预测分布的评价，拟议的功能与大脑的成熟度高度有关。

于月娜对宫颈细胞进行了图像分割和特征提取的研究。他在文中进行了宫颈细胞图像的语义描述、宫颈细胞图像的分割与图像的特征提取三个方面的内容。在宫颈细胞图像分割方面提出了一种高效的分层次分割算法，就如何提高宫颈细胞核质分离的准确率和分割效率，提出了一种基于Grab Cut算法、结合Canny算法边缘检测的方法来分离宫颈细胞核与细胞质。在对宫颈细胞特征提取方面的研究中，选取了合适的形状与纹理特征，通过KMeans算法进行深入研究。

医学图像特征提取研究在不断发展。张增对脊柱图像也进行了特征提取，他提到对图像进行预处理能够获取更好的图像处理效果，随后进行图像分割、图像去噪、图像增强，最后进行图像特征提取。特征提取中包括图像颜色、纹理、形状和空间关系四个方面。

任丽晔对表面肌电信息进行特征提取，对不同的特征向量进行对比，选择最佳的特征向量，基于小波变换的特征提取反映信号局部性信息和时段信号变化的剧烈程度。研究中将小波分解系数作为描述信号特性的特征向量。

1.4.3 特征构造

特征构造针对数据集的不同特点，从不同角度的特征构造方法来描述数据，并对其进行组合，构造生成高维特征。

精神分裂症和抑郁症患者的临床表现不仅有一定的相似性，而且会随着患者情绪的变化而变化，因此容易导致临床诊断出现误诊。赖虹宇通过提取患者的信号特征，结合支持向量机和朴素贝叶斯分类器对患者进行分类研究。基本方法用到了信息增益率，采用熵变量原理、主成分分析法对数据集进行标准化转换。采用信息增益率和主成分分析法分为三步：第一步，数据预处理。分词后统计词频，去掉停止词，将文本表示成文本向量。第二步，计算每个词语（即每列）的信息增益率，按降序排序，选择那些大于阈值的特征词用来构造特征初选子集。第三步，采用主成分分析法对特征初选子集进行数学转换，将其映射到低维空间，构造特征再选子集。

1.4.4 特征缩放

罗向阳在图像研究中采用特征缩放来提高图像信息隐藏通用盲检测的正确率。从图像的空域、DCT域和DWT域分别提取相邻像素对统计偏离度、DCT系数宏块中拉普拉斯分布的尺度参数的方差，以小波系数高阶统计量作为特征，并按域进行特征值缩放。朱宝在特征缩放的研究中提到，对联想神经网络数据样本生成方法研究中，通过特征缩放生成新的虚拟样本，同时去除数据间的噪声信息，进而产生更加合理准确的虚拟样本，增加建模样本的数量。

1.4.5 特征编码

“特征编码”是特征描述的一种方法。一般来说，特征编码可以看成是赋予每个特征一个描述的操作，这种描述一般采用向量的形式。特征编码：特征必须是数值型才能统计计算，所以要对特征进行编码。特征编码分类：定类编码，定序编码。定类编码：用于较少分类，如男女、是否有电梯等特征数据；用于对数据不敏感的模型，如逻辑回归，支持向量机模型。定序编码：标签编码，用于分类较多，如小学、中学……研究生的学历分类特征数据；用于对数据敏感的模型。在图像表示和识别的应用中，特征编码代表把图像块中提取的局部特征进行编码。李升对字符进行编码，解决了模板匹配法中的字符图像与模板尺寸不符、字符倾斜等问题，提高识别率。其在研究中将字符分为闭环数、四叉点数、三叉点数、拐角数、尖角数五个特征项，在此特征编码系统中，忽略笔画线段的曲直之分，只考虑闭环和交叉点个数，这样就解决了使用模板匹配方法时所出现的识别字符图像与模板尺寸不匹配的问题。按此编码，每个字符都能得到一个五位数的编码，如果前四位编码唯一，则第五位为空位。

癌症是一种设计基因组动态变化的疾病，错义突变构成了人类基因组的大部分变异。错义突变被鉴定出的数量随着技术的进步和基因组测序方法成本的降低，增加了很多。对蛋白质序列进行特征编码，特征选择方面采用最小绝对值压缩与范式乘法回归求最优解的特征选择方法。对特征矩阵进行特征选择，最后使用随机森林、旋转森林、极限学习机以及支持向量机来预测癌症基因与肿瘤的发生和发展的关系。

1.4.6 特征降维

特征降维是在给定的一个样本空间，依据特定的法则，找到高维数据的低维表示，并且能够保持原始数据的潜藏的内在信息。数据降维技术主要解决维数灾难问题。数据降维按有无标号信息和成对约束条件等分为不同的类型，分别为有监督数据降维、无监督数据降维、半监督数据降维。Fisher判别分析是有监督降维的算法，PCA是无监督降维的算法。

现阶段，新生儿疼痛表情评估都是由专业人员评估，这种方法费时费力，评估结果受评估者主观因素影响，所以谢双针对新生儿疼痛表情识别进行了研究，其中提到对表情样本特征降维。其研究中采用特征提取的方式，对新生儿面部表情通过线性变换方法达到数据特征降维的目的。

为了提高宫颈细胞识别速度，以最少的特征数量获得最高的识别准确率，运用分类与回归算法进行特征选择。董娜从细胞图片中寻找有效的特征，总结分为颜色特征、纹理特征、形态特征。特征选择，选择最优的特征子集，该子集需保证元素个数最少，既降低特征空间维数，又保证细胞识别的准确率。董娜在其研究中采用CART算法对数据进行降维处理。

1.4.7 特征选择

特征选择作为数据预处理的过程，在数据挖掘、模式识别和机器学习中有着重要地位，在文本分类、文本检索、基因分析和药物诊断等场合有广泛应用。特征选择包括子集生成、自己评估、停止准则和结果验证四个环节。特征选择在模式识别领域中占有重要地位。毛勇在文中提到，国际上主要关注选择优化特征集合所需要的两个主要步骤上，要确定关键的变量组，即优化的特征子集，首先，必须确定进行搜索所需要的策略，其次，需要确定特征的评价标准来评价所选择的特征子集的性能。因此，将特征选择分为按搜索策略和按特征集合评价策略。

特征选择在中医数据挖掘中的应用：特征选择算法的分类，在使用方法上将特征选择分为过滤器（Filter）和封装器（Wrapper）的特征选择算法；按照特征子集形成方式分类分为穷举法、启发法和随机法；按照特征评价标准分为距离测距、一致性测度和信息测度。李保洋在其研究中使用遗传算法结合关联分析，在特征选择的应用中使用遗传算法产生特征子集，并借助数据挖掘中的关联分析来定义特征评价函数。

1.5 特征工程案例

1.5.1 中药方剂挖掘的预处理

慢性胃炎（CG）是消化系统的一种常见病、多发病，可分为浅表性胃炎和萎缩性胃炎，其发病率逐年上升，在各种胃病中居首位，对人类健康危害较大。现代医学认为该病的发生与幽门螺杆菌（Hp）感染、胃动力障碍中枢神经功能失调等有关。对其治疗多采用保护胃黏膜，减少胃酸分泌，促进胃肠蠕动抑制Hp感染等，但存在较高复发率。而中医经过长期临床实践，积累了丰富的经验。

药物的科学配伍是方剂获取生物效应的关键，揭示方剂配伍规律对指导临床和新药开发具有重要意义，是中医药现代化研究的重要组成部分。方剂配伍规律的数据挖掘方法研究，旨在在中医理论的指导下通过引入关联规则、聚类分析和分类规则等数学方法，结合计算机技术，从大量的、不完全的、有噪音的、模糊的、随机的数据中提取隐含、事先未知但又潜在有用的以及最终可被理解的知识。

关联规则是数据挖掘中的一项重要技术，反映了大量数据中项目集之间的关联或相关联系。下面做用关联规则方法研究知名老中医防治慢性胃炎配方规律的预处理。

收集宁夏基层知名老中医马祥对慢性胃病的治疗药方，建立处方数据表，如表1-5所示。

表1-5　处方数据表

ID	处方编号	药品名称	ID	处方编号	药品名称
1	1301001	柴胡	21	1301002	代赭石
2	1301001	郁金	22	1301002	郁金
3	1301001	青皮	23	1301002	白花蛇舌草
4	1301001	佛手	24	1301002	肿节风
5	1301001	白术	25	1301002	竹茹
6	1301001	茯苓	26	1301002	半边莲
7	1301001	枳壳	27	1301002	延胡索
8	1301001	当归	28	1301002	泽泻
9	1301001	白芍	29	1301002	肉苁蓉
10	1301001	太子参	30	1301002	大腹皮
11	1301001	续断	31	1301002	人参
12	1301001	山药	32	1301002	麦冬
13	1301001	虎杖	33	1301002	五味子
14	1301001	地耳草	34	1301002	半夏
15	1301001	甘草	35	1301003	太子参
16	1301001	黄芪	36	1301003	白术
17	1301001	泽泻	37	1301003	陈皮
18	1301002	柴胡	…	…	…
19	1301002	枳壳	575	1301047	黄芩
20	1301002	旋覆花	576	1301047	牛膝

药名的预处理。由于中药方剂的来源已经跨度了几千年，所以许多药物的命名表述

极不一致。中药药名常根据药物的形状、产地、颜色、功效等特征来命名，几乎每一种药物都存在一物多名的情况，如白及又称为白芨、坚白及、白及片等。以《现代实用中药学》作为药名信息的来源，极少数《现代实用中药学》未收载的中药，以《中国药物大全》作为信息来源。建立慢性胃炎常用药以及马祥治疗慢性胃炎用药的药名表，药名表的主要字段有编码、标准药名、药名、处方用名、性味、归经和功效，简化后如表1-6所示。

表1-6 药品名称数据表

ID	药品编号	药品名称	ID	药品编号	药品名称
1	CGTCM001	白豆蔻	11	CGTCM011	槟榔
2	CGTCM002	白花蛇舌草	12	CGTCM012	苍术
3	CGTCM003	白及	13	CGTCM013	草豆蔻
4	CGTCM004	白木耳	14	CGTCM014	草果
5	CGTCM005	白芍	15	CGTCM015	柴胡
6	CGTCM006	白术	16	CGTCM016	扁豆
7	CGTCM007	白芷	…	…	…
8	CGTCM008	半边莲	186	CGTCM186	银柴胡
9	CGTCM009	半夏	187	CGTCM187	苹果
10	CGTCM010	荜澄茄	—	—	—

预处理目标：（1）Weka作为一个公开的数据挖掘工作平台，集合了大量能承担数据挖掘任务的机器学习算法，包括对数据进行预处理、分类、回归、聚类、关联规则以及在新的交互式界面上的可视化。因此，为了使用Weka对收集的宁夏基层老中医马祥治疗慢性胃病的治疗药方进行关联分析，拟将这些数据转化后满足Weka中关联规则Apriori算法的输入数据要求，即以处方数量为行记录，总的药品数量为列的大小，如果某味药在当前的处方中出现，则该矩阵元素值为“t”，否则为“？”。（2）为了使用Python语言对宁夏基层老中医马祥治疗慢性胃病的治疗药方进行更多的数据探索分析，拟生成以处方数量为行记录，各列是处方中出现的药品名称的记录，每行对应的列的大小由该处方包含的药品数量决定。

使用Python编写中药方剂预处理程序Preprocessing.py，可得预处理目标1的结果，如表1-7所示；预处理目标2的结果，如表1-8所示。

```
//中药方剂预处理程序Preprocessing.py：
# coding：utf-8
import csv
import pandas as pd     #导入pandas库
```

```
import numpy as np
import string          #字符串

if __name__ == "__main__":
    dataDrug = pd.read_csv('InPrescription_mx47.csv', engine='python')     # 将CSV
格式的表中数据读入内存中，有药品编号,药品名称
    # print( dataDrug.columns)      #输出药品列
    drugID = np.array(dataDrug[['药品编号']])      #将药品编号这一列提取出来存
成一列
    drugName=np.array(dataDrug[['药品名称']])    #将药品名称这一列提取出来存
成一列
    # print(drugID)       #将药品编号这一列打印出来
    # print(drugName)       #将药品名字这一列打印出来

     DrugNameTable = pd.read_excel('InStandardDrugName_mx187.xls')  # 读取标
准药名InStandardDrugName_mx187.xls表中数据，存入内存中
    StandardDrugName =np.array(DrugNameTable[[ '标准药名']])   #将标准药名一
列提取出来存成一列

    # print(StandardDrugName)      #输出标准药名
    print('______________________________________________________________')
    sizePrescription = np.unique(np.array(drugID)).size     #统计出药方的数量
    sizeStandardDrugName =len(StandardDrugName)  #计算标准药名里药品的个数
    print("sizePrescription =" + str(sizePrescription))    #打印药方的数量
    print("sizeStandardDrugName =" + str(sizeStandardDrugName))    #打印出标
准药名的数量
    prescriptionTable=np.zeros((sizePrescription, sizeStandardDrugName))  #用0
来填充数组
    i=0;
    for index in range(len(drugID)):  #药名长度
        if index==0:
            for indexStandardDrugName in range(len(StandardDrugName)): #
当在意变量中的药名在标准药名表里时
                if
drugName[index]==StandardDrugName[indexStandardDrugName]:
            #药名数组与标准药名数组，如果药方里的药名在标准药名的列表里
的判断条件
                    prescriptionTable[i][indexStandardDrugName]=1 #如果上面的
判断为真，则i为1
                else:  #其他
                    Pass  #通过
        elif  i<sizePrescription:  #如果i小于药方的数量
            if drugID[index] == drugID[index -1]:
                for indexStandardDrugName in range(len(StandardDrugName)):
```

```
                    if                    drugName[index]                    ==
StandardDrugName[indexStandardDrugName]:
            #药名数组与标准药名数组
                        prescriptionTable[i][indexStandardDrugName] = 1 #描述
表为1
                    else:  #其他
                        pass  #通过
            else:   #其他
                i=i+1;  #加1
                if  i<sizePrescription:
                    for    indexStandardDrugName    in    range    (    len
（StandardDrugName））:#当在意变量中的药名在标准药名表里时
                        If
            drugName[index]== StandardDrugName[indexStandardDrugName]:
                            prescriptionTable[i][indexStandardDrugName]  =  1
#如果上面的判断为真，则i为1
                        else:
                            pass
            pass
    print（'______________________________________________________________'）
    # print（prescriptionTable）
    csvFile = open（"OutPrescriptionTable.csv", "w",newline='',encoding='utf-8'）    #
创建csv文件
    writer = csv.writer（csvFile）    # 创建写的对象
    writer.writerow（StandardDrugName）    # 先写入columns_name

    csvFileFlag        =        open        (        "OutPrescriptionTableFlag.csv",
"w",newline='',encoding='utf-8'）
    # 创建csv文件
    writerFlag = csv.writer（csvFileFlag）    # 创建写的对象
    writerFlag.writerow（StandardDrugName）    # 先写入columns_name

    csvFileSimplified=open
（"OutPrescriptionTableSimplified.csv","w",newline='',encoding='utf-8'）    # 创建csv
文件
    writerSimplified = csv.writer（csvFileSimplified）    # 创建写的对象

    for index in range（sizePrescription ）:#当在意变量在药方数量这个范围内时
        columns = []  #创建列数组
        columnsFlag  = []   #创建columnsFlag数组
        columnsSimplified = []   #创建columnsSimplified数组
        for indexStandardDrugName in range（len（StandardDrugName））:#当在
意变量中的药名在标准药名表里时
            if prescriptionTable[index][indexStandardDrugName] == 1:  #当药方的
表中的在意变量值等于1的时候
```

```
                columns.append（StandardDrugName[indexStandardDrugName]）
                columnsFlag.append（'t'）      #将空格填充为“t”
                item = str（StandardDrugName[indexStandardDrugName]）[1:-1]
                item = item.strip（string.punctuation）
                columnsSimplified.append（ item）
            else:
                columns.append（[]）      #在列末尾添加新的数据
                columnsFlag.append（'?'）   #将空格填充为“? ”
        writer.writerow（columns）    #读取列
        writerFlag.writerow（columnsFlag）
        writerSimplified.writerow（columnsSimplified）
    csvFile.close（）    #CSV文件关闭
    csvFileFlag.close（）     #CSV文件标志关闭
    print（"Preprocessing finished!"）
```

表1-7　预处理结果A表

ID	['白豆蔻']	['白花蛇舌草']	['白及']	…	['苹果']
1	?	?	?	…	?
2	?	t	?	…	?
3	?	?	?	…	t
4	t	?	?	…	?
5	?	?	?	…	?
6	?	?	?	…	?
7	?	?	?	…	?
8	?	?	?	…	?
9	?	t	?	…	?
10	?	?	?	…	?
…	…	…	…	…	…
46	?	?	?	…	?
47	?	?	?	…	?

表1-8　预处理结果B表

处方编号	处方用药名称
1	白芍　白术　柴胡　当归　佛手　茯苓　甘草　黄芪　青皮　山药　太子参 郁金　泽泻　枳壳　续断　虎杖　地耳草
2	白花蛇舌草　半边莲　半夏　柴胡　代赭石　麦冬　人参　旋覆花　延胡索 郁金　泽泻　竹茹　枳壳　肿节风　肉苁蓉　大腹皮　五味子
3	白术　半夏　陈皮　川楝子　黄芩　连翘　山药　生姜　太子参　吴茱萸 香附　延胡索　郁金　枳壳　郁李仁　苹果

（续表）

处方编号	处方用药名称
4	白豆蔻 白术 陈皮 川楝子 甘草 麦芽 山药 神曲 太子参 乌贼骨 延胡索 泽泻 枳壳 肉苁蓉 郁李仁
5	白芍 白术 苍术 柴胡 陈皮 桂枝 大枣 牡丹皮 甘草 厚朴 瓜蒌生姜 延胡索 郁金 泽泻 枳实 薤白 猪苓
6	白术 半夏 陈皮 党参 茯苓 谷芽 鸡内金 连翘 山药 神曲 泽泻 枳壳 补骨脂 牛膝 山茱萸
…	…
46	柴胡 赤芍 丹参 当归 桔梗 连翘 青皮 香附 郁金 泽泻 枳壳 甘松 地骨皮 贝母
47	半夏 柴胡 陈皮 谷芽 黄芩 鸡内金 连翘 麦芽 山药 神曲 枳壳肉苁蓉 补骨脂 牛膝 牛蒡子

1.5.2 Ⅱ型糖尿病数据的缺失值处理

1. 数据获取与描述

随着生活水平的提高，糖尿病已经成为继心脑血管病、恶性肿瘤之后影响人类健康的第三大疾病。在中国，约有11%的中老年人是糖尿病患者，约有30%的中老年人是糖尿病高危人群或准糖尿病人。糖尿病引发的一系列健康问题困扰着众多家庭和社会，而防治糖尿病、减少糖尿病的危害成为全民保健、提高国民素质的一个重要方面。Ⅱ型糖尿病，又称非胰岛素依赖性糖尿病，指体内胰岛素分泌相对不足的糖尿病。虽然胰岛素分泌减少会引发血糖升高，但还具有一定的分泌功能，不依赖胰岛素也能控制血糖，常见于中老年人。《中国Ⅱ型糖尿病防治指南（2017年版）》指出，我国成人Ⅱ型糖尿病患病率（2013年）为10.4%，各民族有较大差异，肥胖人群糖尿病患病率升高了2倍，未诊断糖尿病比例达63%。

为了研究体质指数（BMI）、腰臀比（WHR）对Ⅱ型糖尿病患者血糖水平的影响，选取某时期内在某医院营养科咨询及检查的Ⅱ型糖尿病患者20例，每条记录包含年龄（Age）、病程（Duration）、体重指数（BMI）、腰臀比（WHR）、空腹血糖（FBG）等，但是有些记录中存在数据缺失，如表1-9所示。

表1-9 Ⅱ型糖尿病数据

序号	年龄（Age）	病程（Duration）	体重指数（BMI）	腰臀比（WHR）	空腹血糖（FBG）
1	67	7.00	29.05	1.030	7.60
2	71	20.00	—	0.990	8.80
3	72	11.61	25.80	—	11.00
4	74	1.00	—	0.940	9.09
5	66	2.00	19.94	—	11.70
6	72	8.43	26.25	—	—

（续表）

序号	年龄（Age）	病程（Duration）	体重指数（BMI）	腰臀比（WHR）	空腹血糖（FBG）
7	67	0.20	—	0.950	10.00
8	72	2.04	25.20	0.870	6.64
9	70	0.15	—	—	8.29
10	72	1.00	20.60	0.890	7.70
11	75	12.86	—	0.980	14.30
12	75	14.00	24.30	—	9.80
13	78	12.07	—	—	7.50
14	66	1.50	36.00	—	4.81
15	79	14.00	—	0.960	11.90
16	75	7.94	24.22	0.896	—
17	81	16.00	—	—	8.30
18	71	0.25	22.20	0.960	6.40
19	79	20.00	—	0.910	7.00
20	78	10.51	19.14	0.910	9.80

身体质量指数（简称体质指数，又称体重指数，英文为Body Mass Index，简称BMI），是用体重公斤数除以身高米数的平方得出的数字，是国际上常用的衡量人体胖瘦程度以及是否健康的一个标准。主要用于统计用途，当我们需要比较及分析一个人的体重对于不同高度的人所带来的健康影响时，BMI值是一个中立而可靠的指标，是《国家学生体质健康标准》规定的测试项目。

腰臀比（Waist-to-Hip Ratio, WHR）是腰围和臀围的比值，是判定中心性肥胖的重要指标。

2. 缺失值处理

造成数据缺失的原因是多方面的，主要有以下几种：有些信息暂时无法获取，致使一部分属性值空缺出来；有些信息因为一些人为因素而丢失了；有些对象的某个或某些属性是不可用的，如一个未婚者的配偶姓名；获取这些信息的代价太大，从而未获取数据。

空值处理的重要性。空值的存在造成了以下影响：系统丢失了大量的有用信息；系统的不确定性更加显著；系统中的确定性成分更难把握；包含空值的数据会使挖掘过程陷入混乱，导致不可靠的输出。

空值处理的方法：（1）删除元组。将存在遗漏信息属性值的对象（记录）删除，从而得到一个完备的信息表。这种方法在对象有多个属性缺失值，被删除的含缺失值的对象与信息表中的数据量相比非常小的情况下是非常有效的。然而这种方法丢弃了大量隐藏在这些对象中的信息，在信息表中对象很少的情况下会影响到结果的正确性，可能导致数据发生偏离，从而引出错误的结论。（2）不处理，直接在包含空值的数据上进行数据挖掘。这类方法包括贝叶斯网络和人工神经网络等。（3）数据补齐。这类方法是基于统计学原理用一定的值去填充空值，从而使信息表完备化。数据挖掘中常用的有以下几种补齐方法：第一，人工填写。这个方法产生数据偏离最小，是填充效果最好的一种。当数据规模很大、空值很多的时候，该方法是不可行的。第二，特殊值填充。将空值作为一种特殊的属性值来处理，它不同于其他的任何属性值，如所有的空值都用"unknown"填充，这样将形成另一个概念，可能导致严重的数据偏离，一般不使用。第三，平均值填充。如果空值是数值属性，就使用该属性在其他所有对象的取值的平均值来填充该缺失的属性值。如果空值是非数值属性，就根据统计学中的众数原理，用该属性在其他所有对象出现频率最高的值来补齐该缺失的属性值。第四，热卡填充（就近补齐）。对于一个包含空值的对象，热卡填充法在完整数据中找到一个与它最相似的对象，然后用这个相似对象的值来进行填充。不同的问题选用不同的标准来对相似进行判定。第五，*K*最近邻法。先根据欧式距离或相关分析来确定距离具有缺失数据样本最近的*K*个样本，将这*K*个值加权平均来估计该样本的缺失数据。第六，使用所有可能的值填充。这种方法是用空缺属性值的所有可能的属性取值来填充，能够得到较好的补齐效果。但是当数据量很大或者遗漏的属性值较多时，其计算的代价很大，可能的测试方案很多。第七，回归。基于完整的数据集，建立回归方程（模型）。对于包含空值的对象，将已知属性值代入方程来估计未知属性值，以此估计值来进行填充。第八，期望值最大化方法（EM）。在缺失类型为随机缺失的条件下，假设模型对于完整的样本是正确的，通过观测数据的边际分布可以对未知参数进行极大似然估计。它有一个重要前提——适用于大样本，要使有效样本的数量足够保证ML估计值是渐近无偏的并服从正态分布。但是这种方法可能会陷入局部极值，收敛速度也不是很快，并且计算很复杂。

因为研究体质指数、腰臀比对Ⅱ型糖尿病患者血糖水平影响的数据记录数只有20条，直接删除不完整的记录会导致丢失大量有用信息，增加分析结果的不确定性。同时，包含空值的数据会使挖掘过程陷入混乱，导致不可靠的输出，所以采用数据补齐方法对Ⅱ型糖尿病数据的缺失值进行处理。

Ⅱ型糖尿病数据集主要缺失的是身体质量指数（BMI）、腰臀比（WHR）和空腹血糖水平（FBG）这三个字段的值，分别采用平均值填充、K最近邻法、使用所有可能的值填充，具体Python算法如下：

```
// 采用平均值填充身体质量指数的缺失值
    imr = SimpleImputer（missing_values=np.NaN, strategy='mean'）
    imr = imr.fit（data.values）
    imputed_data = pd.DataFrame（imr.transform（data.values））

// 采用K最近邻法填充腰臀比的缺失值
    imr = KNNImputer（n_neighbors=3）
```

```
    imr = imr.fit（data.values）
    imputed_data = pd.DataFrame（imr.transform（data.values））

// 采用所有可能的值填充空腹血糖水平的缺失值
  // 中位数
    imr = SimpleImputer（missing_values=np.NaN, strategy='median'）
    imr = imr.fit（data.values）
    imputed_data = pd.DataFrame（imr.transform（data.values））
  // 众数
    imr = SimpleImputer（missing_values=np.NaN, strategy='most_frequent'）
    imr = imr.fit（data.values）
    imputed_data = pd.DataFrame（imr.transform（data.values））
  // K最近邻法
    imr = KNNImputer（n_neighbors=2）
    imr = imr.fit（data.values）
    imputed_data = pd.DataFrame（imr.transform（data.values））
```

表1-10　II型糖尿病数据的缺失值填充结果

序号	年龄（Age）	病程（Duration）	体重指数（BMI）	腰臀比（WHR）	空腹血糖（FBG）
1	67	7.00	29.05	1.030	7.60
2	71	20.00	24.79*	0.990	8.80
3	72	11.61	25.80	1.00*	11.00
4	74	1.00	24.79*	0.940	9.09
5	66	2.00	19.94	0.927*	11.70
6	72	8.43	26.25	0.960*	8.55/ 9.8/ 8.82*
7	67	0.20	24.79*	0.950	10.00
8	72	2.04	25.20	0.870	6.64
9	70	0.15	24.79*	0.903*	8.29
10	72	1.00	20.60	0.890	7.70
11	75	12.86	24.79*	0.980	14.30
12	75	14.00	24.30	0.945*	9.80
13	78	12.07	24.79*	0.922*	7.50
14	66	1.50	36.00	0.920*	4.81
15	79	14.00	24.79*	0.960	11.90
16	75	7.94	24.22	0.896	8.55/ 9.8/ 8.65*

（续表）

序号	年龄（Age）	病程（Duration）	体重指数（BMI）	腰臀比（WHR）	空腹血糖（FBG）
17	81	16.00	24.79*	0.927*	8.30
18	71	0.25	22.20	0.960	6.40
19	79	20.00	24.79*	0.910	7.00
20	78	10.51	19.14	0.910	9.80

注：表1-10中带*的数据为填充的数据。

1.5.3 某大型医院三年住院治疗数据的规范化

1. 数据获取与描述

了解某三甲医院住院医疗质量情况及其特征，为医院医疗质量精细化管理提供决策依据。选取反映医疗质量的多项指标，采用聚类分析法分析医疗质量特征，针对不同特征采取相应的改进措施，可推动医院管理的标准化、专业化和精细化建设。

表1-11 某大型医院三年住院治疗情况

序号	年/月	门诊人次（万）	出院人数	病床利用率（%）	病床周转次数	平均住院天数	治疗好转率（%）	病死率（%）	诊断符合率（%）	抢救成功率（%）
1	91.01	4.34	389	99.06	1.23	25.46	93.15	3.56	97.51	66.66
2	91.02	3.45	271	88.28	0.85	23.55	94.31	2.44	97.94	73.33
3	91.03	4.38	385	103.97	1.21	26.54	92.53	4.02	98.48	76.79
4	91.04	4.18	377	99.48	1.19	26.89	93.86	2.92	99.41	63.16
5	91.05	4.32	378	102.01	1.19	27.63	93.18	1.99	99.71	80
6	91.06	4.13	349	97.55	1.1	27.34	90.63	4.38	99.03	63.16
7	91.07	4.57	361	91.66	1.14	24.89	90.6	2.73	99.69	73.53
8	91.08	4.31	209	62.18	0.52	31.74	91.67	3.65	99.48	61.11
…	…	…	…	…	…	…	…	…	…	…
35	93.11	3.75	586	90.31	1.12	23.73	92.47	2.07	97.74	93.89
36	93.12	3.77	627	86.47	1.24	23.22	91.17	3.4	98.98	89.8

2. 数据规范化处理

数据规范化处理是数据挖掘的一项基本操作。现实中，数据中不同特征的量纲可能不一致，数值间的差别可能很大，不进行处理可能会影响到数据分析的结果。因此，需要对数据按照一定比例进行缩放，使之落在一个特定的区域，便于进行综合分析，特别是基于距离的挖掘方法，在建模前一定要对数据进行规范化处理，如SVM、KNN、KMeans、聚类等方法。

（1） 最小—最大规范化：也叫离差标准化，是对原始数据的线性变换，将数值映射到[0, 1]之间。

$$x = \frac{x - \min}{\max - \min}$$

（2） 零—均值规范化：也叫标准差规范化，经过处理的数据均值为0，标准差为1。

$$x = \frac{x - \overline{x}}{\sigma}$$

（3） 小数定标规范化：通过移动属性值的小数位数，将属性映射到[-1, 1]之间，移动小数的位数取决于属性值的最大值。

$$x = \frac{x}{10^k}$$

某大型医院三年住院治疗数据集合中，序号和年月这两列数据不参与各种数据挖掘分析，因此只需对门诊人次（万）、出院人数、病床利用率、病床周转次数、平均住院天数、治疗好转率、病死率、诊断符合率、抢救成功率等这些字段对应的数据做无量纲化处理，具体采用Python编程最小—最大规范化方法实现。

```
// Python编程最小—最大规范化方法
    data_str = data[str_list]
    data_number = data[number_list]
    row = data_number.shape[0]  # 行
    col = data_number.shape[1]  # 列
    list = data_number.columns.values.tolist（）  # 属性列表
    array = data_number.astype（float）.values  # numpy数组
        elif method == 1:  # z-score
            for i in range（col）:
                mean = array[:, i].mean（）
                std = array[:, i].std（）  # 标准差
                array[:, i] = （array[:, i] - mean） / std
    for i in l:
        if （i in str_list）:
            result = pandas.concat（[result, data_str[i]], axis=1）
    else:
```

```
        result = pandas.concat ([result, normal_df[i]], axis=1)
    if (label != None):
        data_copy[label] = result
        return data_copy
```

某大型医院三年住院治疗情况的数据“规范化”处理结果如表1-12所示。

表1-12 某大型医院三年住院治疗数据的规范化处理结果

序号	门诊人次（万）	出院人数	病床利用率（%）	病床周转次数（天）	平均住院天数（天）	治疗好转率（%）	病死率（%）	诊断符合率（%）	抢救成功率（%）
1	0.64	0.41	0.88	0.94	0.77	0.51	0.58	0.35	0.18
2	0.19	0.14	0.62	0.44	0.71	0.73	0.24	0.40	0.38
3	0.66	0.41	1	0.92	0.81	0.40	0.71	0.46	0.48
4	0.56	0.39	0.89	0.89	0.82	0.64	0.38	0.56	0.08
5	0.63	0.39	0.95	0.89	0.85	0.52	0.11	0.60	0.58
6	0.53	0.32	0.84	0.77	0.84	0.05	0.82	0.52	0.08
7	0.75	0.35	0.70	0.82	0.75	0.04	0.33	0.59	0.39
8	0.62	0	0	0	0.99	0.24	0.60	0.57	0.02
…	…	…	…	…	…	…	…	…	…
35	0.34	0.87	0.67	0.8	0.71	0.39	0.13	0.38	1
36	0.35	0.97	0.58	0.96	0.69	0.15	0.53	0.51	0.87

1.5.4 图像特征提取与特征选择

图像特征的提取和选择是图像处理过程中很重要的环节，对后续图像分类有着重要的影响，并且具有样本少、维数高的特点。要从图像中提取有用的信息，必须对图像特征进行降维处理。特征提取与特征选择就是最有效的降维方法，其目的是得到一个反映数据本质结构、识别率更高的特征子空间。

1. 原始特征提取

图像的基本特征：颜色特征、纹理特征、形状特征、空间关系特征。

基于颜色特征的提取方法：颜色直方图；颜色集，是对颜色直方图的一种近似，是将图像表达为一个二进制的颜色索引集；颜色矩，是将图像中任何颜色分布用它的矩来表示；颜色聚合向量；颜色相关图。

颜色特征是一种全局特征，描述了图像或图像区域所对应的景物的表面性质。由于颜色对图像或图像区域的方向、大小等变化不敏感，所以颜色特征不能很好地捕捉图像中对象的局部特征。另外，仅使用颜色特征查询时，如果数据库很大，常会将许多不需要的图像也检索出来。

颜色直方图是最常用的表达颜色特征的方法，其优点是不受图像旋转和平移变化的影响，进一步借助归一化还可不受图像尺寸变化的影响，基缺点是没有表达出颜色空间分布的信息。

基于纹理特征的提取方法：基于统计的灰度共生矩阵和能量谱函数法；几何法，例如基于图像基元的结构化方法；模型法，以图像的构造模型为基础，采用模型参数作为纹理特征，典型的方法有随机模型法、信号处理法，例如小波变换。

纹理特征也是一种全局特征，它也描述了图像或图像区域所对应景物的表面性质。作为一种统计特征，纹理特征常具有旋转不变性，并且对于噪声有较强的抵抗能力。但纹理只是一种物体表面的特性，无法完全反映出物体的本质属性，所以仅利用纹理特征无法获得高层次的图像内容，且纹理特征还有一个很明显的缺点，即图像的分辨率发生变化，所计算出来的纹理可能会有较大偏差。

基于形状特征的提取方法：基于边界的，例如Hough变换、傅里叶变换等；基于区域的，例如矩不变量、几何矩特征、转动惯量等；其他方法，例如有限元法、旋转函数和小波描述符等。基于形状特征的检索方法都可以比较有效地利用图像中感兴趣的目标来进行检索，但也存在一些问题，例如当目标变形时，检索结果就不太可靠，且许多形状特征仅描述了目标的局部特征，对全面描述目标有较高的时间和空间要求等。

基于空间关系特征的提取方法。空间关系，是指图像中分割出来的多个目标之间的相互空间位置或相对方向关系，这些关系可分为连接/邻接关系、交叠/重叠关系和包含/包容关系等。提取图像空间关系特征可以有两种方法：一种方法是首先对图像进行自动分割，划分出图像中所包含的对象或颜色区域，然后根据这些区域提取图像特征并建立索引；另一种方法则简单地将图像均匀地划分为若干规则子块，然后对每个图像子块提取特征并建立索引。

空间关系特征的使用可加强对图像内容的描述区分能力，但空间关系特征常对图像或目标的旋转、反转、尺度变化等比较敏感。另外，实际应用中，仅仅利用空间信息往往是不够的，不能有效地、准确地表达场景信息。

上述特征提取方法是图像特征的初步获取，其各有利弊。针对不同的实际问题，可选择适当的图像特征提取方法。但有时仅用单一的特征来进行图像检索或匹配，其结果准确度不高，为了提高准确度，有人提出了多特征融合的图像检索或匹配技术。

2. 特征提取

对于初步获取的图像特征，可能维数依然很大，且可能包含一定的无关或冗余特征。这里的特征提取是指从初步获取的原始特征中通过一定的数学运算得到一组新的特征，也称作特征变换，其可以有效地降低特征空间维数和消除特征之间可能存在的相关性，减少特征中的无用信息。

特征提取的基本方法：线性方法，如主成分分析法（PCA）、线性判别分析法（LDA）、多维尺度法（MDS）；非线性方法，如核方法（KPCA，KDA）、流型学习。

（1）主成分分析法。该方法是从一组特征中通过求解最优的正交变换，得到一组相互间方差最大的新特征，它们是原始特征的线性组合，且相互之间是不相关的。再对新特征进行重要性排序，选取前几个主成分，用较少的主成分来表示数据，可以实现特征的降维，还可以消除数据中的噪声。该算法不考虑样本的类别信息，是一种无监督的方法。

（2）线性判别分析法。该方法的基本思想是将高维的数据样本投影到最佳判别的矢量空间，以达到提取分类信息和压缩特征空间维数的效果。投影后保证数据样本在新的子空间类间距离最大和类内距离最小，即样本数据在该空间中有最佳的可分离性。Fisher线性判别分析是最具有代表性的LDA法。

（3）多维尺度法。MDS是一种很经典的数据映射方法，其根据样本之间的距离关系或不相似度关系在低维空间里生成对样本的一种表示。MDS分为度量型和非度量型两种：度量型MDS把样本间的距离关系或不相似度关系看作一种定量的度量，尽可能地在低维空间里保持这种度量关系；非度量型MDS把样本间的距离关系或不相似度关系看作一种定性的关系，在低维空间里只需保持这种关系的顺序。

（4）核主成分分析法。该方法对样本进行非线性变换，通过在变换空间进行主成分分析来实现在原空间的非线性主成分分析。根据可再生希尔伯特空间的性质，在变换空间中的协方差矩阵可以通过原空间中的核函数进行运算，从而绕过复杂的非线性变换。该方法对于不同的问题选择合适的核函数类型，不同的核函数类型反映了对数据分布的不同假设，也可以看作是对数据引入了一种非线性距离度量。

（5）基于流型学习的方法。其基本思想是通过局部距离来定义非线性距离度量，在样本分布较密集的情况下可以实现各种复杂的非线性距离度量。具体方法：等容特征映射（IsoMap），欧氏距离累加；局部线性嵌入（LLE），近邻样本线性重构；拉普拉斯特征映射（LE），邻域选取和样本间相似度表达。

3. 特征选择

特征选择也是降低特征空间维数的一种基本方法，它是用计算的方法从一组给定的特征中选出能够有效识别目标的最小特征子集。它与特征提取最本质的区别就是特征提取主要是从原特征空间到新特征空间的一种变换，特征提取到的子特征会失去对类别原有主观意义的具体解释，而特征选择可以保持对这种具体意义的解释。

特征选择的基本步骤：候选特征子集的生成（搜索策略），子集评价（评价准则），停止准则，结果验证。

根据搜索策略和评价准则的不同，可对特征选择方法进行如下分类：

（1）按搜索策略可将特征选择方法分为以下三种

基于全局寻优的分支定界法。该方法是一种从包含所有候选特征开始，逐步去掉不被选中的特征的自上向下的方法，具有回溯的过程，能够考虑到所有可能的组合。其基本思想是设法将所有可能的特征组合构建成一个树状结构，按照特定的规律对“树”进行搜索，使得搜索过程尽可能早的达到最优解而不必遍历整棵树。要做到这一点必须要求准则判据对特征具有单调性，且当处理高维数据时，算法复杂度较高，所以该方法很难广泛使用。

基于启发式搜索的方法。很多情况下，即使采取分支定界法，全局寻优的计算量仍然很大，因此提出了一些基于启发式搜索的次优选择算法，即单独最优特征组合，序列前向选择（SFS）及广义的SFS（GSFS），序列后向选择（SBS）及广义的SBS（GSFS），增l去r选择及广义的增l去r选择方法，浮动搜索方法及浮动的广义后向选择方法（FGSBS）等。

随机搜索方法。该类方法在计算中将特征选择问题与遗传算法、模拟退火算法、粒子群优化算法、随机森林或一个随机重采样过程结合起来，以概率推理和采样过程作为算法基础，基于分类估计的有效性，在算法运行过程中对每个特征赋予一定的权重，再根据给定的或自适应的阈值对特征的重要性进行评价。例如，Relief及其扩展算法就是一种典型的根据权重选择特征的随机搜索方法，它能有效地去掉无关特征，但不能去除冗余特征，且只能用于两类分类问题。

（2）按评价准则可将特征选择方法分为以下三种

特征选择方法依据是否独立于后续的学习算法可分为过滤式（Filter）、封装式（Wrapper）和嵌入式（Embedded）三种。Filter方式独立于学习算法，直接利用训练数据的统计特性来评估特征，Wrapper方式利用学习算法的训练准确率来评价特征子集。Embedded方式结合了Filter和Wrapper方式。

Filter式的特征选择方法一般使用评价准则来使特征与类别间的相关性最大，特征间的相关性最小。该方式可以很快地排除掉很多不相关的噪声特征，缩小优化特征子集搜索的规模，计算效率高，通用性好，可用作特征的预筛选器。但当特征和分类器息息相关时，该方法不能保证选择出一个优化特征子集，即使能找到一个满足条件的优化子集，其计算规模也比较大。其根据评价函数可分为四类：

①基于距离度量的

常用的距离度量有欧氏距离、Minkowski距离、Chebychev距离和平方距离等。

Relief及其扩展算法Relief F和R Relidf F、分支定界法和BFF算法都是基于距离度量的特征选择算法。

②基于信息度量的

常用信息度量有信息增益与互信息。信息增益可以有效地选出关键特征，剔除无关特征；互信息可以描述两个随机变量之间相互依存关系的强弱。常见算法：基于互信息的MIFS算法；基于最小冗余最大相关（mRMR）的方法；基于互信息的快速滤波算法FCBF；基于条件互信息的CMIM算法；基于动态互信息的特征选择算法。

由于信息熵理论不要求假定数据分布是已知的，能够以量化的形式度量特征间的不确定程度，且能有效地度量特征间的非线性关系，因此基于信息度量的特征选择算法成为近年来研究的热点，研究者们提出了许多基于信息理论的改进算法。

③基于依赖性度量的

该方法利用一些统计相关系数，如Pearson相关系数、Fisher得分、方差得分、t检验、秩和检验或Hilbert-Schmidt依赖性准则等，来度量特征相对于类别可分离性间的重要性程度。有人提出了一种基于稀疏表示的特征选择方法，且在人脸图像聚类实验中取得了较好的结果。

④基于一致性度量的

该方法的思想是寻找全集有相同区分能力的最小子集，尽可能保留原始特征的辨识能力。它具有单调、快速、去除冗余和不相关特征、处理噪声等优点，但其对噪声数据敏感，且只适合处理离散特征。

Wrapper方式依据选择子集最终被用于构造分类模型，把特征选择算法作为学习算法的一个组成部分，直接使用训练结果的准确率作为特征重要性程度的评价标准。该方法在速度上要比Filter方式慢，但它所选的优化特征子集规模相对要小得多，非常有利于关键特征的辨识。同时其准确率比较高，但泛化能力较差，时间复杂度较高。

针对Filter和Wrapper方式的利弊，提出了Embedded方式的特征选择方法。该方式先用Filter方法初步去掉无关或噪声特征，只保留少量特征，减少后续搜索规模，然后再用Wrapper方法进一步优化，选择分类准确率最高的特征子集。

4. 图像特征提取小结

从图像中提取特征，首先根据具体的问题，判断选取的图像特征，如颜色或纹理。针对不同的特征选择具体的提取方法，如常用的基于颜色特征的颜色直方图或基于纹理的灰度共生矩阵和小波变换等，这是对图像原始特征提取的第一步。由于原始特征可能维数很高，或包含大量的冗余特征和无关特征，会使后续算法的计算复杂度变得很高，所以进一步进行特征提取和特征选择，抽取样本最相关特征，降低数据维数和消除不相关特征及冗余特征。

统计意义上的特征提取是由获取到的原始特征经过线性或非线性变换得到较少数量且更具有表达能力的新特征。常用的线性变换有PCA、LDA、MDS，非线性变换有KPCA、流型学习等。有时基本的特征提取方法由于自身的局限性不能满足在某些具体问题中的要求，就需要对这些方法进行改进。例如，PCA不考虑样本类别，因此得到的低维空间相对判别分类而言不是最优的；在样本类内分布为高斯分布且协方差相同时，LDA可以得到最优线性判别分析转换矩阵，但现实世界中类内分布的复杂度远远超出了高斯分布；MDS方法中目标函数的定义及对该目标函数最小化选择适合的优化方法；KPCA方法中核函数的选择与核函数的参数设定等，都需要根据具体的情况选择与设定；关于流型学习中的各种方法，在样本分布较稀疏时，对近邻样本间距离的度量可能会有较大的偏差。

特征提取技术很难解释新特征与样本类别之间的相互关系，但在某些领域内对这种相互关系的理解却很重要。所以，在这种情况下，特征选择就更加有效。特征选择是指从原始特征中选择最少的特征，使所选特征与类别之间具有最大相关度，特征与特征之间具有最小相关度。根据评价标准是否依赖于具体的学习算法，特征选择算法分为Filter、

Wrapper、Embedded三种方式。Filter方式依据数据内在的结构特征选择最相关的特征，该方式主要是选取对样本距离及相关性的度量准则。直接依赖学习算法准确率的Wrapper方式，主要是对学习算法的选择，通常选择SVM作为评估标准。Embedded方式将特征选择视为学习算法的子系统，该算法计算复杂度介于Wrapper和Filter方式之间，选择的特征比Filter方式更准确，但需要与新设计的算法相结合。

获取特征子集的选择策略，在高维样本空间对所有候选子集进行评估测试是不实际的。最优特征选择算法—分支界定法不仅对准则判据有要求，且计算量大，所以又提出了基于启发式的次优选择算法，还可以利用一些群智能的随机搜索算法，从而更好地提高搜索效率。

第2章　医药数据的关联规则

本章引言

葡萄牙医生解决世界新生儿出生缺陷的故事。葡萄牙医生在本故事中采用了分群与分层抽样调查相结合的方法，按五大洲分群抽取，每个洲又按历史高发地区分层抽取。本故事中，葡萄牙医生的重要发现：第一，欧洲大量新移民聚类中产生了新生儿缺陷高发的现象，这一数据甚至超过了传统落后地区非洲的新生儿出生缺陷率；第二，伊拉克战争、叙利亚战争、也门内战导致的难民大量涌入欧洲，人口的大规模迁徙改变了欧洲的新生儿人口健康状况。用抽样的方法获取数据，最后导出了近年来欧洲新生儿缺陷增加的主要原因：大规模移民难民潮。其中一个典型调查发现西班牙边境地区一个废弃的化学工厂是外来移民的长期居住地，而新生儿缺陷的发生是化学工厂的化学物质导致。

本章主要讨论医药数据的关联规则分析、关联规则挖掘概述、Apriori算法、挖掘各种类型的关联规则、关联规则进阶、基于关联规则的中药处方研究、Weka关联规则设计等问题和相关方法技术。

2.1 医药数据的关联规则分析

中医诊疗数据挖掘。在从师病历、典型医案研究整理的基础上，选取老中医最擅诊治的病症，总结形成老中医认可的老中医临床经验推广应用方案。方案中要详细说明具体的治疗病症、病因病机、治则治法、基本方药、加减用药等，要能体现出老中医的学术思想和诊疗特点。利用机器学习、人工智能等方法，以知名老中医病案信息为对象，从辨证分型、治则治法、方药等多方面的联系规律对其学术思想、临证经验进行分析挖掘，主要包括病症和复方关系挖掘、病症与证型关系挖掘、证型与复方关系挖掘、方剂配伍规律挖掘。

以基层知名老中医马祥治疗慢性胃炎的处方为数据来源，用Access数据库分别建立药名表、方剂表和方药表。通过方剂数据的预处理和关联分析，挖掘出基层知名老中医马祥治疗慢性胃炎处方的药对、药组和药四对。

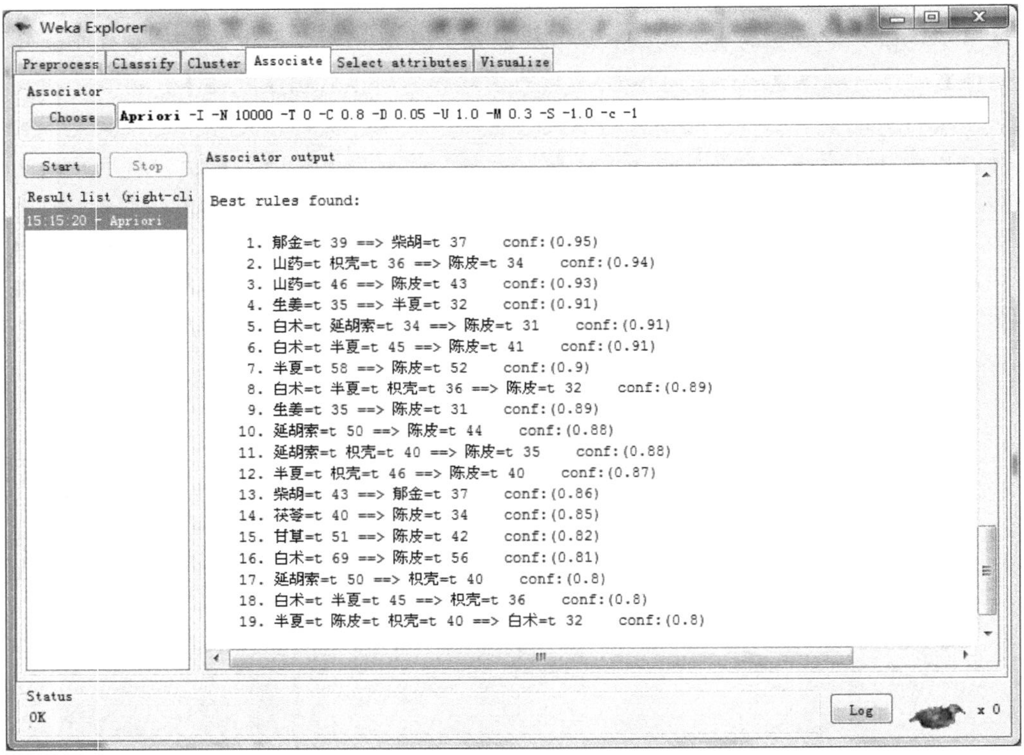

图2-1　基层知名老中医马祥治疗慢性胃炎处方的关联规则

由图2-1可得，知名老中医马祥治疗慢性胃炎处方用到的药对、药组和药四对，如表2-1、表2-2、表2-3所示。

表2-1　药对

序号	规则	频数	支持度	置信度	模式解释
1	郁金 ==> 柴胡	37	0.3	0.95	活血行气，疏肝和胃
2	山药 ==> 陈皮	43	0.3	0.93	益气养阴补脾胃，理气健脾
3	生姜 ==> 半夏	32	0.3	0.91	发汗解表，燥湿化痰
4	半夏 ==> 陈皮	52	0.3	0.90	燥湿化痰，理气健脾
5	生姜 ==> 陈皮	31	0.3	0.89	发汗解表，理气健脾
6	延胡索==> 陈皮	44	0.3	0.88	活血行气止痛，理气健脾
7	柴胡 ==> 郁金	37	0.3	0.86	疏肝和胃，活血行气
8	茯苓 ==> 陈皮	34	0.3	0.85	利水渗湿，理气健脾
9	甘草 ==> 陈皮	42	0.3	0.82	益气和中，理气健脾
10	白术 ==> 陈皮	56	0.3	0.81	健脾燥湿，理气健脾
11	延胡索 ==> 枳壳	40	0.3	0.80	活血行气止痛，理气宽中

表2-2　药组

序号	规则	频数	支持度	置信度	模式解释
1	山药 枳壳 ==> 陈皮	34	0.3	0.94	补脾养胃，行气宽中，理气燥湿散洁
2	白术 延胡索 ==> 陈皮	31	0.3	0.91	健脾燥湿，活血行气止痛，理气燥湿散洁
3	白术 半夏 ==> 陈皮	41	0.3	0.91	健脾燥湿，降逆止呕，理气燥湿散洁
4	延胡索 枳壳 ==> 陈皮	35	0.3	0.88	活血行气止痛，行气宽中，理气燥湿散洁
5	半夏 枳壳 ==> 陈皮	40	0.3	0.87	降逆止呕，行气宽中，理气燥湿散洁
6	白术 半夏 ==> 枳壳	36	0.3	0.80	健脾燥湿，降逆止呕，行气宽中

表2-3　药四对

序号	规则	频数	支持度	置信度	模式解释
1	白术 半夏 枳壳 ==> 陈皮	32	0.3	0.89	健脾燥湿，降逆和胃，行气宽中，消胀散结
2	半夏 陈皮 枳壳 ==> 白术	32	0.3	0.80	降逆和胃，消胀散结，行气宽中，健脾燥湿

寒症是疾病的本质属于寒性的症候，可以由感受寒邪而致，也可以由机体自身阳虚阴盛而致。由于寒症的病因与病位不同，又可分出几种不同的症型，如感受寒邪，有侵犯肌表，有直中内脏，故有表寒、里寒之别。内寒的成因有寒邪入侵者，有自身阳虚者，故又有实寒、虚寒之分。这里先就寒症的共性进行分析。各类寒症的临床表现不尽一致，但常见的有恶寒喜暖，面色苍白，肢冷蜷卧，口淡不渴，痰涎，涕清稀，小便清长，大便稀溏，舌淡苔白润滑，脉迟或紧等。现有寒症诊断决策原始数据集，可利用关联规则分析哪些临床表现的组合会导致不同的诊断结果。

表2-4　寒症诊断决策原始数据

患者编号	口渴	四肢怕冷	咳嗽	脉象	胸闷	诊断结果
ID01	是	否	是	非迟紧	是	否
ID02	是	是	是	迟紧	否	否
ID03	否	否	是	迟紧	否	否
ID04	否	否	否	非迟紧	是	否
ID05	是	是	否	非迟紧	是	是
ID06	是	否	是	迟紧	否	是
ID07	是	是	是	非迟紧	是	是
ID08	是	是	是	非迟紧	否	是

中医药是胰腺癌综合治疗中的主要手段之一，在胰腺癌的病名、病因病机、治则治法和辨证分型等方面文献表述各异，没有统一的标准，但同时在另一方面又存在着广泛的共识。各家对胰腺癌的病名、病因病机、症型分类、治则治法、处方用药的文字表述不尽相同，但认识上基本趋于一致。中医药治疗胰腺癌在生存期、生存质量、临床受益率等临床主要终点指标方面，临床报告具有一定优势，其辨证论治的观念充分体现了个体化的治疗方案。例如，现有如下中医药治疗胰腺癌的处方数据，可进行关联规则分析用药规律。

表2-5　中医药治疗胰腺癌的处方数据

TID	Items
0711	柴胡15g，黄芩3g，清半夏15g，桔梗9g，枳壳10g，陈皮10g，香附10g，青皮10g，川芎10g，炒白芍10g，党参9g，甘草6g，元胡6g，川楝子6g，姜黄9g，酒大黄3g，生姜3片
0714	柴胡15g，黄芩3g，清半夏15g，桔梗9g，枳壳10g，陈皮10g，香附10g，茯苓15g，生白术15g，青皮12g，川芎10g，炒白芍10g，党参9g，甘草6g，元胡10g，川楝子6g，姜黄9g，酒大黄3g，生牡蛎（先煎）15g，天花粉9g，桂枝6g，干姜3片

（续表）

TID	Items
0718	柴胡15g，黄芩3g，清半夏15g，桔梗9g，枳壳10g，陈皮10g，茯苓15g，生白术15g，青皮15g，葛根30g，钩藤9g，天麻6g，蜈蚣1条，炒白芍15g，党参9g，甘草6g，元胡10g，川楝子6g，姜黄9g，酒大黄3g，生牡蛎（先煎）30g，天花粉20g，桂枝6g，干姜3片
0721	柴胡15g，黄芩3g，清半夏15g，炙麻黄6g，细辛6g，川芎15g，白芷6g，羌活6g，制附子（先煎）6g，枳壳10g，陈皮10g，茯苓15g，生白术15g，青皮15g，葛根30g，蜈蚣1条，炒白芍30g，党参9g，甘草6g，元胡10g，川楝子6g，姜黄9g，酒大黄3g，生牡蛎（先煎）30g，天花粉30g，桂枝6g，干姜3片
0724	柴胡15g，黄芩3g，清半夏15g，炙麻黄12g，细辛3g，丹参30g，砂仁6g，瓜蒌30g，枳壳10g，桔梗30g，茯苓15g，生白术15g，青皮20g，党参9g，甘草6g，元胡10g，川楝子6g，姜黄9g，酒大黄3g，生牡蛎（先煎）30g，天花粉15g，桂枝15g，干姜3片
0727	柴胡15g，清半夏15 g，炙麻黄6g，细辛6g，丹参15g，砂仁6g，当归15g，瓜蒌30g，枳壳10g，桔梗15g，茯苓15g，生白术15g，青皮20g，党参9g，石斛15g，炒白芍15g，甘草6g，元胡10g，川楝子12g，姜黄9g，酒大黄3g，炒麦芽30g，生牡蛎（先煎）30g，天花粉15g，桂枝15g，干姜3片
0730	生黄芪15g，当归10g，党参9g，麦冬9g，五味子6g，竹茹10g，枳实10g，陈皮10g，清半夏30g，茯苓10g，炙甘草6g，石菖蒲15g，远志10g，生地15g，三棱6g，莪术6g，青皮10g，天麻10g，勾藤9g
0804	生黄芪15g，当归10g，党参9g，麦冬9g，五味子6g，竹茹10g，枳实10g，陈皮10g，清半夏30g，茯苓10g，炙甘草6g，石菖蒲15g，远志10g，生地15g，三棱6g，莪术6g，青皮10g，天麻10g，勾藤9g
0805	当归15g，川芎30g，炒白芍30g，白芷10g，细辛6g，蜈蚣2条，菊花9g，水牛角9g，勾藤9g，桑叶9g，益母草30g，茯神30g，柴胡15g，生龙骨（先煎）30g，生牡蛎（先煎）30g，酒大黄3g，姜黄9g，蝉蜕6g，僵蚕9g，生姜5片，大枣1枚
0810	熟地（另包）60g，天冬15g，麦冬15g，茯苓15g，川牛膝30g，生龙骨（先煎）30g，生牡蛎（先煎）30g，苍术10g，炒白术10g，龟板（先煎）15g，香橼9g，佛手9g，人参6g，砂仁（捣碎）10g，巴戟天15g，肉桂3g，黄柏3g，柴胡12g，制附子（先煎）5g，当归9g，薄荷6g，炒白芍9g，炙甘草10g，干姜片3片
0818（a）	熟地（另包）90g，天冬15g，麦冬15g，茯苓15g，川牛膝30g，巴戟天15g，生龙骨（先煎）30g，生牡蛎（先煎）30g，苍术10g，炒白术10g，香橼9g，佛手9g，党参6g，砂仁（捣碎）10g，肉桂2g，黄柏3g，制附子（先煎）3g，当归9g，薄荷6g，炒白芍15g，炙甘草10g，生麦芽30g，干姜3片
0818（b）	柴胡15g，黄芩3g，清半夏30g，竹茹9g，桔梗9g，枳实10g，陈皮10g，茯苓30g，生白术50g，青皮12g，川芎30g，党参9g，甘草6g，元胡10g，川楝子6g，姜黄15g，酒大黄3g，生牡蛎（先煎）30g，天花粉15g，炒麦芽30g，桂枝15g，　徐长卿60g，干姜3片
0830	旋复花（包）9g，代赭石15g，生姜9g，制半夏9g，炙甘草6g，大枣4枚，砂仁6g，丹参9g，党参9g

癫痫（Epilepsy），即俗称的“羊角风”或“羊癫风”，是大脑神经元突发性异常放电，导致短暂的大脑功能障碍的一种慢性疾病。据中国最新流行病学资料显示，国内癫痫的总体患病率为7.0‰，年发病率为28.8/10万，一年内有发作的活动性癫痫患病率为4.6‰。在中国，癫痫已经成为神经科仅次于头痛的第二大常见病。可以使用关联规则挖掘癫痫用药规律。

表2-6　癫痫用药

病人编号	药品		
ID01	卡马西平片	丙戊酸钠缓释片	—
ID02	奥卡西平片	茴拉西坦分散片	—
ID03	奥卡西平片	丙戊酸钠缓释片	—
ID04	丙戊酸钠缓释片	奥卡西平片	茴拉西坦分散片
ID05	丙戊酸钠缓释片	奥卡西平片	—
ID06	卡马西平片	奥卡西平片	丙戊酸钠缓释片

根据眼科诊疗数据，可挖掘H52.0远视、H52.2散光、H52.4老光之间的关联情况。

表2-7　眼科诊疗数据

受试者编号	H52.0远视	H52.2散光	H52.4老光	受试者编号	H52.0远视	H52.2散光	H52.4老光
1	1	0	0	21	0	1	0
2	1	1	0	22	0	0	1
3	1	1	1	23	0	1	0
4	1	1	0	24	0	1	0
5	1	1	1	25	0	0	1
6	1	1	1	26	0	1	1
7	0	0	1	27	0	1	1
8	0	1	0	28	1	1	0
9	0	0	1	29	1	0	0
10	1	1	1	30	0	1	0
11	0	0	1	31	0	1	1
12	1	1	1	32	1	1	1
13	1	1	0	33	1	1	1
14	0	1	0	34	0	1	0
15	1	1	0	35	1	0	0
16	1	1	1	36	0	1	0

（续表）

受试者编号	H52.0 远视	H52.2 散光	H52.4 老光	受试者编号	H52.0 远视	H52.2 散光	H52.4 老光
17	0	1	0	37	0	1	1
18	0	0	1	38	1	1	0
19	1	1	1	39	0	1	0
20	0	0	1	40	0	0	1

激素的故事。长期的医学实践与数据分析表明，许多女性疾病与激素依赖高度相关，最常见的是子宫内膜癌与乳腺癌。重要的激素依赖性肿瘤是女性多发的激素依赖性疾病。2003年，SARS袭击中国，中国医生率先在世界上用激素抑制SARS病毒，取得了很好的疗效。然而，大量不规范的激素使用也使得幸存的SARS患者大多患有严重的骨质疏松，激素依赖疾病又一次被数据验证。

2.2 关联规则挖掘概述

若两个或多个变量的取值之间存在某种规律性，就称为关联。关联规则是寻找在同一个事件中出现的不同项的相关性。比如，在一次购买活动中所买不同商品的相关性。关联分析即利用关联规则进行数据挖掘。

关联规则挖掘问题的描述：

项目集，设$I=\{i_1,i_2,\cdots,i_m\}$是一个项目（Item）集合。比如，I={菊花、柴胡、黄芩、茯苓、清半夏}。

事务数据库（事务Transaction集合），设事务数据库$T=\{t_1,t_2,\cdots,t_n\}$。该数据库是由一系列具有唯一标识TID的事务组成，每个事务t_i（$i=1,2,\cdots,n$）都对应I上一个子集。

关联规则的描述，$X==>Y$，其中$X\in I$，$Y\in I$且$X\cap Y=\varnothing$；X（或Y）是一个项目的集合，称作项集（Itemset），并称X为前件，Y为后件。比如，一条关联规则：{柴胡，黄芩}→清半夏，其中，{柴胡，黄芩}是X，{清半夏}是Y。

支持度，如果项集X是事务$t_i\in T$的一个子集，则称t_i包含X（也称X覆盖t_i）。X在T中的支持计数（Support Count，表示为X.count）是T中包含X的事务的数目。规则$X\cup Y$的支持度是指“T中包含$X\cup Y$的事务的百分比”。

$$\text{support}=\frac{(X\cup Y).\text{count}}{n}$$

n为T中事务的数目。支持度表示规则在事务集合T中使用的频繁程度。

置信度，规则$X\cup Y$的置信度是指既包含了X又包含了Y的事务的数量占所有包含了X的事务的百分比。

$$\text{confidence}=\frac{(X\cup Y).\text{count}}{X.\text{count}}$$

置信度决定了规则的可预测度。

关联规则挖掘的目标，给定一个事务集合T，关联规则挖掘即找出T中所有满足支持度和置信度分别高于一个用户指定的最小支持度（Minsup）和最小置信度（Minconf）的关联规则。

现有中医药治疗胰腺癌的处方数据，每一行是一个处方记录，包含若干味中药，完整的数据集如表2-5所示。简化后，中医药治疗胰腺癌的处方数据有四个处方、五味中药：菊花、柴胡、黄芩、茯苓、清半夏，数据如表2-8所示。

表2-8　简化后中医药治疗胰腺癌的处方数据

TID	Items
100	菊花 黄芩 茯苓
200	柴胡 黄芩 清半夏
300	菊花 柴胡 黄芩 清半夏
400	柴胡 清半夏

扫描源数据库Data，可得候选项集C_1如下：

表2-9　候选项集$C1$

item set	support
{菊花}	2
{柴胡}	3
{黄芩}	3
{茯苓}	1
{清半夏}	3

根据最小支持数2，可得频繁项目集（Frequent Itemset）F_1项集如下：

表2-10　频繁项目集F_1项集

item set	support
{菊花}	2
{柴胡}	3
{黄芩}	3
{清半夏}	3

由F_1项集构造候选项集C_2如下：

表2-11　由F_1项集构造候选项集C_2

item set
{菊花，柴胡}
{菊花，黄芩}
{菊花，清半夏}
{柴胡，黄芩}
{柴胡，清半夏}
{黄芩，清半夏}

扫描源数据库Data，可得候选项集C_2中各记录的支持数如下：

表2-12　候选项集C_2

item set	support
{菊花，柴胡}	1
{菊花，黄芩}	2
{菊花，清半夏}	1
{柴胡，黄芩}	2
{柴胡，清半夏}	3
{黄芩，清半夏}	2

根据最小支持数2，可得F_2项集如下：

表2-13　频繁项目集F_2项集

item set	support
{菊花，黄芩}	2
{柴胡，黄芩}	2
{柴胡，清半夏}	3
{黄芩，清半夏}	2

由F_2项集构造候选项集C_3如下：

表2-14　由F_2项集构造候选项集C_3

item set	备注
{菊花，黄芩，柴胡}	因为在C_2中{菊花，柴胡}的支持数是1，所以该组合不会被选中
{菊花，黄芩，清半夏}	因为在C_2中{菊花，清半夏}的支持数是1，所以该组合不会被选中
{柴胡，黄芩，清半夏}	—

因此，最终的候选项集C_3如下：

表2-15 候选项集C_3

item set	support
{柴胡，黄芩，清半夏}	—

扫描源数据库Data，可得候选项集C_3中各记录的支持数如下：

表2-16 候选项集C_3

item set	support
{柴胡，黄芩，清半夏}	2

根据最小支持数2，可得F_3项集如下：

表2-17 频繁项目集$F3$项集

item set	support
{柴胡，黄芩，清半夏}	2

表2-18 关联规则

关联规则	支持数（支持度）	备注
菊花==>黄芩	2（50.0%）	药对
柴胡==>黄芩	2（50.0%）	药对
柴胡==>清半夏	3（75.0%）	药对
黄芩==>清半夏	2（50.0%）	药对
{柴胡，黄芩}==>清半夏	2（50.0%）	药组

2.3 Apriori算法

1. 频繁项目集生成

关联规则挖掘算法有很多，比如Apriori、Apriori改进算法、Close算法等。同样的关联规则定义（同样的事务数据集、最小支持度、最小置信度）下，它们输出的结果是一样的。我们仅学习关联规则挖掘的经典算法：Apriori。

Apriori算法步骤：（1）生成所有频繁项目集，支持度高于minsup的项集为频繁项目集（Frequent Itemset）。（2）从频繁项目集中生成所有可信关联规则，置信度大于minconf的规则为可信关联规则（Confident Association Rule）。

生成所有频繁项目集：一个项集的项目个数为该项集的基数，称一个基数为k的项集为k-项集。如果项目集X是频繁项目集，则它的所有非空子集都是频繁项目集（向下封闭属性）；如果项目集X是非频繁项目集，则它的所有非空子集都是非频繁项目集。

生成所有频繁项目集算法思路。基本思想：逐级搜索（Level-wise Search），先找出长度为1的频繁项目集，接着找出长度为2的频繁项目集，以此类推。

$$F_1 \Rightarrow C_2 \Rightarrow F_2 \Rightarrow C_3 \Rightarrow F_3 \Rightarrow C_4 \Rightarrow F_4 \Rightarrow \ldots\ldots$$

生成的每一个k项目集是由$k-1$频繁项目集生成的。

2. 查找频繁项目集

（1）scan T。

C_1：{菊花}：2，{柴胡}：3，{黄芩}：3，{茯苓}：1，{清半夏}：3

F_1：{菊花}：2，{柴胡}：3，{黄芩}：3， {清半夏}：3

C_2：{菊花，柴胡}，{菊花，黄芩}，{菊花，清半夏}，{柴胡，黄芩}，{柴胡，清半夏}，{黄芩，清半夏}

（2）scan T。

C_2：{菊花，柴胡}：1，{菊花，黄芩}：2，{菊花，清半夏}：1，{柴胡，黄芩}：2，{柴胡，清半夏}：3，{黄芩，清半夏}：2

F_2：{菊花，黄芩}：2， {柴胡，黄芩}：2，{柴胡，清半夏}：3，{黄芩，清半夏}：2

C_3：{柴胡，黄芩，清半夏}

（3）scan T。

C_3：{柴胡，黄芩，清半夏}：2

F_3：{柴胡，黄芩，清半夏}：2

3. Apriori算法流程

```
//Apriori算法：
 Apriori（T）
    C1 ← init-pass(T);
    F1 ← {f | f ∈ C1, f.count/n ≥ minsup};        // n: no. of transactions in T
    for（k = 2; Fk-1 ≠ ∅; k++） do
          Ck ← candidate-gen(Fk-1);
          for each transaction t ∈ T do
                for each candidate c ∈ Ck do
                if c is contained in t then
                     c.count++;
                endfor
          endfor
              Fk ← {c ∈ Ck | c.count/n ≥ minsup}
    endfor
```

```
return F ← ∪k Fk;
```

4. **候选项集生成算法**

候选项集生成算法根据长度为k-1的频繁项目集F_k-1，经过两个步骤生成长度为k的候选项集C_k。

合并：根据生成所有可能的长度为k的C_k。合并方法：两个k-1频繁项目集的前k-2个项目都是相同的，只有最后一个项目不同，就将生成的k-项集加入C_k中。

剪枝：合并后的C_k并不是最终的候选项集，需要判断每个项集的所有k-1子集是否在F_{k-1}中，不在则删除（向下封闭原理）。

```
//候选项集生成算法:
Function candidate-gen（Fk-1）
    Ck ← ∅;

    forall f1, f2 ∈ Fk-1
        with f1 = {i1, … , ik-2, ik-1} //参与连接的两个K项集合前k-1项相同，
第k项不同
        and f2 = {i1, … , ik-2, i'k-1}
        and ik-1 < i'k-1 do
        c ← {i1, …, ik-1, i'k-1};          // join f1 and f2
        Ck ← Ck ∪ {c};

        for each （k-1）-subset s of c do
        if （s ∉ Fk-1） then  //从CK+1删除K项子集不在LK中的项，并利用
以下性质删除支持度小于sup的项
            delete c from Ck;  // prune
        end
    end
    return Ck;
```

5. **关联规则生成**

一旦由数据库D中的事务找出频繁项集，由它们产生强关联规则是直截了当的（强关联规则满足最小支持度和最小置信度）。对于置信度可以用下式，其中条件概率用项集支持度计数表示。

$$\text{confidence}(A \Rightarrow B) = P(A \mid B) = \frac{\text{support\_count}(A \cup B)}{\text{support\_count}(A)}$$

其中，support_count（$A \cup B$）是包含$A \cup B$的事务数，support_count（A）是包含项集A的事务数。

关联规则产生如下：

对于每个频繁项集I，产生I的所有非空子集；

对于I的每个非空子集s，如果

$$\frac{\text{support\_count}(I)}{\text{support\_count}(s)} \geqslant \text{min\_ conf}$$

则输出规则"S=>（I-s）"，其中min_conf是最小置信度阈值。

频繁项目集不等于关联规则，根据频繁项目集生成关联规则。每一个频繁项目集生成关联规则都需要用到其非空子集。设A是频繁项目集X的非空子集，则有：

设 $B = X - A$

$A \to B$ 是一条关联规则，如果满足：

confidence（$A \to B$）≥ minconf,

support（$A \to B$） = support（$A \cup B$） = support（X）

confidence（$A \to B$） = support（$A \cup B$） / support（A）

因此，给定一个频繁项目集X，如果有一条关联规则的后件为B，那么所有以B的任一非空子集为后件的候选规则都是关联规则。

强关联规则的产生：第一个子问题的求解，需要多次扫描数据库D，这意味着关联规则挖掘算法的效率将主要取决于数据库扫描、I/O操作和频繁项目集的计算。因此，如何迅速、高效地找出所有的频繁项目集是关联规则挖掘的中心问题。第二个子问题的求解比较容易，R. Agrawal等人已提出了有效的解决办法，具体过程如下：对每个频繁项目集I，产生所有的非空真子集，对I的任意非空真子集m，若support（I）/Support（m）≥minconfidence，则产生强关联规则m->（l−m）。

```
//强关联规则的产生：
    //（1）从给定的频繁项目集中生成关联规则
    Algorithm genRules（F）
        for each   frequent   k-itemset fk   in   F, k≥2 do
            output every 1-item consequent rule of fk with
            confidence≥minconf and support← fk.count/n
            H1 ←{consequents of all 1-item consequent rules derived from fk
above};
            ap-genRules（fk,H1）;
    endfor
            算法的核心是ap-genRules递归过程，它实现一个频繁项目集中
所有规则的生成。
    //（2）递归测试一个频繁项目集中的关联规则
      ap-genRules （fk, Hm）        // Hm是m-后件的集合
       if （k>m+1）and （Hm ≠∅）then    //k>m+1是由于规则的前件中
```

```
至少要有一个项目
        H_{m+1} ←candidate-gen（H_m）;
        for  each   h_{m+1}  in H_{m+1} do
            conf ← f_k.count/（f_k-h_{m+1}）.count
            if （conf>=minconf）   then
                output the rule （f_k-h_{m+1}）→ h_{m+1},
                    with  confidence=conf and support=f_k.count/n
            else
                        delete h_{m+1}from H_{m+1};
            endif
        endfor
        ap-genRules（f_k,H_{m+1}）;
    endif
```

生成关联规则总结。为了找出规则$A \to B$，必须保存sup（$A \cup B$）和sup（A）。支持度的计算可以根据上一步频繁项目集中的结果得到，而不必再次扫描数据集T。关联规则生成步骤比频繁项目集生成步骤所花费的时间要少。注意：如果（f-a）→a是一条关联规则，那么所有（f-a_{sub}）→ a_{sub}必然是关联规则。如果规则"$Y \to X$"是强规则，那么"$Y \to X_1$"一定是强规则（其中，X_1是X的一个子集）。

//Apriori**算法总结：**

（1） 扫描全部数据，产生候选1-项集的集合C_1；

（2） 根据最小支持度，由候选1-项集的集合C_1产生频繁1-项集的集合L_1；

（3） 对k>1，重复执行步骤（4）、（5）、（6）；

（4） 由L_k执行连接和剪枝操作，产生候选（k+1）-项集的集合C_{k+1}；

（5） 根据最小支持度，由候选（k+1）-项集的集合C_{k+1}，产生频繁（k+1）-项集的集合L_{k+1}；

（6） 若$L \neq \varnothing$，则 $k=k+1$，跳往（4）；否则，跳往步骤（7）；

（7） 根据最小置信度，由频繁项集产生强关联规则，结束。

2.4 挖掘各种类型的关联规则

1. 关联规则处理的变量

关联规则处理的变量可以分为布尔型和数值型。布尔型关联规则处理的值都是离散的、种类化的，它显示了这些变量之间的关系。数值型关联规则可以和多维关联或多层关联规则结合起来，对数值型字段进行处理，将其进行动态的分割，或者直接对原始的数据进行处理。当然数值型关联规则中也可以包含种类变量。

关联规则中的数据，可以分为单维的和多维的。在单维的关联规则中，只涉及数据的一个维，如用户购买的物品。换句话说，单维关联规则是处理单个属性中的一些关系，例如啤酒=>尿布，这条规则只涉及用户购买的物品；在多维的关联规则中，要处理的数据将会涉及多个维。多维关联规则是处理各个属性之间的某些关系。

关联规则中数据的抽象层次，可以分为单层关联规则和多层关联规则。在单层的关联规则中，所有的变量都没有考虑到现实的数据是具有多个不同的层次的；在多层的关联规则中，对数据的多层性已经进行了充分的考虑。项通常具有层次，底层的项通常支持度也低，某些特定层的规则可能更有意义。交易数据库可以按照维或层编码，可以进行共享的多维挖掘。

2. 多层关联规则

在适当的等级挖掘出来的数据项间的关联规则可能是非常有用的。通常，事务数据库中的数据也是根据维和概念分层来进行储存的，这为从事务数据库中挖掘不同层次的关联规则提供了可能。在多个抽象层挖掘关联规则，并在不同的抽象层进行转化，是数据挖掘系统应该具有的能力。挖掘多层关联规则的方法：通常，多层关联规则的挖掘还是使用置信度－支持度框架，可以采用自上向下策略；（请注意：概念分层中，一个节点的支持度肯定不小于该节点的任何子节点的支持度）由概念层1开始向下，到较低的更特定的概念层，对每个概念层的频繁项计算累加计数；每一层的关联规则挖掘可以使用Apriori等多种方法。

多层关联的一致支持度：对所有层都使用一致的最小支持度。优点：搜索时容易采用优化策略，即一个项如果不满足最小支持度，它的所有子项都可以不用搜索。缺点：最小支持度值设置困难。太高，将丢掉出现在较低抽象层中有意义的关联规则；太低，会在较高层产生太多无兴趣的规则。

多层关联的递减支持度：使用递减支持度，可以解决使用一致支持度时在最小支持度值上设定的困难。递减支持度：在较低层使用递减的最小支持度，每一层都有自己一个独立的最小支持度，抽象层越低，对应的最小支持度越小。

多层关联的搜索策略：具有递减支持度的多层关联规则的搜索策略。逐层独立：完全的宽度搜索，没有频繁项集的背景知识用于剪枝。层交叉单项过滤：一个第i层的项被考察，当且仅当它在第i-1层的父节点是频繁的；层交叉k项集过滤：一个第i层的k项集被考察，当且仅当它在第i-1层的对应父节点k-项集是频繁的。

多层关联的搜索策略比较：逐层独立策略条件松，可能导致底层考察大量非频繁项；层交叉k项集过滤策略限制太强，仅允许考察频繁k-项集的子女；层交叉单项过滤策略是上述两者的折中，但仍可能丢失低层频繁项。

受控的层交叉单项过滤策略：层交叉单项过滤策略的改进版本。设置一个层传递临界值，用于向较低层传递相对频繁的项，即如果满足层传递临界值，则允许考察不满足最小支持度临界值的项的子女。用户对进一步控制多概念层上的挖掘过程有了更多的灵活性，同时减少无意义关联的考察和产生。

检查冗余的多层关联规则：挖掘多层关联规则时，由于项间的“祖先”关系，有些发现的规则将是冗余的。第一个规则是第二个规则的“祖先”，如果规则（2）中的项用它在概念分层中的“祖先”代替，能得到（1），而且（1）的支持度和置信度都接近“期望”值，则（1）是冗余的。

3. 多维关联规则

多维关联规则：涉及两个或多个维或谓词的关联规则；维间关联规则：不包含重复的谓词；混合维关联规则：包含某些谓词的多次出现。在多维关联规则挖掘中，我们搜索的不是频繁项集，而是频繁谓词集。k-谓词集是包含k个合取谓词的集合。

挖掘多维关联规则的技术。数据属性可以分为分类属性和量化属性：分类属性，具有有限个不同值，值之间无序；量化属性，数值类型的值，并且值之间有一个隐含的序。挖掘多维关联规则的技术可以根据量化属性的处理分为三种基本方法：量化属性的静态离散化，使用预定义的概念分层对量化属性进行静态的离散化；量化关联规则，根据数据的分布，将量化属性离散化到“箱”；基于距离的关联规则，考虑数据点之间的距离，动态地离散化、量化属性。

使用量化属性的静态离散化。量化属性使用预定义的概念分层，在挖掘前进行离散化，数值属性的值用区间代替。如果任务相关数据存在于关系数据库中，则找出所有频繁的k-谓词集将需要k或k+1次表扫描。数据立方体技术非常适合挖掘多维关联规则。n-维方体的单元用于存放对应n-谓词集的计数或支持度，0-D方体用于存放任务相关数据的事务总数。如果包含感兴趣的维的数据立方体已经存在并物化，挖掘将会很快，同时可以利用Apriori性质：频繁谓词集的每个子集也必须是频繁的。

4. 由关联分析到相关分析

我们需要一种度量事件间的相关性或者是依赖性的指标。

A和B间的相关性：$\mathrm{corr}_{A,B}=\dfrac{P(A\cup B)}{P(A)P(B)}=P(B|A)/P(B)$

当项集A的出现独立于项集B的出现时，$P(A\cup B)=P(A)P(B)$，即$\mathrm{corr}_{A,B}=1$，表明A与B无关，$\mathrm{corr}_{A,B}>1$表明A与B正相关，$\mathrm{corr}_{A,B}<1$表明A与B负相关。

2.5 关联规则进阶

1. Apriori算法的性能瓶颈

Apriori作为经典的频繁项目集生成算法，在数据挖掘中具有里程碑的作用。

Apriori算法有两个致命的性能瓶颈：第一，多次扫描事务数据库，需要很大的I/O负载，对每次k循环，侯选集C_k中的每个元素都必须通过扫描一次数据库来验证其是否加入L_k。假如有一个频繁项目集包含10个项的话，那么就至少需要扫描事务数据库10遍。第二，可能产生庞大的侯选集，由L_k-1产生k-侯选集C_k是指数增长的，例如104个1-频繁项目集就有可能产生接近107个元素的2-侯选集。如此大的候选集对时间和主存空间都是一种挑战。

2. 提高Apriori算法效率的技术

一些算法虽然仍然遵循Apriori属性，但是由于引入了相关技术，在一定程度上改善了Apriori算法的适应性和效率。主要的改进方法：基于数据分割（Partition）的方法，基本原理是在一个划分中的支持度小于最小支持度的k-项集不可能是全局频繁的。基于散列（Hash）的方法，基本原理是，在一个hash桶内支持度小于最小支持度的k-项集不可能是全局频繁的。基于采样（Sampling）的方法，基本原理是通过采样技术，评估被采样的子集中，并依次来估计k-项集的全局频度。其他，如动态删除没有用的事务：不包含任何L_k的事务对未来的扫描结果不会产生影响，因而可以删除。

基于数据分割的方法。设数据集D被分割成分块D_1，D_2，…，D_n，全局最小支持数为minsup_count。如果一个数据分块D_i的局部最小支持数minsup_counti （i=1，2，⋯，n），按着如下方法生成：minsup_counti= minsup_count *$\|D_i\|$ / $\|D\|$，则所有的局部频繁项目集涵盖全局频繁项目集。作用：（1）合理利用主存空间。数据分割将大数据集分成小的块，为块内数据一次性导入主存提供机会。（2）支持并行挖掘算法。每个分块的局部频繁项目集是独立生成的，因此提供了开发并行数据挖掘算法的良好机制。

探索新的理论。随着数据库容量的增大，重复访问数据库（外存）将导致性能低下。因此，探索新的理论和算法来减少数据库的扫描次数和候选集空间占用，已经成为近年来关联规则挖掘研究的热点之一，典型的方法是FP-tree算法。

2.6 基于关联规则的中药处方研究

以宁夏基层知名老中医马祥治疗慢性胃炎的处方为数据来源，用Access数据库分别建立药名表、方剂表和方药表。通过Matlab编程对方剂数据预处理和统计分析，得出马祥治疗慢性胃炎时以温性苦味为主，出现频率最多的药物是陈皮、枳壳、白术、半夏、甘草、延胡索等。经实验分析，选取Weka平台中Apriori算法参数支持度为0.3和置信度为0.8的数据，在此参数下挖掘出药对11对、药组6组、药四对2组，最后让马祥老中医对药对、药组和药四对进行了模式解释。

2.6.1 挖掘思路与挖掘算法

（1） 挖掘思路

从最初的方药表、药名表，通过一系列的处理得到我们想要的结果，挖掘过程如图2-2 所示：

第一步：我们把输入好的如表2-6所示的药方表，通过matlab工具输出out_CGHerbs.csv；

第二步：用输出来的out_CGHerbs.csv和我们输入好的表2-2药名表，通过matlab工具转化为元素是“t”或“？”的表out_dataInWeka.csv；

第三步：用Weka工具把out_dataInWeka.csv格式转化为out_dataInWeka.arff格式；

第四步：out_dataInWeka.arff用Weka工具里的wekeApriori算法进行关联规则；

第五步：把结果进行整理，然后进行模式解释与评价。

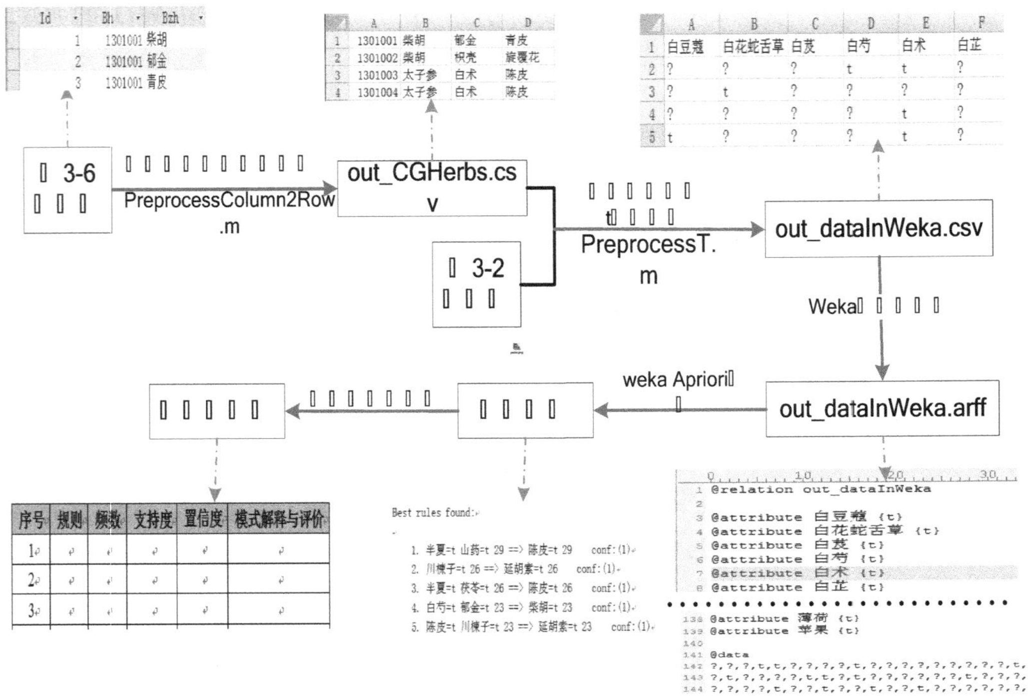

图2-2　挖掘算法流程

（2）预处理算法

预处理算法PreprocessColumn2Row.m。

```
//预处理算法PreprocessColumn2Row.m：
function  PreprocessColumn2Row（ ）
% clear;
% clc;
% AllETrans = textread（'CGHerbs.csv','','delimiter',','）;
% % csvread
% [M,N]=size（AllETrans）
% AllETrans（1）

fin=fopen（'In_CGHerbs.csv','r'）;
fout = fopen（'out_1_CGHerbs_PreprocessColumn2Row.csv','w'）;
fout02 = fopen（'out_1_02_CGHerbs_PreprocessColumn2Row.csv','w'）;
```

```
nline =1;

str=fgetl（fin）;
S = regexp（str, ',', 'split'）  ;
S0=S;
% S（1）
% S（2）

%规则
StrS1 = cell2mat（S（1））;
fprintf（fout,'%s',StrS1 ）;
fprintf（fout,'%s',','）;
fprintf（fout,'%s',cell2mat（S（2）））;

%量
fprintf（fout02,'%s',StrS1 ）;
fprintf（fout02,'%s',','）;
fprintf（fout02,'%s',cell2mat（S（3）））;

while ~feof（fin）

    nline =nline+1;
    str=fgetl（fin）;
    S = regexp（str, ',', 'split'）  ;

    if cell2mat（S0（1））  == cell2mat（S（1））
        fprintf（fout,'%s',','）;
        fprintf（fout,'%s',cell2mat（S（2）））;

        fprintf（fout02,'%s',','）;
        fprintf（fout02,'%s',cell2mat（S（3）））;
    else
        fprintf（fout,'%s\n',''）;
        fprintf（fout,'%s',cell2mat（S（1）））;
        fprintf（fout,'%s',','）;
        fprintf（fout,'%s',cell2mat（S（2）））;
```

```
        fprintf（fout02,'%s\n',''）;
         fprintf（fout02,'%s',cell2mat（S（1））  ）;
         fprintf（fout02,'%s',','）;
         fprintf（fout02,'%s',cell2mat（S（3）））;
    end
     S0=S;
end
fclose（fin）;
fclose（fout）;
fclose（fout02）;
disp（'  PreprocessColumn2Row（ ）   结束'）;
end
```

预处理算法PreprocessT.m。

在out_CGHerbs.csv表中，有的药名同时出现在表2-2药名表里，设置成“t”代码如下：

```
//PreprocessT.m，设置成t:
function  PreprocessT（ ）
% clear;
% clc;
CodeTCM_Name = importdata（'In_CodeTCM_Name.csv'）;
[sM,sN]=size（CodeTCM_Name）;
arrTCM_Name ={};
for si=1:sM
     str=CodeTCM_Name{si};
     arrTCM_Name（:,si）= regexp（str, ',', 'split'）  ;
end
fin = fopen（'out_1_CGHerbs_PreprocessColumn2Row.csv','r'）;
dataInWeka ={};
for si=1:sM
     dataInWeka（1,si）= arrTCM_Name（2,si）;
end

nline =1;
while ~feof（fin）
     nline =nline+1;
     str=fgetl（fin）;
     tempCell = regexp（str, ',', 'split'）  ;
%      regexprep（s,'\W',''）   %  删除字符串中的空格
```

```
    [tcM,tcN]= size（tempCell）;
    for tcj=2:tcN    % 第一个元素是每个处方的编号，不用处理
        flagBreak=0;
        for si=1:sM
            if flagBreak == 1
                si =sM+sM;
            else
                if   strcmp（tempCell{tcj},arrTCM_Name{2,si}）==1
                    dataInWeka（nline,si）={'t'};
                    flagBreak = 1;
                end
            end
        end
    end
end % while
fclose（fin）;
```

在out_CGHerbs.csv表中没有的药名同时出现在表2-2药名表里，设置成“？”，代码如下：

```
//PreprocessT.m，设置成？；
bLogic=cellfun（'isempty',dataInWeka）;
[dM,dN]=size（dataInWeka）  ;
strDataInWeka{1,1}= '11';

fout= fopen（'out_2_dataInWeka.csv','w'）;
for i=1:dM
    for j=1:dN
        if    bLogic（i,j）==1
            dataInWeka（i,j）={'?'};
        end
        fprintf（fout,'%s',dataInWeka{i,j}）;
        if j < dN
            fprintf（fout,'%s',','）;
        end
    end
    if i < dM
        fprintf（fout,'%s\n',''）;
    end
end
fclose（fout）;
bLogic=cellfun（'isempty',dataInWeka）;
[dM,dN]=size（dataInWeka）  ;
```

```
strDataInWeka{1,1}= '11';

fout= fopen（'out_2_dataInWeka.csv','w'）;
for i=1:dM
    for j=1:dN
        if    bLogic（i,j）==1
              dataInWeka（i,j）={'?'};
        end
        fprintf（fout,'%s',dataInWeka{i,j}）;
        if j < dN
            fprintf（fout,'%s',','）;
        end
    end
    if i < dM
        fprintf（fout,'%s\n',''）;
    end
end
fclose（fout）;
```

2.6.2 基于Weka的关联规则挖掘过程

Weka工具的关联规则挖掘过程如图2-3所示。

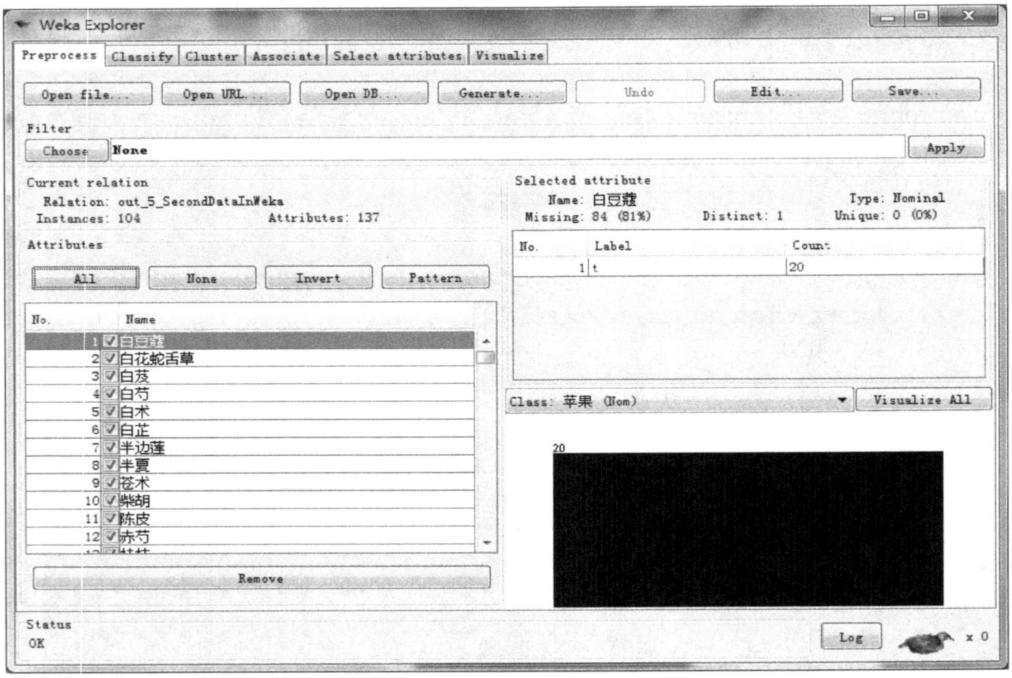

图2-3　Weka界面

Weka选择需要的函数，如图2-4所示。

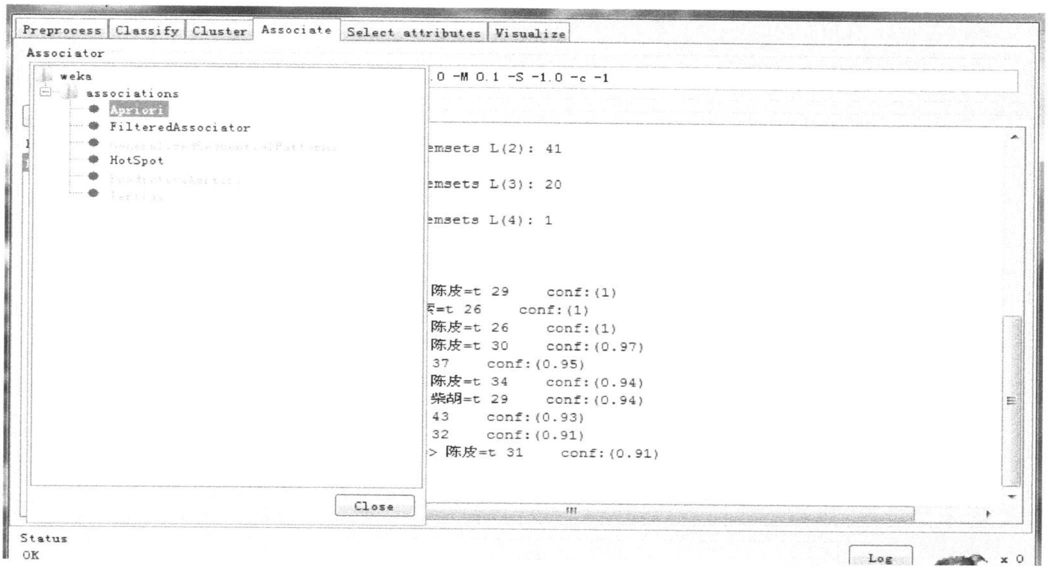

图2-4　Weka选择函数

设置Apriori算法的参数如下：

（1）car 如果设为真，则会挖掘类关联规则而不是全局关联规则。

（2）classindex 类属性索引。如果设置为-1，则最后的属性被当作类属性。

（3）delta 以此数值为迭代递减单位，不断减小支持度直至达到最小支持度或产生了满足数量要求的规则。

（4）lowerBoundMinSupport 最小支持度下界。

（5）metricType 度量类型。设置对规则进行排序的度量依据，可以是置信度（类关联规则只能用置信度挖掘）、提升度（lift）、杠杆率（leverage）、确信度（conviction）。在Weka中设置了几个类似置信度（confidence）的度量来衡量规则的关联程度，它们分别是，

①Lift：$P(A, B) / (P(A)P(B))$ Lift=1时表示A和B独立。这个数越大（>1），越表明A和B存在于一个购物篮中不是偶然现象，有较强的关联度。

②Leverage：$P(A, B) - P(A)P(B)$

Leverage=0时，A和B独立，Leverage越大，A和B的关系越密切。

③Conviction: $P(A)P(!B) / P(A, !B)$ （$!B$表示B没有发生）Conviction也是用来衡量A和B的独立性。从它和lift的关系（对B取反，代入Lift公式后求倒数）可以看出，这个值越大，A、B越关联。

（6） minMtric 度量的最小值。

（7） numRules 要发现的规则数。

（8） outputItemSets 如果设置为真，会在结果中输出项集。

（9） removeAllMissingCols 移除全部为缺省值的列。

（10）significanceLevel 重要程度。重要性测试（仅用于置信度）。

（11）upperBoundMinSupport 最小支持度上界。从这个值开始迭代减小最小支持度。

（12）verbose 如果设置为真，则算法会以冗余模式运行。

设置Apriori算法的参数如图2-5所示，输出结果如图2-6所示。

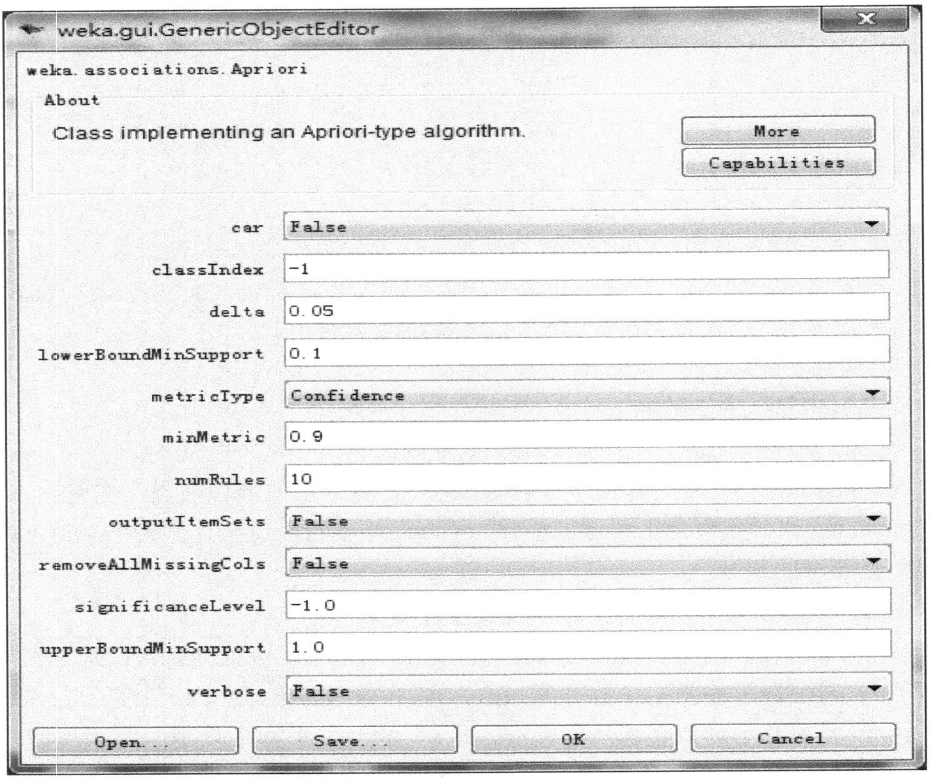

图2-5 设置Apriori算法的参数

2.6.3 Weka关联规则设计

关联规则算法的两个主要参数置信度和支持度对于结果的输出有重要影响。为了在整个药方中筛选出合理数量的广义药对，首先进行算法参数的灵敏度分析来获得合理的算法参数。图2-7显示了最小置信度为0.5～1.0时，关联规则随最小支持度为0.2～1.0的变化情况。

从图2-7可以看出，支持度在0.3、置信度为0.8比较符合我们的要求。

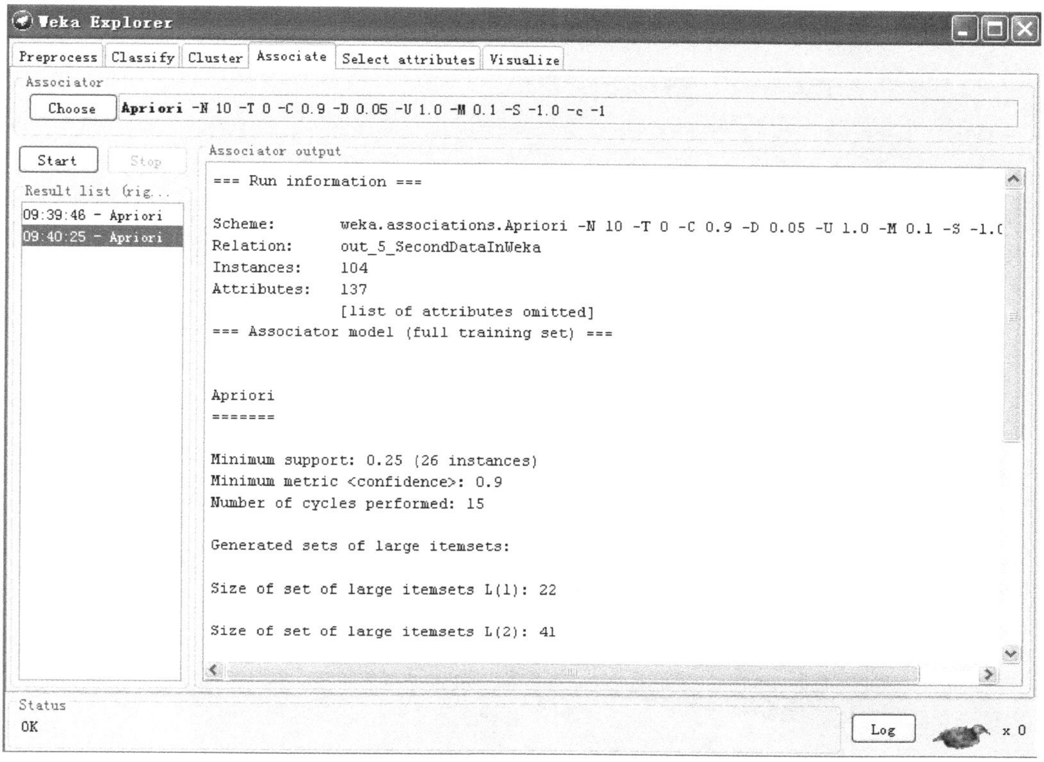

图2-6　输出结果

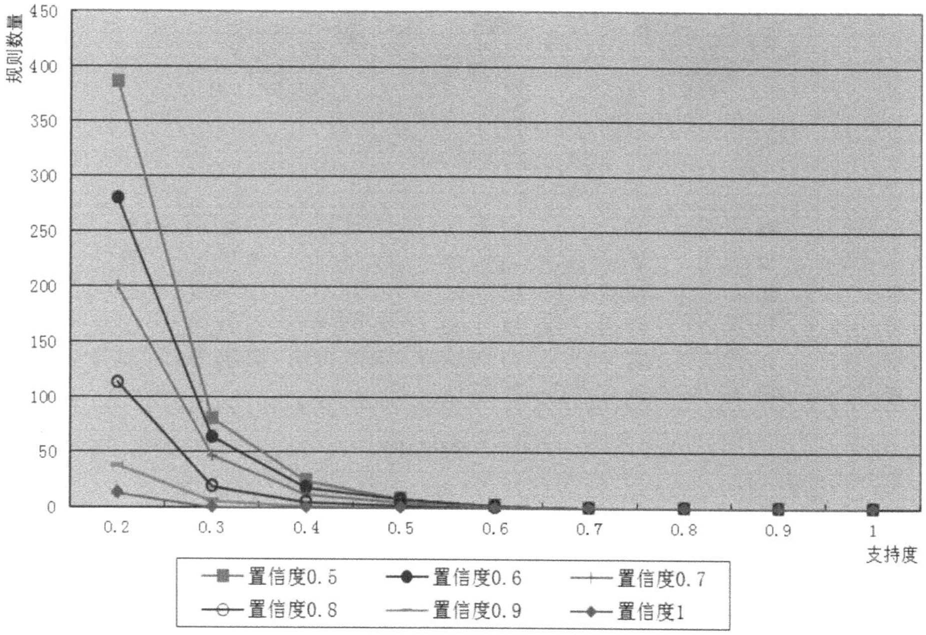

图2-7　支持度与置信度

2.6.4 挖掘结果与分析

（1）知名老中医马祥治疗胃炎的常用药

104张处方，共使用137味药，使用频率在20以上的药：陈皮 83，枳壳 80，白术 69，半夏 58，甘草 51，延胡索 50，泽泻 49，山药 46，柴胡 43，茯苓 40，郁金 39，白芍 38，厚朴 36，生姜 35，佛手 34，吴茱萸 33，太子参 33，当归 32，肉苁蓉 27，青皮 27，黄连 27，川楝子 26，谷芽 22，白豆蔻 20，连翘 20，具体如图2-8所示。

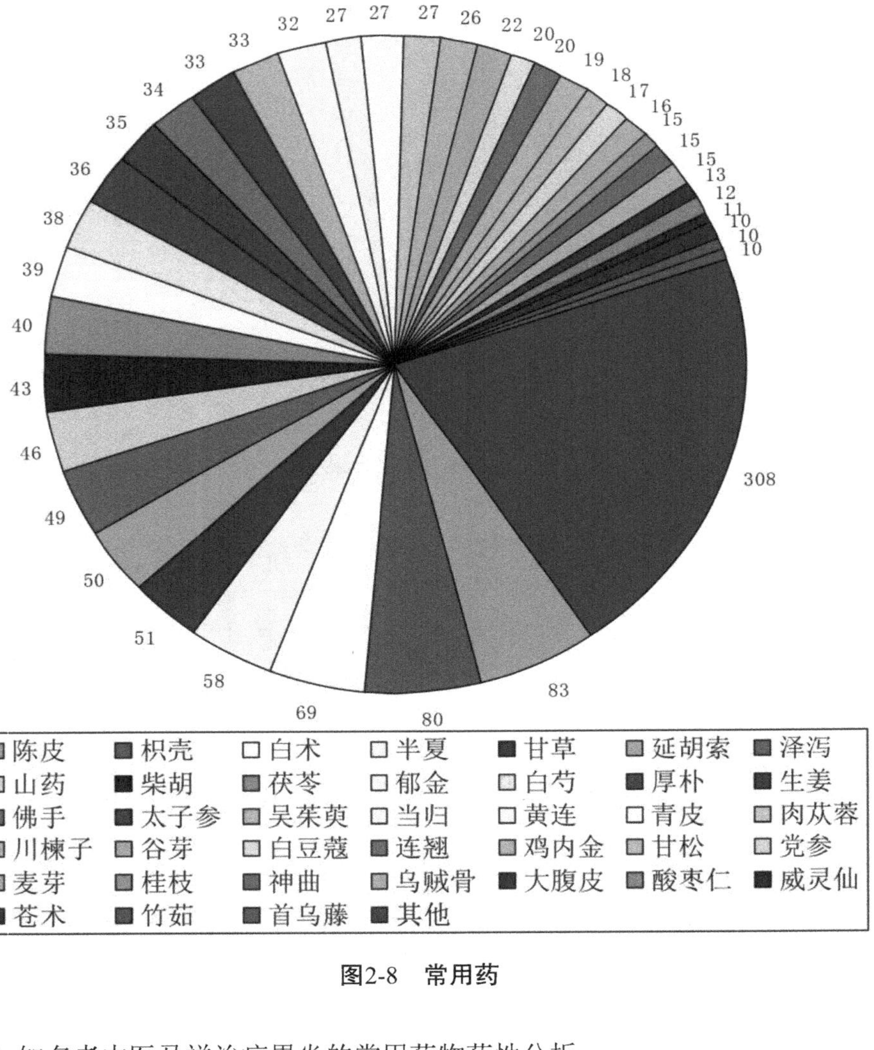

图2-8　常用药

（2）知名老中医马祥治疗胃炎的常用药物药性分析

104张处方中出现的药性为平、温、寒、凉、微温、微寒，分析结果显示药性，所使用频率由高到低依次为温（506次），平（333次），微寒（251次），寒（199次），微温（72次），热（42次），凉（10次）。由此可见，用药以温为主，如图2-9所示。

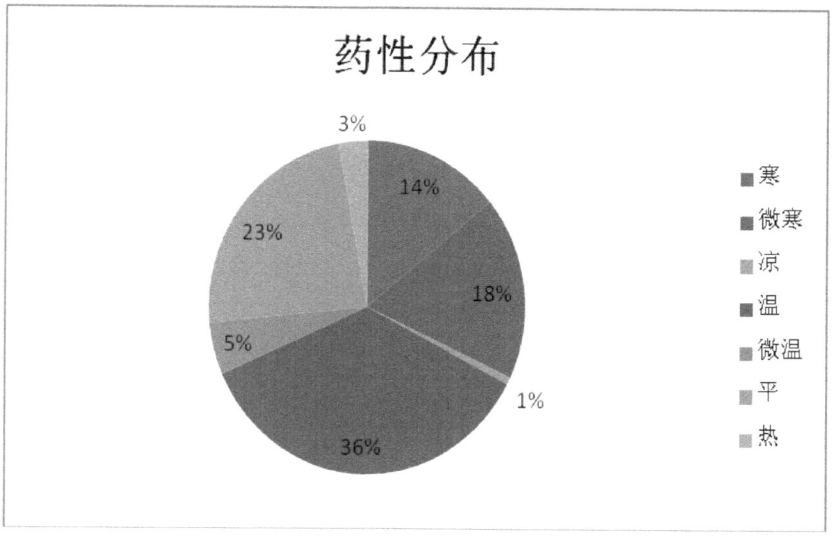

图2-9　药性分布

（3）知名老中医马祥治疗胃炎的常用药物药味分析

104张处方中，药味分布最多的是味苦的药物，药味分析结果以苦味为主，如图2-10所示。

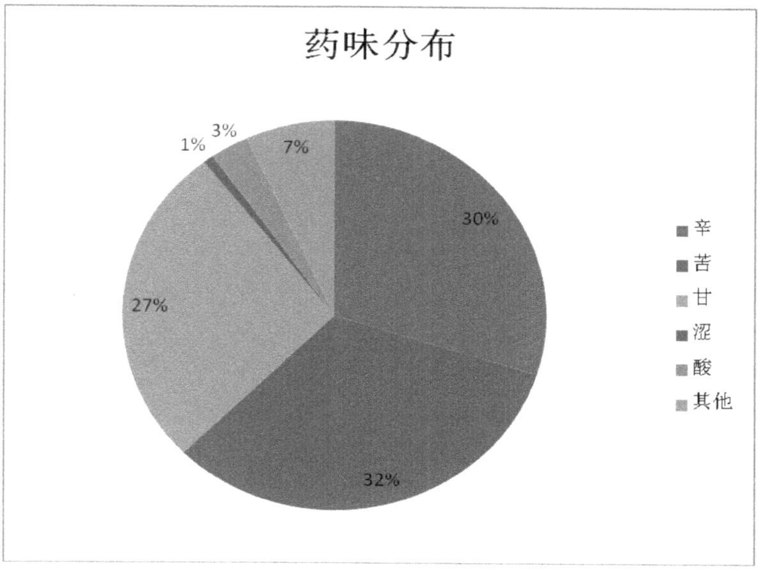

图2-10　药味分布

（4）模式解释

通过对全部数据的筛选，比较理想的数据是支持度为0.3、置信度为0.8的情况下挖掘出来的药对、药组等，结果如图2-11所示。

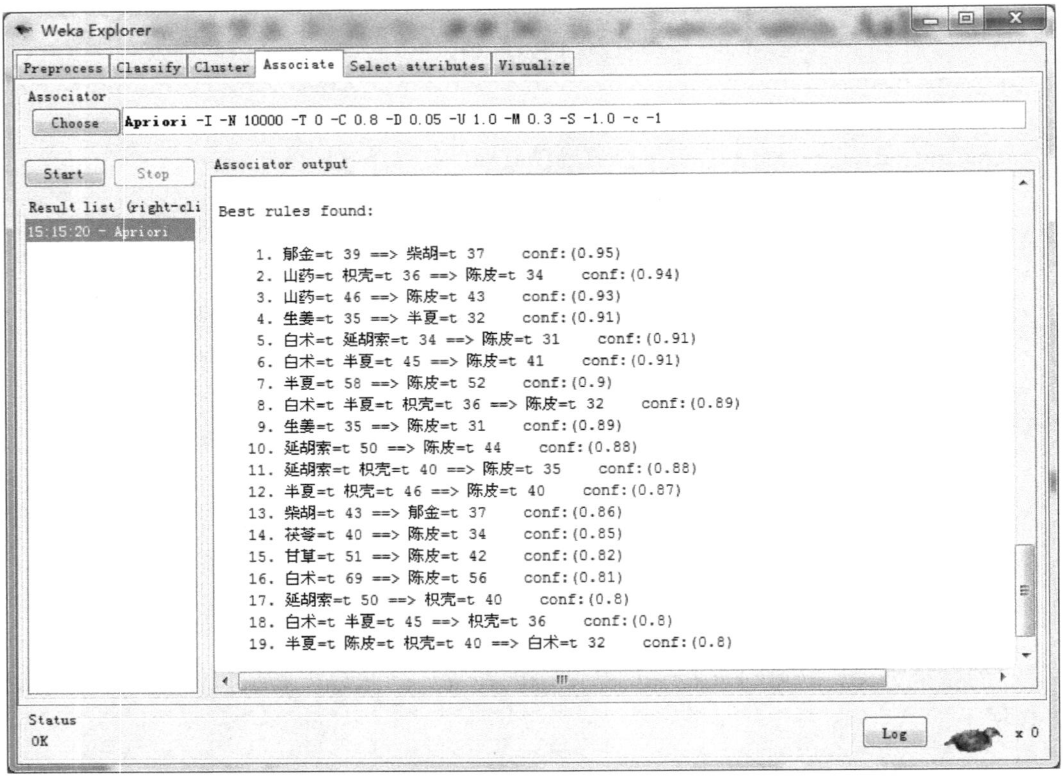

图2-11　支持度0.3，置信度0.8

由图2-11可得知，名老中医马祥治疗慢性胃炎处方用到的药对、药组和药四对，如表2-1、表2-2、表2-3所示。

第3章　医药数据的分类分析

本章引言

一天晚上，一位妇女抱着一个七八岁的孩子闯进了急诊室，她的孩子肚子疼得厉害。一名实习医生对小孩进行了体检、触诊，可以基本确定是阑尾炎，但是究竟是化脓性的还是其他类型呢？除了等待化验结果外，他能否通过别的方法来迅速做出判断？

医生对病人进行诊断就是一个典型的分类过程。任何一个医生都无法直接看到病人的病情，只能观察病人表现出的症状和根据各种化验检测数据来推断病情，这时医生就好比一个分类器。医生诊断的准确率与他当初受到的教育方式（构造方法）、病人的症状（待分类数据的特性）以及医生的经验（训练样本数量）都有密切关系。

因此，可以根据已知类别的样本数据建立一个判别函数，以后再有未知类别的数据进入后，就利用建立的函数来判断其类别。根据一些体征为阑尾炎的不同类型建立判别函数，就可以在病人入院时快速地判断他是否为危险的化脓性阑尾炎，以便及时手术，避免因耽误病情而穿孔。

本章主要讨论医药数据的分类分析，ID3分类算法、C4.5分类算法、CART分类算法等决策树分类算法问题，贝叶斯分类、分类模型的评价以及基于决策树的肺炎数据集分析问题和相关方法技术。

3.1 医药数据的分类分析

分类是一种基本的数据分析方式，根据其特点，可将数据对象划分为不同的部分和类型，再进一步分析，能够进一步挖掘事物的本质。例如，表3-1是健康人（$c = 1$）、硬化症患者（$c = 2$）和冠心病患者（$c = 3$）三种人群心电图的五个指标（x_1-x_5）数据，其中有19个样本是确定的分类，另又测出四个人的相关指标，试根据确定分类的样本对未确定的样本进行分类。

表3-1　心电图数据集

order	x_1	x_2	x_3	x_4	x_5	c
1	8.11	261.01	13.23	5.46	7.36	1.00
2	9.36	185.39	9.02	5.66	5.99	1.00
3	9.85	249.58	15.61	6.06	6.11	1.00
4	2.55	137.13	9.21	6.11	4.35	1.00
5	6.01	231.34	14.27	5.21	8.79	1.00
6	9.64	231.38	13.03	4.86	8.53	1.00
7	4.11	260.25	14.72	5.36	10.02	1.00
8	8.90	259.51	14.16	4.91	9.79	1.00
9	8.06	231.03	14.41	5.72	6.15	1.00
10	6.80	308.90	15.11	5.52	8.49	2.00
11	8.68	258.69	14.02	4.79	7.16	2.00
12	5.67	355.54	15.13	4.97	9.43	2.00
13	3.71	316.12	17.12	6.04	8.17	2.00
14	5.37	274.57	16.75	4.98	9.67	2.00
15	9.89	409.42	19.47	5.19	10.49	2.00
16	5.22	330.34	18.19	4.96	9.61	3.00
17	4.71	352.50	20.79	5.07	11.00	3.00
18	3.36	347.31	17.90	4.65	11.19	3.00
19	8.27	189.59	12.74	5.46	6.94	3.00
20	7.71	273.84	16.01	5.15	8.79	待定
21	7.51	303.59	19.14	5.70	8.53	待定
22	8.10	476.69	7.38	5.32	11.32	待定
23	4.71	331.47	21.26	4.30	13.72	待定

医院工作效率和医疗质量的评定是医院管理的一个基本课题，常要寻求用少数几项指标对整个医院工作做出快速可靠的评定。某单位曾对工作质量好、中、差的三类医院的治愈率、病死率、治愈者平均住院天数、临床初步诊断符合率等24项指标做了调查，现从中抽出质量优的（A类）和差的（B类）共20个医院的三项指标：X_1床位使用率，X_2治愈率，X_3诊断指数进行研究，欲由这三项指标建立判别函数，$Y=C_1X_1+C_2X_2+C_3X_3$。

求：各类别的描述特征。

表3-2　医院的三项指标数据集

序号	X_1床位使用率	X_2治愈率	X_3诊断指数	医院类型
1	98.82	85.49	93.18	A
2	85.37	79.10	99.65	A
3	89.64	80.64	96. 94	A
4	73.08	86.82	98.70	A
5	78.73	80.44	97.61	A
6	103.44	80.40	93.75	A
7	91.99	80.77	93.93	A
8	87.50	82.50	84.10	A
9	81.82	88.45	97.90	A
10	73.13	82.94	92.12	A
11	86.19	83.55	93 90	A
12	72.4	78.12	82 38	B
13	58.81	86.20	73. 46	B
14	72 48	84.87	74. 09	B
15	90.56	82.07	77.15	B
16	73.73	66.63	93 98	B
17	72.79	87.59	77.15	B
18	74.27	63.91	85.54	B
19	93.62	85.89	79.80	B
20	78.69	77.01	86.79	B

肺炎是指由细菌、病毒、不典型致病菌等病原体感染导致的肺部组织炎症性病变。引起肺炎的病原复杂，患者有呼吸困难、浓痰等症状，但症多不典型，易发生漏诊、错诊。

表3-3　肺炎数据集

ID	劳累度	舌苔情况	抽烟	咯浓痰	超过40岁	呼吸困难	咯血	白细胞总数	胸痛	肺炎诊断结论
1	良好	舌红苔黄	经常	经常	是	是	经常	高	经常	是
2	良好	舌红苔黄	经常	无	是	是	经常	高	经常	是
3	良好	舌红苔黄	无	经常	是	是	无	正常	经常	是
4	良好	舌红苔黄	无	经常	是	是	无	高	经常	是
5	中等	舌红苔黄	经常	经常	否	是	经常	高	经常	是

（续表）

ID	劳累度	舌苔情况	抽烟	咯浓痰	超过40岁	呼吸困难	咯血	白细胞总数	胸痛	肺炎诊断结论
6	良好	正常	无	无	是	否	无	正常	经常	否
7	极度	舌红苔黄	无	经常	否	是	经常	高	经常	是
8	极度	舌红苔黄	经常	经常	否	是	经常	高	经常	是
9	轻微	舌红苔黄	无	无	是	否	无	正常	无	否
10	中等	舌红苔黄	无	经常	是	是	经常	高	经常	是
11	良好	正常	无	无	是	否	无	正常	无	否
12	轻微	舌红苔黄	经常	经常	否	是	经常	高	经常	是
13	中等	舌红苔黄	经常	经常	是	是	经常	高	经常	是
14	极度	舌红苔黄	经常	经常	是	是	经常	高	经常	是
15	轻微	舌红苔黄	无	无	是	否	无	正常	无	否
16	良好	正常	无	经常	否	是	无	高	经常	是
17	良好	正常	无	经常	是	是	经常	高	经常	是
18	良好	正常	无	无	是	是	无	正常	无	否
19	轻微	正常	无	无	否	否	无	正常	无	否
20	轻微	正常	经常	无	是	否	无	正常	无	否
21	轻微	正常	无	无	是	否	无	正常	无	否
22	良好	正常	无	经常	是	是	无	高	经常	是
23	良好	正常	无	无	是	是	无	正常	无	否
24	中等	正常	经常	经常	否	是	经常	高	经常	是
25	中等	正常	经常	经常	是	是	经常	高	无	是
26	轻微	正常	无	经常	是	否	无	正常	无	否
27	轻微	正常	无	无	是	否	无	正常	无	否
28	极度	舌红苔黄	经常	经常	是	是	经常	高	经常	是
29	极度	舌红苔黄	无	经常	是	是	经常	高	经常	是
30	中等	正常	无	无	是	否	无	正常	无	否

隐形眼镜是一种戴在眼球角膜上，用以矫正视力或保护眼睛的镜片。它不仅从外观和方便性方面给近视、远视、散光等屈光不正患者带来了很大的改善，而且视野宽阔、视物逼真。根据材料的软硬，它可分为硬性、半硬性、软性三种。

表3-4　配置隐形眼镜的数据集

年龄	症状	散光	眼泪数量	分类标签
young	myope	no	reduced	no lenses
young	myope	no	normal	soft
young	myope	yes	reduced	no lenses
young	myope	yes	normal	hard
young	hyper	no	reduced	no lenses
young	hyper	no	normal	soft
young	hyper	yes	reduced	no lenses
young	hyper	yes	normal	hard
pre	myope	no	reduced	no lenses
pre	myope	no	normal	soft
pre	myope	yes	reduced	no lenses
pre	myope	yes	normal	hard
pre	hyper	no	reduced	no lenses
pre	hyper	no	normal	soft
pre	hyper	yes	reduced	no lenses
pre	hyper	yes	normal	no lenses
presbyopic	myope	no	reduced	no lenses
presbyopic	myope	no	normal	no lenses
presbyopic	myope	yes	reduced	no lenses
presbyopic	myope	yes	normal	hard
presbyopic	hyper	no	reduced	no lenses
presbyopic	hyper	no	normal	soft
presbyopic	hyper	yes	reduced	no lenses
presbyopic	hyper	yes	normal	no lenses

1.分类分析基本概念

分类被认为是监督学习的一个实例，即通过比较事物之间的相似性，把具有某些共同点或相似特征的事物归属于一个不确定集合的逻辑方法，即学习可以获得正确识别观察的训练集的情况。相应的无监督程序称为聚类，并将涉及基于固有相似性或距离的某种度量的数据分组。

通常，各个观察结果分析为一组可量化的属性，不同的称为解释变量或特征。对这些属性可以进行不同的分类（例如，“A”“B”“AB”“O”，对于血型），序数（例如“大”“中”“小”），整数值（例如，电子邮件中特定单词的出现次数）或实际值（例如血压的测量值）。

分类分析通常都要设法建立一个判别函数，利用此函数进行判别。

分类函数的一般形式：

$$Y=a_1x_1+a_2x_2+\cdots+a_nx_n \quad (i=1, 2, \cdots, n)$$

其中，Y为判别分数（判别值），x_i为反映研究对象特征的变量，a_i为系数，也称为判别系数。

为了建立判别函数必须使用一个训练样本。一般而言，样本量n应在所使用自变量个数p的10～20倍以上时，函数才比较稳定；自变量个数p在8～10个之间时，函数的判别效果才可能比较理想。

比如，根据一些体征为阑尾炎的不同类型建立判别函数，就可以在病人入院时快速地判断他是否为危险的化脓性阑尾炎，以便及时手术，避免因耽误病情而穿孔。

分类分析的一般适用条件：（1）各自变量为连续性或有序分类变量。如果存在无序多分类变量，可以使用哑变量方式纳入。（2）样本来自一个多元正态总体。（3）各组的协方差矩阵相等，该条件类似于方差分析中的方差齐性。（4）变量间独立，无共线性。

但是判别分析在违反这些适用条件时显得非常稳健，它们对结果的影响其实不大。

分类分析的目的：做出以多个判别指标判别个体分类的判别函数式或概率公式。

分类分析的资料：个体分两类或多类，判别指标全部为数值变量或全部为分类变量。

分类分析的用途：解释和预报（主要用于计量诊断）。

按资料类型可将分类分析分为两种：计量资料判别分析，目的是做出以定量指标判别个体属性分类或等级的判别函数；计数资料判别分析，目的是做出以定性或等级指标判别个体属性分类或等级的概率公式。

按方法名称可将分类分析分为Fisher判别（计量资料）、Bayes公式判别法（计数资料）、Bayes判别（计量资料）、逐步判别（计量资料）。

实现分类的算法，特别是在具体实现中，被称为分类器。术语“分类器”有时也指由分类算法实现的数学函数，其将输入数据映射到类别。

跨领域的术语是多种多样的。在统计中，通常使用逻辑回归或类似程序进行分类，观察的属性称为解释变量（或独立变量、回归量等），要预测的类别称为结果，被认为是因变量的可能值。在机器学习中，观察通常被称为实例，解释变量被称为特征（被分组为特征向量），并且要预测的可能类别是类。其他领域可能使用不同的术语，例如，在社区生态学中，术语“分类”通常是指聚类分析，即一种无监督学习，而不是本书中所描述的监督学习。

2.分类分析使用场景

分类的主要用途和场景是“预测”，基于已有的样本预测新样本的所属类别，例如信用评级、风险等级、欺诈预测等。同时，它也是模式识别的重要组成部分，广泛应用到机器翻译、人脸识别、医学诊断、手写字符识别、指纹识别的图像识别、语音识别、视频识别的领域。另外，分类算法也可以用于知识抽取，通过模型找到潜在的规律，帮助业务得到可执行的规则。

提炼应用规则：为数据化运用提供规则，也是分类分析的主要应用方向。

提取变量特征：输入变量的重要性特征，然后提取权重较高的几个特征是分类分析的重点应用之一，也是数据归约和数据降维的重要方式。获取原始数据集并对数据进行预处理，将数据集放到分类算法中进行训练，然后在冲算法模型中提取特征权重信息。

处理缺失值：将缺失字段作为目标变量进行预测，从而得到较为可能的补全值。

分类分析算法的选取：文本分类时用到最多的是朴素贝叶斯。训练集比较小，那么选择高偏差且低方差的分类算法效果更好，如朴素贝叶斯、支持向量机，这些算法不容易过拟合；训练集比较大，选取何种方法都不会显著影响准确度；省时好操作选择用支持向量机，不要使用神经网络；重视算法准确度，那么选择算法精度高的算法，例如支持向量机、随机森林；想得到有关预测结果的概率信息，使用逻辑回归；需要清洗的决策规则，使用决策树。

3.2 决策树分类算法

决策树（Decision Tree）是一种树形结构，包括决策节点（内部节点）、分支和叶节点三个部分。其中，决策节点代表某个测试，通常对应于待分类对象的某个属性，在该属性上的不同测试结果对应一个分支。叶节点存放某个类标号值，表示一种可能的分类结果。分支表示某个决策节点的不同取值。

决策树分类算法原理：在这个算法中，我们将总体分成两个或更多的同类群，这是根据最重要的属性或者自变量来分成尽可能不同的组别。回归树是预测值为叶节点目标变量的加权均值；分类树是某叶节点预测的分类值，应是造成错判损失最小的分类值。

决策树的分类过程如下：从决策树的根节点开始，从上往下沿着某个分支搜索，直到叶结点，以叶结点的类标号值作为该未知样本所属类标号。

决策树可以用来对未知样本进行分类。决策树分类算法使用场景，这个监督式学习算法通常被用于分类问题，它同时适用于分类变量和连续因变量。

决策树的构建：第一，决策树的属性选择，选择合适的属性作为决策树的节点去划分训练样本。信息增益是决策树常用的分枝准则，在树的每个结点上选择具有最高信息增益的属性作为当前结点的划分属性。Gini系数是一种不纯度函数，用来度量数据集的数据关于类的纯度。第二，获得大小合适的树，在适当位置停止划分过程，从而得到大小合适的决策树。一种为定义树的停止生长条件，常见条件包括最小划分实例数、划分阈值和最大树深度等。另一种方法是对完全生长决策树进行剪枝，方法是对决策树的子树进行评估，若去掉该子树后整个决策树表现更好，则该子树将被剪枝。

3.2.1 ID3分类算法

1. ID3分类算法

ID3分类算法由Quinlan于1986年提出，它使用信息增益（Information Gain）作为属性的选择标准。首先检测所有的属性，选择信息增益最大的属性产生决策树结点，由该属性的不同取值建立分支；再对各分支的子集递归调用该方法建立决策树结点的分支，直到所有子集仅包含同一个类别的数据为止；最后得到一棵决策树，它可以用来对新的样本进行分类。

2. 信息熵

信息熵（Entropy，也称熵）用来度量一个属性的信息量。假定S为训练集，S的目标属性C具有m个可能的类标号值，$C=\{C_1, C_2, \cdots, C_m\}$，假定训练集$S$中，$C_i$在所有样本中出现的频率为$p_i$（$i$=1，2，3，…，$m$），则该训练集$S$所包含的信息熵定义为，

$$\text{Entrop}(S)=\text{Entrop}(i=p_1, p_2, \cdots, p_m)=-\sum_{i=1}^{m} p_i \log 2p_i$$

熵越小表示样本对目标属性的分布越纯，反之，熵越大表示样本对目标属性分布越混乱。

表3-5　Weather数据集

Outlook	Temperature	Humidity	Wind	Play ball
sunny	hot	high	weak	no
sunny	hot	high	strong	no
overcast	hot	high	weak	yes
rain	mild	high	weak	yes
rain	cool	normal	weak	yes
rain	cool	normal	strong	no
overcast	cool	normal	strong	yes
sunny	mild	high	weak	no
sunny	cool	normal	weak	yes
rain	mild	normal	weak	yes
sunny	mild	normal	strong	yes
overcast	mild	high	strong	yes
overcast	hot	normal	weak	yes
rain	mild	high	strong	no

考虑Weather数据集如下，求weather数据集关于目标属性play ball的熵。

解答：令Weather数据集为*S*，其中有14个样本，目标属性play ball有两个值{C_1=yes，C_2=no}。14个样本的分布：9个样本的类标号取值为yes，5个样本的类标号取值为No。C_1=yes在所有样本*S*中出现的概率为9/14，C_2=no在所有样本*S*中出现的概率为5/14。

因此数据集*S*的熵为：

$$\begin{aligned}\text{Entropy}(S) &= \text{Entropy}(\frac{9}{14},\frac{5}{14}) \\ &= -\frac{9}{14}\log_2\frac{9}{14}-\frac{5}{14}\log_2\frac{5}{14}=0.94\end{aligned}$$

3. **信息增益**

信息增益是划分前样本数据集的不纯程度（熵）和划分后样本数据集的不纯程度（熵）的差值。假设划分前样本数据集为*S*，并用属性*A*来划分样本集*S*，则按属性*A*划分*S*的信息增益Gain（*S*，*A*）为样本集*S*的熵减去按属性*A*划分*S*后的样本子集的熵：

$$\text{Gain}(S, A) = \text{Entropy}(S) - \text{Entropy}_A(S)$$

按属性*A*划分*S*后的样本子集的熵定义如下：假定属性*A*有*k*个不同的取值，从而将*S*划分为*k*个样本子集{S_1，S_2，…，S_k}，则按属性*A*划分*S*后的样本子集的信息熵为：

$$\text{Entropy}_A(S)=\sum_{i=1}^{k}\frac{|S_i|}{|S|}\text{Entropy}(S_i)$$

其中$|S_i|$（*i*，=1,2,⋯, *k*）为样本子集*Si*中包含的样本数，$|S|$为样本集*S*中包含的样本数。

信息增益越大，说明使用属性*A*划分后的样本子集越纯，越有利于分类。

以*Weather*数据集为例，设该数据集为*S*，假定用属性wind来划分*S*，求*S*对属性wind的信息增益。

解答：（1）首先由前例计算得到数据集*S*的熵值为0.94；（2）属性wind有两个可能的取值{weak，strong}，它将*S*划分为两个子集{S_1，S_2}，S_1为wind属性取值为weak的样本子集，共有8个样本；S_2为wind属性取值为strong的样本子集，共有6个样本。下面分别计算样本子集S_1和S_2的熵。

$$\text{Entropy}(S_1)=-\frac{6}{8}\log_2\frac{6}{8}-\frac{2}{8}\log_2\frac{2}{8})=0.811$$

$$\text{Entropy}(S_2)=-\frac{3}{6}\log_2\frac{3}{6}-\frac{3}{6}\log_2\frac{3}{6})=1$$

利用属性wind划分*S*后的熵：

$$\begin{aligned}\text{Entropy}_{\text{Wind}}(S) &= \sum_{i=1}^{k}\frac{|S_i|}{|S|}\text{Entropy}(S_i)\\ &= \frac{|S_1|}{|S|}\text{Entropy}(S_1)+\frac{|S_2|}{|S|}\text{Entropy}(S_2)\\ &= \frac{8}{14}\text{Entropy}(S_1)+\frac{6}{14}\text{Entropy}(S_2)\\ &= 0.571\times 0.811+0.428\times 1=0.891\end{aligned}$$

按属性wind划分数据集S所得的信息增益值：

$$\begin{aligned}\text{Gain}(S,\text{wind}) &= \text{Entropy}(S)-\text{Entropy}_{\text{wind}}(S)\\ &= 0.94-0.891=0.049\end{aligned}$$

4. ID3**算法伪代码**

函数：DT（S，F）；输入：训练集数据S，训练集数据属性集合F；输出：ID3决策树。

```
//ID3算法伪代码
函数：DT（S，F）
输入：训练集数据S，训练集数据属性集合F
输出：ID3决策树
（1）if 样本S全部属于同一个类别C then;
（2）创建一个叶结点，并标记类标号为C;
（3）return;
（4）else;
（5）计算属性集F中每一个属性的信息增益，假定增益值最大的属性为A;
（6）创建结点，取属性A为该结点的决策属性;
（7）for 结点属性A的每个可能的取值V  do;
（8）为该结点添加一个新的分支，假设SV为属性A取值为V的样本子集;
（9）if 样本SV全部属于同一个类别C then;
（10）为该分支添加一个叶结点，并标记类标号为C;
（11）else;
（12）递归调用DT（SV，F-{A}），为该分支创建子树;
（13）end if;
（11）end for;
（12）end if。
```

5. ID3建立决策树

第一步，数据集的构成。

数据集具有属性：outlook，temperature，humidity，wind. outlook={sunny，overcast，rain}，temperature={hot，mild，cool}，humidity={high，normal}，wind={weak，strong}。

第二步，ID3建立决策树。

首先，计算总数据集*S*对所有属性的信息增益，寻找根节点的最佳分裂属性：

Gain（S，outlook）=0.246

Gain（S，temperature）=0.029

Gain（S，humidity）=0.152

Gain（S，wind）=0.049

显然，这里outlook属性具有最高信息增益值，因此将它选为根结点。

接着，以outlook作为根结点，继续往下。思想是以outlook的可能取值建立分支，对每个分支递归建立子树。因为outlook有三个可能值，因此对根结点建立三个分支{sunny，overcast，rain}。那么，哪个属性用来划分根结点的Sunny分支最佳？overcast分支？Rain分支？

第三步，对outlook的sunny分支建立子树。

找出数据集中outlook=sunny的样本子集Soutlook=sunny，然后依次计算剩下三个属性对该样本子集Ssunny划分后的信息增益：

Gain（Ssunny，humidity）=0.971

Gain（Ssunny，temperature）=0.571

Gain（Ssunny，wind）=0.371

显然，humidity具有最高信息增益值，因此它被选为outlook结点下sunny分支下的决策结点。

第四步，采用同样的方法，依次对outlook的overcast分支、rain分支建立子树，最后得到一棵可以预测类标号未知的样本的决策树。

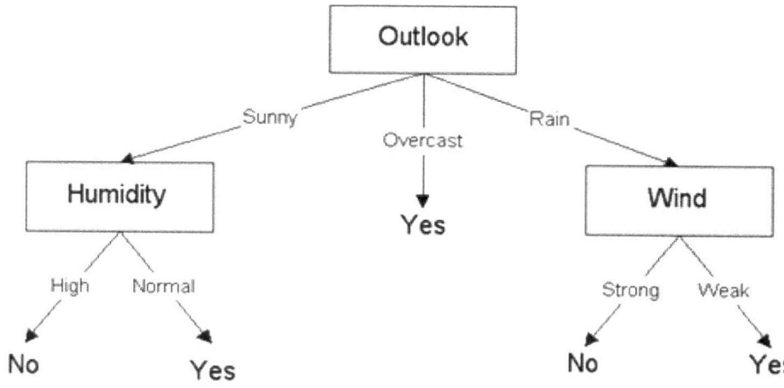

图3-1　Weather数据集的决策树示例

第五步，决策树对未知样本的预测。下面利用决策树对类标号未知的样本*X*进行预测：X={rain，hot，normal，weak，?}。

6. ID3算法总结

ID3算法总结：ID3算法是所有可能的决策树空间中一种自上向下、贪婪的搜索方法。ID3搜索的假设空间是可能的决策树的集合；搜索目的是构造与训练数据一致的一棵决策树；搜索策略是爬山法，在构造决策树时从简单到复杂，用信息熵作为爬山法的评价函数。ID3算法的核心是在决策树各级结点上选择属性，用信息增益作为属性选择的标准，使得在每个非叶节点进行测试时都能获得关于被测数据最大的类别信息，使得该属性将数据集分成子集后，系统的熵值最小。

ID3算法优缺点分析。优点：理论清晰，方法简单，学习能力较强。缺点：（1）算法只能处理分类属性数据，无法处理连续型数据。（2）算法对测试属性的每个取值相应产生一个分支，且划分相应的数据样本集，这样的划分会导致产生许多小的子集。随着子集被划分得越来越小，划分过程将会由于子集规模过小所造成的统计特征不充分而停止。（3）ID3算法中使用信息增益作为决策树节点属性选择的标准，由于信息增益在类别值多的属性上计算结果大于类别值少的属性上的计算结果，这将导致决策树算法偏向选择具有较多分支的属性，因而可能导致过度拟合。在极端的情况下，如果某个属性对于训练集中的每个元组都有唯一的一个值，则认为该属性是最好的，这是因为对于每个划分都只有一个元组（因此也是一类）。

ID3算法评价。优点：理论清晰，算法简单，很有实用价值的示例学习算法；计算时间是例子个数、特征属性个数、节点个数之积的线性函数，总预测准确率较令人满意。缺点：（1）存在偏向问题，各特征属性的取值个数会影响信息量的大小；（2）特征属性间的相关性强调不够，是单变元算法；（3）对噪声较为敏感，训练数据的轻微错误会导致结果的不同；（4）结果随训练集记录个数的改变而不同，不便于进行渐进学习。

7. 基于ID3算法的流感数据集分析

已知：流感训练数据集，预定义两个类别；

求：各类别的描述特征。

表3-6　流感训练数据集

序号	头痛	肌肉痛	体温	患流感
1	是（1）	是（1）	正常（0）	否（0）
2	是（1）	是（1）	高（1）	是（1）
3	是（1）	是（1）	很高（2）	是（1）
4	否（0）	是（1）	正常（0）	否（0）
5	否（0）	否（0）	高（1）	否（0）
6	否（0）	是（1）	很高（2）	是（1）
7	是（1）	否（0）	高（1）	是（1）

例题中各数据的属性及其取值分别为，

类别：是、否；——u_1、u_2

头痛A_1：是、否；肌肉痛A_2：是、否；体温A_3：很高、高、正常

选择全部数据记录，求先验熵（对类别）：

P（u1）=4/7，P（u_2）=3/7

$$H(U) = -\sum_{i=1}^{2} P(u_i)\log_2 P(u_i) = 0.985\text{bit}$$

后验熵（对A_1）：v_1=是，v_2=否

P（v_1）=4/7，　P（v_2）=3/7

P（u_1 | v_1）=3/4　，P（u_2 | v_1）=1/4

$$H(U|v_1) = -\sum_{i=1}^{2} P(u_i|v_1)\log_2 P(u_i|v_1) = 0.811$$

同理，　H（$U|v_2$　）=0.918

条件熵（对A_1）：

$$H(U|V) = -\sum_{j=1}^{3} P(v_j)\quad H(U|v_j) = 0.857$$

互信息（对A_1）：

I（A_1）= H（U）−H（U | V）= 0.128

同理，有：

I（A_2）=0.006，I（A_3）=0.592

I（A_3）值最大，所以选择“体温”作为决策树的根节点，将其三个取值分别作为三个分支，并划分原数据集合为三个子集。

判断子集中各记录是否属于同一类别，若是则在树上作标记，否则对子集重复上述步骤。

结果：流感数据集的决策树如图3-2所示。

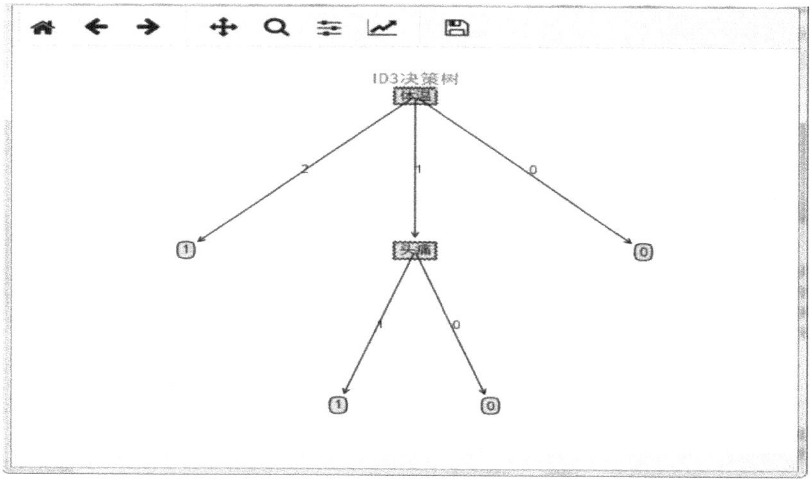

图3-2　流感数据集的决策树示例

程序运行过程如下：

```
数据集长度：7
Ent（D）：0.985 228 136 034 251 6
-----------------------------------------
以下为首次寻找最优索引：
ID3中第0个特征的信息增益：0.128
ID3中第1个特征的信息增益：0.006
ID3中第2个特征的信息增益：0.592
ID3算法的最优特征索引：2
-----------------------------------------------
下面开始创建相应的决策树
请选择决策树:->（1:ID3; 2:C4.5; 3:CART）|（'enter q to quit!'）|：1
ID3中第0个特征的信息增益：0.128
ID3中第1个特征的信息增益：0.006
ID3中第2个特征的信息增益：0.592
此时最优索引：体温
ID3中第0个特征的信息增益：0.918
ID3中第1个特征的信息增益：0.252
此时最优索引：头痛
ID3desicionTree:
 {'体温': {'2': '1', '0': '0', '1': {'头痛': {'0': '0', '1': '1'}}}}
下面为测试数据集结果：
ID3_TestSet_classifyResult:
 ['1']
-----------------------------------------
```

8. 基于ID3算法的隐形眼镜选择

在一个眼镜店，假如眼镜店的店员利用下面这棵决策树来决定卖给客户什么样的隐形眼镜镜片，那么他就可以用客户眼睛基本情况调查表来构造这棵决策树，用决策树来判断隐形眼镜镜片的类型。

戴了隐形眼镜镜片后泪流量减少，眼睛干涩，这类人不适宜使用隐形眼镜镜片。

戴了隐形眼镜镜片后泪流量正常，对于眼睛不散光的客户，建议他使用软性隐形眼镜镜片。

戴了隐形眼镜镜片后泪流量正常，对于眼睛散光的客户，建议他使用硬性隐形眼镜镜片。

表3-7　隐形眼镜选择数据集

ID	年龄	近视情况	眼睛是否散光	分泌眼泪的频率	分类结果
1	1	1	1	1	3
2	1	1	1	2	2
3	1	1	2	1	3
4	1	1	2	2	1
5	1	2	1	1	3
6	1	2	1	2	2
7	1	2	2	1	3
8	1	2	2	2	1
9	2	1	1	1	3
10	2	1	1	2	2
11	2	1	2	1	3
12	2	1	2	2	1
13	2	2	1	1	3
14	2	2	1	2	2
15	2	2	2	1	3
16	2	2	2	2	3
17	3	1	1	1	3
18	3	1	1	2	3
19	3	1	2	1	3
20	3	1	2	2	1
21	3	2	1	1	3
22	3	2	1	2	2
23	3	2	2	1	3
24	3	2	2	2	3

第一列的1～24，对应数据的ID。

第二列的1～3，对应病人的年龄（age of patient），分别是青年（young）、中年（pre-presbyopic）、老年（presbyopic）。

第三列的1和2，对应近视情况（spectacle prescription），分别是近视（myope）、远视（hypermetrope）。

第四列的1和2，对应眼睛是否散光（astigmatic），分别是不散光（no）、散光（yes）。

第五列的1和2，对应分泌眼泪的频率（tear production rate），分别是很少（reduce）、普通（normal）。

第六列的1～3，则是最终根据以上数据得到的分类，分别是硬性的隐形眼镜（hard）、软性的隐形眼镜（soft）、不需要戴眼镜（no lenses）。

```
//计算香农熵的函数：
def calcShannonEnt（dataSet）：#计算香农熵
    numEntries = len（dataSet）
    labelCounts = {}
    for featVec in dataSet：
        currentLabel = featVec[-1]
        if currentLabel not in labelCounts.keys（）：
            labelCounts[currentLabel] = 0
        labelCounts[currentLabel] += 1
    shannonEnt = 0.0
    for key in labelCounts：
        prob = float（labelCounts[key]）/numEntries
        shannonEnt -= prob * log（prob，  2）
    return shannonEnt
```

经过计算，可以得到当前使用的数据集，熵为1.326 087 525 36。

然后划分数据集，可以根据数据集、特征索引和特征值来划分数据集。

```
//划分数据集：
def splitDataSet（dataSet，  axis，  value）：#按照特征值划分数据集，参数
为数据集，特征索引，特征值
    retDataSet = []
    for featVec in dataSet：
        if featVec[axis] == value：
            reducedFeatVec = featVec[：axis]
            reducedFeatVec.extend（featVec[axis+1：]）
            retDataSet.append（reducedFeatVec）
    return retDataSet
```

取最佳特征值，需要计算信息增益，即将单独一个特征值提取出来，计算该特征值每个分支划分出数据集的熵的求和，然后用总数据集的熵减去它。计算四个特征值的信

息增益，得到以下数据：

0：0.039 396 503 6461

1：0.039 510 835 4236

2：0.377 005 230 011

3：0.548 794 940 695

```
//计算信息增益的代码：
def chooseBestFeatureToSplit（dataSet）：#选择最佳分割特征值
    numFeatures =  len（dataSet[0]） - 1
    baseEntropy = calcShannonEnt（dataSet）
    bestInfoGain = 0.0
    bestFeature = -1
    for i in range（numFeatures）：
        featList = [example[i] for example in dataSet]
        uniqueVals = set（featList）
        newEntropy = 0.0
        for value in uniqueVals：
            subDataSet = splitDataSet（dataSet， i， value）
            prob = len（subDataSet） / float（len（dataSet））
            newEntropy += prob * calcShannonEnt（subDataSet）
        infoGain = baseEntropy - newEntropy
        print（str（i）+'：'+str（infoGain））
        if （infoGain > bestInfoGain）：
            bestInfoGain = infoGain
            bestFeature = i
    return bestFeature
```

通过计算可以得出特征值的优先级，tear production rate > astigmatic > spectacle prescription >age of patient。

接下来，有了以上的计算函数，可以开始创建决策树。使用字典类型去存储，用键代表分支节点，值代表下一个节点或者叶子节点，代码如下：

```
//创建决策树:
def createTree（dataSet，  labels）：#创建决策树
    classList = [example[-1] for example in dataSet]
    if classList.count（classList[0]）  == len（classList）：
        print（classList[0]）
        return classList[0]
    if len（dataSet[0]）  == 1:
        return majorityCnt（classList）
    bestFeat = chooseBestFeatureToSplit（dataSet）
    bestFeatLabel = labels[bestFeat]
    myTree = {bestFeatLabel:  {}}
    del（labels[bestFeat]）
    featValues = [example[bestFeat] for example in dataSet]
    uniqueVals = set（featValues）

    for value in uniqueVals:
        subLabels = labels[: ]
        myTree[bestFeatLabel][value] = createTree（splitDataSet（dataSet，
bestFeat，  value），  subLabels）
    return myTree

def majorityCnt（classList）：#对于单个特征值的列表，按出现次数进行排序
    classCount = {}
    for vote in classList:
        if vote not in classCount.keys（）：  classCount[vote] = 0
        classCount[vote] += 1
    sortedClassCount = sorted（classCount.iteritems（），  key =
operator.itemgetter（1），  reverse = True）
    return sortedClassCount[0][0]
```

测试代码，打印创建出的决策树：

```
//测试代码，打印创建出的决策树：
import trees
import treePlotter
from numpy import *
lensesData， labels， vector = trees.createLensesDataSet（）
parentAgeList ， spectacleList ， astigmaticList ， tearRateList =
trees.createLensesAttributeInfo（）
lensesAttributeList = [parentAgeList， spectacleList， astigmaticList，
tearRateList]

for i in range（len（lensesData））：
    for j in range（len（lensesData[i]））：
        index = int（lensesData[i][j]） - 1
        lensesData[i][j] = lensesAttributeList[j][index]
    lensesData[i].append（str（vector[i]））

myTree = trees.createTree（lensesData， labels）
print（myTree）
```

输出：

{'tear production rate'： {'reduced'： 'no lenses'， 'normal'： {'astigmatic'： {'yes'： {'spectacle prescription'： {'hyper'： {'age of the patient'： {'pre'： 'no lenses'， 'presbyopic'： 'no lenses'， 'young'： 'hard'}}， 'myope'： 'hard'}}， 'no'： {'age of the patient'： {'pre'： 'soft'， 'presbyopic'： {'spectacle prescription'： {'hyper'： 'soft'， 'myope'： 'no lenses'}}， 'young'： 'soft'}}}}}}

可以看出，这是一个比较长的字典嵌套结构，但是这样看上去很不直观，为了让这个决策树能直观地显示出来，导入图形化模块matplotlib，用来把决策树画出来。

新写一个treePlotter脚本，脚本中添加计算决策树叶节点数量及深度的函数，用以计算画布的高宽布局。通过计算两个节点中点坐标的函数，确定分支属性的位置，最终画出决策树。以下是脚本代码：

```
//绘制决策树：
import matplotlib.pyplot as plt
import matplotlib

from pylab import *
mpl.rcParams['font.sans-serif'] = ['SimHei']

# 定义文本框和箭头格式
decisionNode = dict（boxstyle = "sawtooth"， fc = "0.8"）
leafNode = dict（boxstyle = "round4"， fc = "0.8"）
arrow_args = dict（arrowstyle = "<-"）

def plotNode（nodeTxt， centerPt， parentPt， nodeType）：
    createPlotPlus.ax1.annotate（nodeTxt， xy = parentPt， xycoords = 'axes fraction'， xytext = centerPt， textcoords = 'axes fraction'， \
                    va = "center"， ha = "center"， bbox = nodeType， arrowprops = arrow_args）

def getNumLeafs（myTree）：#获取叶节点的总数量
    numLeafs = 0
    firstStr = myTree.keys（）[0]
    secondDict = myTree[firstStr]
    for k in secondDict.keys（）：
        if type（secondDict[k]）.__name__ == 'dict'：#判断节点数据类型是否为字典
            numLeafs += getNumLeafs（secondDict[k]）
        else：
            numLeafs += 1
    return numLeafs

def getTreeDepth（myTree）：#判断决策树的深度
    maxDepth = 0
    firstStr = myTree.keys（）[0]
    secondDict = myTree[firstStr]
    for k in secondDict.keys（）：
        if type（secondDict[k]）.__name__ == 'dict'：  # 判断节点数据类型是否为字典
```

```
            thisDepth = 1 + getTreeDepth（secondDict[k]）
        else：
            thisDepth = 1

        if thisDepth > maxDepth：
            maxDepth = thisDepth
    return maxDepth

def plotMidText（cntrPt， parentPt， txtString）：#计算给定两个坐标的中点坐标
    xMid = （parentPt[0] - cntrPt[0]） / 2.0 + cntrPt[0]
    yMid = （parentPt[1] - cntrPt[1]） / 2.0 + cntrPt[1]
    createPlotPlus.ax1.text（xMid-0.05， yMid， txtString， rotation = 30）

def plotTree（myTree， parentPt， nodeTxt）：#根据树，父节点，节点文本，绘制一个分支节点
    numLeafs = getNumLeafs（myTree）
    firstStr = myTree.keys（）[0]
    cntrPt = （plotTree.xOff +（1.0 + float（numLeafs））/ 2.0 /plotTree.totalW，plotTree.yOff）
    plotMidText（cntrPt， parentPt， nodeTxt）
    plotNode（firstStr， cntrPt， parentPt， decisionNode）
    secondDict = myTree[firstStr]
    plotTree.yOff = plotTree.yOff - 1.0/plotTree.totalD
    for k in secondDict.keys（）：
        if type（secondDict[k]）.__name__=='dict'：
            plotTree（secondDict[k]， cntrPt， str（k））
        else：
            plotTree.xOff = plotTree.xOff + 1.0/plotTree.totalW
            plotNode（secondDict[k]， （plotTree.xOff， plotTree.yOff），cntrPt， leafNode）
            plotMidText（（plotTree.xOff， plotTree.yOff）， cntrPt， str（k））
    plotTree.yOff = plotTree.yOff + 1.0 / plotTree.totalD

def createPlotPlus（inTree）：#根据给定决策树创建图像
    fig = plt.figure（1， facecolor='white'）
```

```
fig.clf ()
axprops = dict (xticks = [],  yticks = [])
createPlotPlus.ax1 = plt.subplot (111,  frameon = False,  **axprops)
plotTree.totalW = float (getNumLeafs (inTree) )
plotTree.totalD = float (getTreeDepth (inTree) )
plotTree.xOff = -0.5 / plotTree.totalW
plotTree.yOff = 1.0
plotTree (inTree,  (0.5,  1.0) ,  '')
plt.show ()
```

在测试代码上调用创建决策树图像的函数：treePlotter.createPlotPlus（myTree），得到最终图像如图3-3所示。

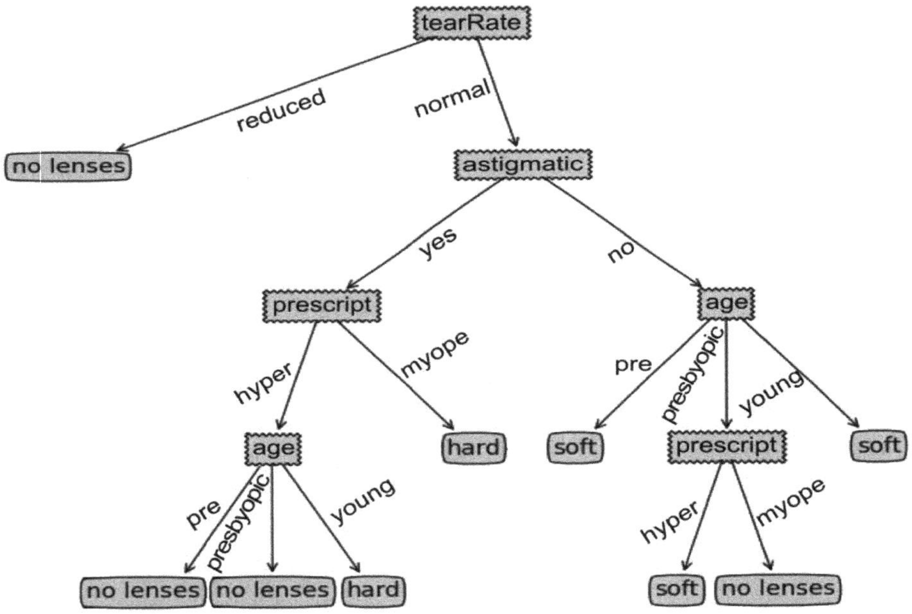

图3-3　眼镜选择的决策树示例

3.2.2 C4.5分类算法

1. C4.5算法概念描述

基于ID3算法中存在的不足，Quinlan于1993年对其做出改进，提出了改进的决策树分类算法C4.5，该算法继承了ID3算法的优点，并在以下几个方面对ID3算法进行了改进：

（1）能够处理连续型属性数据和离散型属性数据；（2）能够处理具有缺失值的数据；（3）使用信息增益率作为决策树的属性选择标准；（4）对生成的树进行剪枝处理，以获取简略的决策树；（5）从决策树到规则的自动产生。

C4.5算法概念描述：假定S为训练集，目标属性C具有m个可能的取值，$C=\{C_1, C_2, \cdots, C_m\}$，即训练集$S$的目标属性具有$m$个类标号值$C_1$，$C_2$，…，$C_m$，C4.5算法所涉及的概念描述如下：

（1）假定训练集S中，Ci在所有样本中出现的频率为p_i（i=1，2，3，…，m），则该集合S所包含的信息熵为：

$$\text{Entropy}(S) = -\sum_{i=1}^{m} P_i \log_2 P_i$$

（2）设用属性A来划分S中的样本，计算属性A对集合S的划分熵值Entropy_A（S）定义如下：

若属性A为离散型数据，并具有k个不同的取值，则属性A依据这k个不同取值将S划分为k个子集$\{S_1$，S_2，…，$S_k\}$，属性A划分S的信息熵为：

$$\text{Entropy}_A(S) = -\sum_{i=1}^{k} \frac{|S_i|}{|S|} \text{Entropy}(S_i)$$

其中$|S_i|$和$|S|$分别是S_i和S中包含的样本个数。

如果属性A为连续型数据，则按属性A的取值递增排序，将每对相邻值的中点看作可能的分裂点，对每个可能的分裂点，计算：

$$\text{Entropy}_A(S) = \frac{|S_L|}{|S|} \text{Entropy}(S_L) + \frac{|S_R|}{|S|} \text{Entropy}(S_R)$$

其中S_L和S_R分别对应于该分裂点划分的左右两部分子集，选择Entropy_A（S）值最小的分裂点作为属性A的最佳分裂点，并以该最佳分裂点按属性A对集合S的划分熵值作为属性A划分S的熵值。

（3） C4.5以信息增益率作为选择标准，不仅考虑信息增益的大小程度，还兼顾为获得信息增益所付出的“代价”：

C4.5通过引入属性的分裂信息来调节信息增益，分裂信息定义：

$$\text{SplitE}(A) = -\sum_{i=1}^{k} \frac{|S_i|}{|S|} \log_2 \frac{|S_i|}{|S|}$$

信息增益率定义：

$$\text{GainRatio}(A) = \frac{\text{Gain}(A)}{\text{SplitE}(A)}$$

这样如果某个属性有较多的分类取值，则它的信息熵会偏大，但信息增益率由于考虑了分裂信息而降低，进而消除了属性取值数目所带来的影响。

2. C4.5**算法演示**

以Weather数据集为例，演示C4.5算法对该数据集进行训练，建立一棵决策树的过程，对未知样本进行预测。

（1）数据集的构成

Step1：计算所有属性划分数据集*S*所得的信息增益分别为（参考ID3例题演示）

Gain (*S*, outlo*ok*)=0.246；

Gain (*S*, temperature)=0.029；

Gain (*S*, humidity)=0.152；

Gain (*S*, wind)=0.049。

Step2：计算各个属性的分裂信息和信息增益率。

以outlook属性为例，取值为overcast的样本有4条，取值为rain的样本有5条，取值为sunny的样本有5条：

$$\text{SplitE}_{\text{outlook}}=-\frac{5}{14}\log_2\frac{5}{14}-\frac{4}{14}\log_2\frac{4}{14}-\frac{5}{14}\log_2\frac{5}{14}=1.576$$

$$\text{GainRatio}_{\text{outlook}}=\frac{\text{Gain}_{\text{outlook}}}{\text{SplitE}_{\text{outlook}}}=0.44$$

同理，依次计算其他属性的信息增益率分别如下：

$$\text{GainRatio}_{\text{temperature}}=\frac{\text{Gain}_{\text{temperature}}}{\text{SplitE}_{\text{temperature}}}=\frac{0.029}{1.556}=0.019$$

$$\text{GainRatio}_{\text{humidity}}=\frac{\text{Gain}_{\text{humidity}}}{\text{SplitE}_{\text{humidity}}}=\frac{0.152}{1}=0.152$$

$$\text{GainRatio}_{\text{wind}}=\frac{\text{Gain}_{\text{wind}}}{\text{SplitE}_{\text{wind}}}=\frac{0.049}{0.985}=0.0497$$

Step3：取值信息增益率最大的那个属性作为分裂结点，因此最初选择outlook属性作为决策树的根结点，产生3个分支，如图3-4所示。

Step4：对根结点的不同取值的分支，递归调用以上方法，求子树，最后通过C4.5获得的决策树如图2-5所示

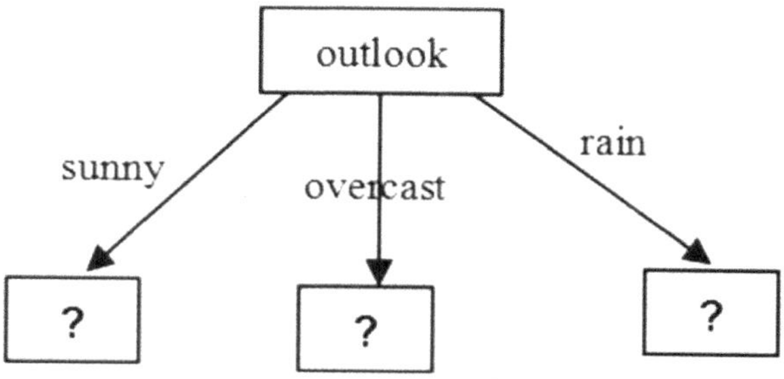

图3-4　C4.5算法的决策树示例A

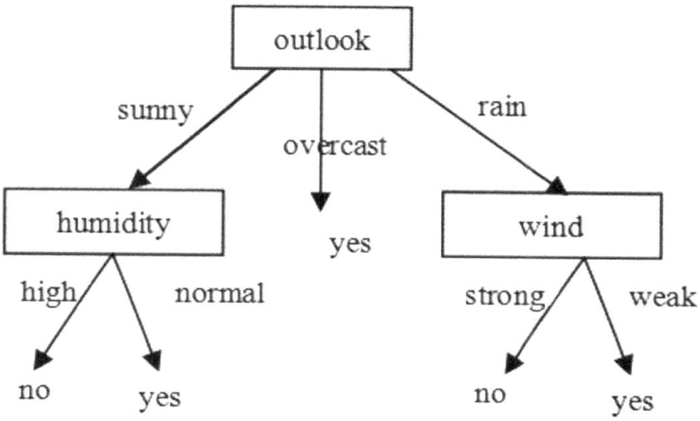

图3-5　C4.5算法的决策树示例B

3. C4.5对缺失数据的处理

由于决策树中节点的测试输出取决于单个属性的不同取值，当训练集或测试集中的某个样本数据的测试属性值未知，就无法得到当前节点的测试输出，因此ID3算法不允许训练集和测试集中存在缺失数据。对数据缺失值的处理，通常有两种方法：

方法一：抛弃数据集中具有缺失值的数据。在数据集中只有少量缺失值数据的情况下，可以抛弃具有缺失值的数据，但是当数据集中存在大量缺失值时不能采用这种方法。

方法二：以某种方式填充缺失的数据。如以该属性中最常见值或平均值替代该缺失值，或者以与缺失值样本所对应的类标号属性值相同的样本中该缺失值属性的最常见值或平均值来代替。

在C4.5算法中采用概率的方法，为缺失值的每个可能值赋予一个概率，而不是简单地用最常见的值替代该缺失值。

4. C4.5算法伪代码

C4.5决策树的建立可以分为两个过程：首先使用训练集数据，依据C4.5树生长算法构建一棵完全生长的决策树；然后对树进行剪枝，最后得到一棵最优决策树。

C4.5决策树的生长阶段算法伪代码：

```
//C4.5决策树的生长阶段算法伪代码：
函数名：CDT（S，F）
输入：训练集数据S，训练集数据属性集合F
输出：一棵未剪枝的C4.5决策树
（1）if 样本S全部属于同一个类别C then
（2）    创建一个叶结点，并标记类标号为C；
（3）    return；
（4）else
（5）    计算属性集F中每一个属性的信息增益率，假定增益率值最大的属性为A；
（6）    创建结点，取属性A为该结点的决策属性；
（7）    for 结点属性A的每个可能的取值V  do
（8）        为该结点添加一个新的分支， 假设SV为属性A取值为V的样本子集；
（9）        if 样本SV全部属于同一个类别C then
（10）           为该分支添加一个叶结点，并标记为类标号为C；
（11）       else
（12）           则递归调用CDT（SV ，F-{A}），为该分支创建子树；
（13）       end if
（14）   end for
（15）end if
```

C4.5决策树的剪枝处理阶段算法伪代码：

```
//C4.5决策树的剪枝处理阶段算法伪代码：
函数名：Prune（node）
输入：待剪枝子树node
输出：剪枝后的子树
（1）计算待剪子树node中叶节点的加权估计误差leafError；
（2）if 待剪子树node是一个叶节点  then
（3）      return 叶节点误差；
（4）else
（5）      计算node的子树误差subtreeError；
（6）      计算node的分支误差branchError为该节点中频率最大一个分支误差；
（7）      if leaf Error小于branch Error和subtree Error then
```

```
            剪枝，设置该节点为叶节点；
            error=leaf Error;
        else if branch Error小于leaf Error和subtree Error then
            剪枝，以该节点中频率最大那个分支替换该节点；
            error=branch Error;
        else
            不剪枝
            error=subtreeError;
            return error;
        end if
end if
```

5. C4.5算法的优缺点

与其他分类算法相比，C4.5分类算法具有如下优点：产生的分类规则易于理解，准确率较高。其缺点：在构造树的过程中，需要对数据集进行多次的顺序扫描和排序，因而导致算法的低效。此外，C4.5只适合能够驻留于内存的数据集，当训练集大得无法在内存容纳时程序无法运行。为适应大规模数据集，在C4.5后出现有SLIQ和SPRINT等算法。

3.2.3 CART分类算法

1. CART算法概述

CART（Classification and Regression Tree）算法，由美国斯坦福大学和加州大学伯克利分校的Breiman等人于1984年提出。CART决策树采用的是二元递归划分方法，能够处理连续属性数据和标称属性作为预测变量和目标变量下的分类。当输出变量是标称属性数据时，所建立的决策树称为分类树（Classification Tree），用于分类的预测。当输出变量为数值型变量时，所建立的决策树称为回归树（Regression Tree），用于数值的预测。随机森林是通过将很多的决策树组合而成的，随机森林采用CART算法。

Gini系数是Breiman于1984年提出来的，主要用在CART算法中。与C4.5相比，CART算法的主要差别体现在：

（1）CART为二叉树，而C4.5可以为多叉树。

（2）CART中的输入变量和输出变量可以是分类型也可以是数值型，而C4.5的输出变量只能是分类型。

（3）CART使用Gini系数作为变量的不纯度量，而C4.5使用信息增益率。

（4）如果目标变量是标称的，并且具有两个以上的类别，则CART可能考虑将目标类别合并成两个超类别。

（5）如果目标变量是连续的，则CART算法找出一组基于树的回归方程来预测目标变量。

（6）对于缺失值的处理方法不同，CART采用代理测试（Surrogate）来估计测试的输出值，而C4.5直接将其分配到该分支中概率最大的分类。

（7）对决策树的剪枝方法不同。

分类回归树的建树过程是对训练集反复划分的过程，涉及如何从多个属性中选择当前最佳划分属性的问题。另外，针对CART的分类树和回归树，它们的计算方法有所不同，数值型和分类型属性变量的计算方法也存在差异。

2. 属性的选择标准

ID3使用信息增益作为属性选择标准，C4.5使用信息增益率作为属性选择标准。CART算法使用Gini系数来度量对某个属性变量测试输出的两组取值的差异性。理想的分组应该尽量使两组中样本输出变量取值的差异性总和达到最小，即"纯度"最大，也就是使两组输出变量取值的差异性下降最快，"纯度"增加最快。

设t为分类回归树中的某个节点，称函数为Gini系数：

$$G(t)=1-\sum_{j=1}^{k}p^2(j|t)$$

k为当前属性下测试输出的类别数，$p(j|t)$为节点t中样本测试输出取类别j的概率。

设t为一个节点，ξ为该节点的一个属性分枝条件，该分枝条件将节点t中样本分别分到左分支S_L和右分支S_R中，称为在分枝条件ξ下节点t的差异性损失：

$$\Delta G(\xi,t)=G(t)-\frac{|S_R|}{|S_L|+|S_R|}G(t_R)-\frac{|S_L|}{|S_L|+|S_R|}G(t_L)$$

其中，$G(t)$为划分前测试输出的Gini系数，$|S_R|$和$|S_L|$分别表示划分后左右分枝的样本个数。为使节点t尽可能地纯，我们需选择某个属性分枝条件ξ使该节点的差异性损失尽可能大。用$\xi(t)$表示所考虑的分枝条件ξ的全体，则选择的分枝条件应为，

$$\xi_{\max}=\arg\max_{\xi\in\xi(t)}\Delta G(\xi,t)$$

3. 分类树与回归树的属性选择

分类树的属性选择：对于CART分类树的属性选择，针对属性类型分为分类型和数值型，方法有所不同。对于分类型属性，由于CART只能建立二叉树，对于取多个值的属性变量，需要将多类别合并成两个类别，形成"超类"，然后计算"超类"下样本测试输出取值的差异性。对于数值型属性，方法是将数据按升序排序，然后从小到大依次以相邻数值的中间值作为分隔，将样本分为两组，并计算所得组中样本测试输出取值的差异性。理想的分组是使两组中样本测试输出取值的差异性总和达到最小，即"纯度"最大，也就是使两组输出变量取值的差异性下降最快，"纯度"增加最快。

回归树的属性选择：回归树确定当前最佳分组变量的策略与分类树相同，主要不同

在于度量节点测试输出值差异性的指标有所不同，采用方差作为指标。其定义为，

$$R(t)=\frac{1}{N-1}\sum_{i=1}^{N}(y_i(t)-\bar{y}(t))^2$$

其中，t为节点，N为节点t所含的样本个数，$y_i(t)$为节点t中测试输出变量值，$\bar{y}(t)$为节点t中测试输出变量的平均值。于是，差异性损失的度量指标为方差的减少量，其定义为

$$\Delta R(t)=R(t)-\frac{N_R}{N}R(t_R)-\frac{N_L}{N}R(t_L)$$

其中，$R(t)$和N分别为分组前输出变量的方差和样本个数，$R(t_R)$、N_R和$R(t_L)$、N_L分别为分组后右子树的方差和样本量以及左子树的方差和样本量，使达到最大的属性变量为当前最佳划分属性变量。

4. **CART算法描述**

//CART算法描述：

函数名：CART（S，F）

输入：样本集数据S，训练集数据属性集合F

输出：CART树

（1）if 样本S全部属于同一个类别C，then

（2）　　创建一个叶结点，并标记类标号为C;

（3）　　return;

（4）else

（5）　　计算属性集F中每一个属性划分的差异性损失，假定差异性损失最大的属性为A;

（6）　　创建结点，取属性A为该结点的决策属性;

（7）　　以属性A划分S得到S_1和S_2两个子集;

（8）　　　　递归调用CART（S_1，F）;

（9）　　　　递归调用CART（S_2，F）;

（10）end

5. **基尼指标**

在CART算法中，基尼不纯度表示一个随机选中的样本在子集中被分错的可能性。

基尼不纯度为这个样本被选中的概率乘以它被分错的概率。

假设y的可能取值为$\{1, 2, \cdots, m\}$，令f_i是样本被赋予i的概率，则基尼指数可以通过如下计算：

$$I_G(f)=\sum_{i=1}^{m}f_i(1-f_i)=\sum_{i=1}^{m}(f_i-f_i^2)=\sum_{i=1}^{m}f_i-\sum_{i=1}^{m}f_i^2=1-\sum_{i=1}^{m}f_i^2$$

Gini指标，用来度量数据集的不纯度：

$$\text{Gini}(S)=1-\sum_{i=1}^{C}P_i^2$$

其中，P_i是S中类别i的概率。

Gini越小，数据越纯。

CART中计算Gini指标考虑每个属性上的二元划分，根据训练数据集S中的属性F将S分成的S_1和S_2，则给定划分的Gini指标如下公式所示：

最小化Gini指标：

$$\text{Gini}_F(S)=\frac{|S_1|}{S}\text{Gini}(S_1)+\frac{|S_2|}{S}\text{Gini}(S_2)$$

6. 选择最佳分割点

数值型变量，对记录的值从小到大排序，计算每个值作为临界点产生的子节点的异质性统计量，能够使异质性减小程度最大的临界值便是最佳的划分点。

分类型变量，列出划分为两个子集的所有可能组合，计算每种组合下生成子节点的异质性。同样，找到使异质性减小程度最大的组合作为最佳划分点。

最好的划分就是使得Gini最小的划分。

7. C4.5算法和CART算法比较

C4.5算法和CART算法比较如表3-8所示。

表3-8　C4.5算法和CART算法比较

不同算法	优点	缺点
C4.5算法	（1）用信息增益率来选择属性；（2）在树构造过程中进行剪枝；（3）能够完成对连续属性的离散化处理；（4）能够对不完整数据进行处理。	在构造树的过程中，需要对数据集进行多次的顺序扫描和排序，因而导致算法的低效。
CART算法	（1）对目标变量及预测变量概率分布上要求；（2）使用二元分支，充分运用全部数据，尽可能发现全部树的结构；（3）能够处理孤立点；（4）能够对空缺值进行处理。	CART本身是一种大样本的统计分析方法，样本量较小时模型不稳定。

3.3 贝叶斯分类算法

3.3.1 贝叶斯公式

1. 条件概率

若（Ω, F, P）是一个概率空间，$B \in F$，且$P(B)>0$，对任意的$A \in F$，则

$$P(A|B)=\frac{P(A \cap B)}{P(B)}$$

为在事件B发生的条件下，事件A发生的条件概率。

乘法定理：

设$P(A)>0$，则有

$$P(AB)=P(B|A)P(A)=P(A|B)P(B)$$

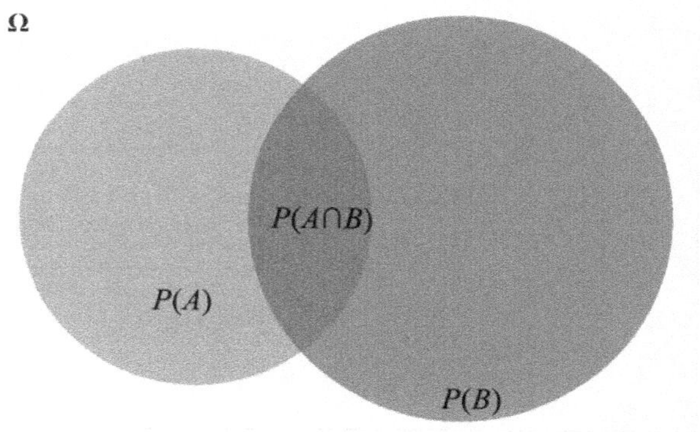

图3-6　集合之间的关系A

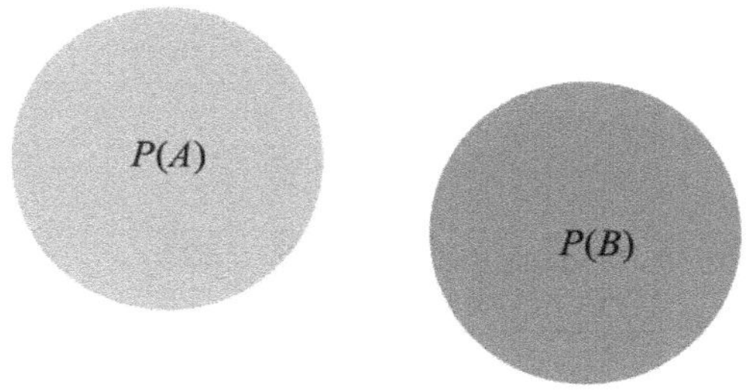

图3-7　集合之间的关系B

对立事件：A'。（要么发生A，要么发生A'）A、A'互为穷举事件。

互斥事件：两个事件只有一个会发生（互斥与穷举不一样）。

相交事件：两个事件有可能同时会发生。

$P(A \cup B) = P(A) + P(B) - P(A \cap B)$

相关事件：几个事件发生概率互相有影响。

$P(A|B) != P(A)$

独立事件：事件发生概率互相没影响。

$P(A \cap B) = P(A)P(B)$，$P(A|B) = P(A)$

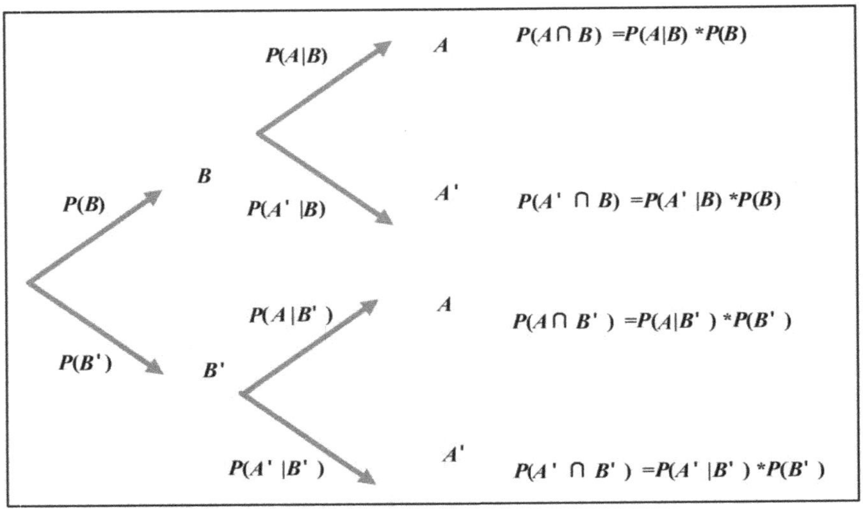

图3-8　决策树示例

2.样本空间的划分

定义　设Ω为试验E的样本空间，A为E的事件，$B_1, B_2, \cdots, B_n$为Ω的一个划分，且$P(B_i)>0\ (i=1, 2, \cdots, n)$，则

$$P(A) = P(A|B_1)P(B_1) + P(A|B_2)P(B_2) + \cdots + P(A|B_n)P(B_n)$$

$$= \sum_{i=1}^{n} P(B_i)P(A|B_i)$$

其中，$B_iB_j=\varnothing, i, j=1,2,\cdots, n$；且$B_1 \cup B_2 \cup \cdots \cup B_n = \Omega$

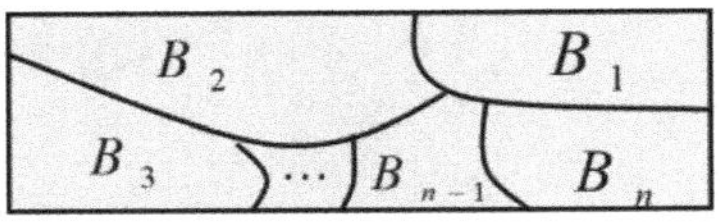

图3-9　样本空间的划分

$$A = A\Omega = A \cap (B_1 \cup B_2 \cup \cdots \cup B_n)$$
$$= AB_1 \cup AB_2 \cup \cdots \cup AB_n$$

说明：全概率公式的主要用途在于它可以将一个复杂事件的概率计算问题分解为若干个简单事件的概率计算问题，最后应用概率的可加性求出最终结果。

设 Ω 为试验E的样本空间，A为E的事件，$B_1, B_2, \cdots, B_n$为 Ω 的一个划分，且$P(A)>0$，$P(B_i)>0\ (i=1, 2,\cdots, n)$，则

$$P(B_i|A)=\frac{P(A|B_i)P(B_i)}{P(A)}=\frac{P(A|B_i)P(B_i)}{\sum_{j=1}^{n}P(A|B_j)P(B_j)}, i=1,2,\cdots,n$$

3.贝叶斯定理

贝叶斯（Thomas Bayes，1701—1761），在《An Essay towards solving a Problem in the Doctrine of Chances》中给出了贝叶斯定理。

它解决了两个事件条件概率的转换问题：

$$P(B|A)=\frac{P(A|B)P(B)}{P(A)}$$

$$P(A|B)=\frac{P(B|A)P(A)}{P(B)}$$

4.条件概率与贝叶斯公式

条件概率：$P(A|B)$ 表示事件B已经发生的前提下，事件A发生的概率，叫作事件B发生下事件A的条件概率。其基本求解公式：

$$P(A|B)=\frac{P(AB)}{P(B)}$$

贝叶斯公式：$P(B|A)$ 是根据A判断其属于类别B的概率，称为后验概率。$P(B)$ 是直接判断某个样本属于B的概率，称为先验概率。$P(A|B)$ 是在类别B中观测到A的概率，$P(A)$ 是在数据库中观测到A的概率。

$$P(B|A)=\frac{P(AB)}{P(A)}=\frac{P(A|B)P(B)}{P(A)}$$

$$P(\text{规律}|\text{现象})=\frac{P(\text{现象}|\text{规律})P(\text{规律})}{P(\text{现象})}$$

5.条件概率与贝叶斯公式的应用

一个医疗诊断问题有两个可选的假设：病人有癌症、病人无癌症。可用数据来自化验结果：正+和负-；有先验知识：在所有人口中，患病率是0.008；对确实有病的患者的化验准确率为98%，对确实无病的患者的化验准确率为97%；总结如下：

$P(\text{cancer})=0.008$，　$P(-\text{cancer})=0.992$

$P(+|\text{cancer})=0.98$，　$P(-|\text{cancer})=0.02$

$P(+|-\text{cancer})=0.03$， $P(-|-\text{cancer})=0.97$

问题1：假定有一个新病人，化验结果为正，是否应将病人断定为有癌症？

求后验概率$P(\text{cancer}|+)$和$P(\text{cancer}|-)$

总结如下：

$P(\text{cancer})=0.008$， $P(\text{cancer})=0.992$

$P(+|\text{cancer})=0.98$， $P(-|\text{cancer})=0.02$

$P(+|\text{cancer})=0.03$， $P(-|\text{cancer})=0.97$

问题2：假定有一个新病人，化验结果为正，是否应将病人断定为有癌症？

求后验概率$P(\text{cancer}|+)$和$P(\text{cancer}|+)$

$P(\text{cancer}|+)=[P(+|\text{cancer})\ P(\text{cancer})]/\ P(+)=0.98\times0.008/P(+)$

$P(+)=P(+|\text{cancer})\ P(\text{cancer})\ +P(+|\ \text{cancer})\ P(\text{cancer})$

$=0.98\times0.008+0.03\times0.992$

$P(\text{cancer}|+)=0.0078/(0.0078+0.0298)\ =0.21$

3.3.2 贝叶斯分类

1. 贝叶斯分类方法

贝叶斯分类方法是一种基于统计的学习方法，是一种利用概率统计知识进行学习分类的方法，如预测一个数据对象属于某个类别的概率。主要算法：朴素贝叶斯分类算法（Naive Bayes），贝叶斯信念网络分类算法等。

2. 朴素贝叶斯分类算法（Naive Bayes）

朴素贝叶斯分类算法利用贝叶斯定理来预测一个未知类别的样本属于各个类别的可能性，选择其中可能性最大的一个类别作为该样本的最终类别。

设数据集为D，对应属性集：$\{A_1, A_2, \cdots, An, C\}$

A_1，A_2，…，A_n是样本的属性变量，C是有m个取值C_1，C_2，…，C_m的类标号属性变量。

数据集D中的每个样本X可以表示为$X=\{x_1, x_2, \cdots, x_n, C_i\}$

朴素贝叶斯分类算法的概念描述如下：

$$P(C_i|X)>P(C_j|X)$$

$$1\leqslant j\leqslant m, j\neq i$$

根据贝叶斯定理：

$$P(C_i|X)=\frac{P(X|C_i)P(C_i)}{P(X)}$$

类的先验概率P（C_i）可以用s_i/s来估计，其中s_i是数据集D中属于类C_i的样本个数，s是数据集D的样本总数。

朴素贝叶斯假定一个属性值对给定类的影响独立于其他属性值，属性之间不存在依赖关系，这样：

$$P(X|C_i)=P(x_1,x_2,\cdots,x_n|C_i)=\prod_{k=1}^{n}P(x_k|C_i)$$

样本的各个属性变量之间：

独立事件，事件发生概率互相没影响。

$P(A\cap B)=P(A)\,P(B)$，$P(A|B)=P(A)$

相关事件，几个事件发生概率互相有影响。

$P(A|B) \mathrel{!}= P(A)$

对未知样本X分类，对每个类C_i，计算$P(X|C_i)$，样本X被指派到类别C_i中，当且仅当：

$$P(X|C_i)P(C_i)>P(X|C_j)P(C_j),\ 1\leqslant j\leqslant m,\ j\neq i$$

即X被指派到最大的类别中。

朴素贝叶斯分类算法的基本描述。

函数名：NaiveBayes

输入：类标号未知的样本$X=\{x_1, x_2, \cdots, x_n\}$

输出：未知样本X所属类别号

3. 朴素贝叶斯分类算法演示

表3-9　朴素贝叶斯示例数据集

ID	症状	职业	疾病
1	打喷嚏	护士	感冒
2	打喷嚏	农夫	过敏
3	头痛	建筑工人	脑震荡
4	头痛	建筑工人	感冒
5	打喷嚏	教师	感冒
6	头痛	教师	脑震荡
7	打喷嚏	建筑工人	?

样本X_7={打喷嚏，建筑工人，?}

该问题描述如下：

样本X_7={打喷嚏，建筑工人，?}

类标号“疾病”有3个取值{感冒，过敏，脑震荡}

题目即求：

样本X_7为“感冒”的概率P（疾病=感冒|X_7）

样本X_7为“过敏”的概率P（疾病=过敏|X_7）

样本X_7为“脑震荡”的概率P（疾病=脑震荡|X_7）

样本X_7将被预测为概率值大的那个类。

样本X_7={打喷嚏，建筑工人，?}

$P(X_7)=P$（症状=打喷嚏，职业=建筑工人）

=P（症状=打喷嚏）P（职业=建筑工人）

=3/6×2/6

=0.1667

根据朴素贝叶斯定理：

P（疾病=感冒 |X_7）

= P（X_7|疾病=感冒）P（疾病=感冒）/ P（X_7）

= P（症状=打喷嚏 |疾病=感冒）P（职业=建筑工人|疾病=感冒）P（疾病=感冒）/ P（X_7）

= 2/3×1/3×3/6 / P（X_7）

= 0.1111 /P（X_7）=0.6665

样本X_7={打喷嚏， 建筑工人，?}

P（X_7） = P（症状=打喷嚏，职业=建筑工人）

=P（症状=打喷嚏）P（职业=建筑工人）

=3/6×2/6

=0.1667

根据朴素贝叶斯定理：

P（疾病=过敏 |X_7）

= P（X_7|疾病=过敏）P（疾病=过敏）/ P（X_7）

= P（症状=打喷嚏 |疾病=过敏）P（职业=建筑工人|疾病=过敏）P（疾病=过敏）/ P（X_7）

= 1/1×1/7×1/6/P（X_7）

= 0.0238 /P（X_7）=0.1428

根据朴素贝叶斯定理：

P（疾病=脑震荡 |X_7）

= P（X_7|疾病=脑震荡）P（疾病=脑震荡）/ P（X_7）

= P（症状=打喷嚏 |疾病=脑震荡）P（职业=建筑工人|疾病=脑震荡）P（疾病=脑震荡）/ P（X_7）

= 1/7 ×1/2 ×2/6 / P（X_7）

= 0.0238 / P（X_7）= 0.1428

该问题描述如下：

样本X_7={打喷嚏，建筑工人，?}

计算：

P（疾病=感冒|X_7）=0.6665

P（疾病=过敏|X_7）=0.1428

P（疾病=脑震荡|X_7）=0.1428

样本X_7将被预测为概率值大的那个类，即为“感冒”。

4. 贝叶斯算法处理流程

第一阶段——准备阶段：该阶段为朴素贝叶斯分类做必要的准备。主要是依据具体情况确定特征属性，并且对特征属性进行适当划分。然后就是对一部分待分类项进行人工划分，以确定训练样本。这一阶段的输入是所有的待分类项，输出是特征属性和训练样本。分类器的质量很大程度上依赖于特征属性及其划分以及训练样本的质量。

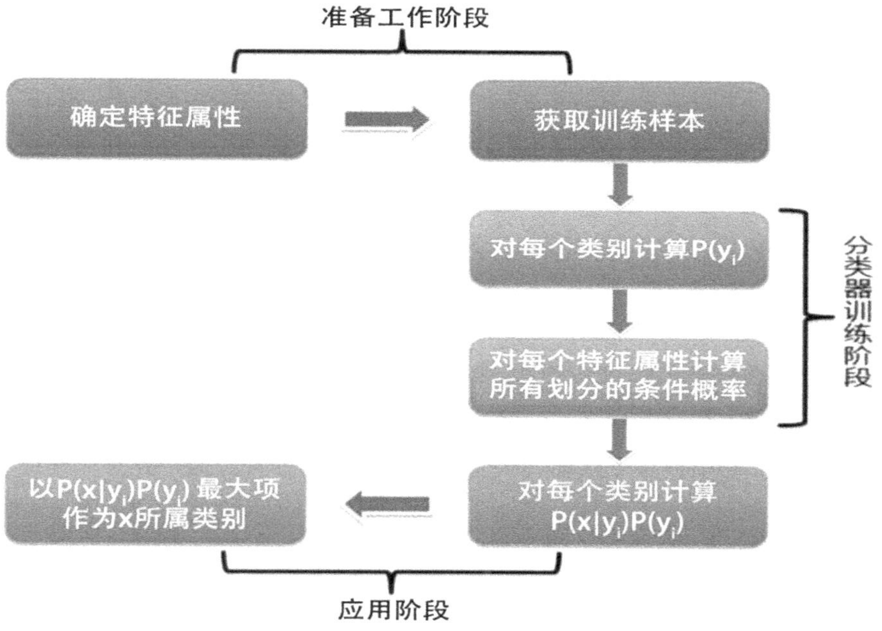

图3-10　贝叶斯算法处理流程

第二阶段——分类器训练阶段：主要工作是计算每个类别在训练样本中出现的频率以及每个特征属性划分对每个类别的条件概率估计。输入的是特征属性和训练样本，输出的是分类器。

第三阶段——应用阶段：这个阶段的任务是使用分类器对待分类项进行分类，其输入的是分类器和待分类项，输出的是待分类项与类别的映射关系。

朴素贝叶斯分类算法的优点在于容易实现，在大多数情况下所获得的结果比较好。缺点：算法成立的前提是假设各属性之间互相独立，当数据集满足这种独立性假设时，分类准确度较高。而在实际领域中，数据集可能并不完全满足独立性假设。

3.4 其他分类方法

1. 回归分类方法

回归分类法指利用数据统计原理，对大量统计数据进行数学处理，并确定因变量与某些自变量的相关关系，建立一个相关性较好的回归方程（函数表达式）并加以外推，用于预测今后因变量的变化的分析方法。根据因变量和自变量的个数分为一元回归分析和多元回归分析；根据因变量和自变量的函数表达式分为线性回归分析和非线性回归分析。

回归分析法主要解决的问题：确定变量之间是否存在相关关系，若存在，则找出数学表达式。根据一个或几个变量的值，预测或控制另一个或几个变量的值，且要估计这种控制或预测可以达到何种精确度。

回归分析法的步骤如下：根据自变量与因变量的现有数据以及关系，初步设定回归方程；求出合理的回归系数；进行相关性检验，确定相关系数；在符合相关性要求后，即可将已得的回归方程与具体条件相结合，来确定事物的未来状况，并计算预测值的置信区间。

有效性和注意事项：第一，有效性。用回归分析法进行预测，首先要对各个自变量做出预测。若各个自变量可以由人工控制或易于预测，而且回归方程也较为符合实际，则应用回归预测是有效的，否则就很难应用。第二，注意事项。首先，为使回归方程较能符合实际，首先应尽可能地定性判断自变量的可能种类和个数，并在观察事物发展规律的基础上定性判断回归方程的可能类型。其次，力求掌握较充分的高质量统计数据，再运用统计方法，利用数学工具和相关软件从定量方面计算或改进定性判断。

2. 支持向量机

支持向量机（Support Vector Machines，SVM）是一种二分类模型，它的基本模型是定义在特征空间上的间隔最大的线性分类器，间隔最大使它有别于感知机。SVM还包括核技巧，这使它成为实质上的非线性分类器。SVM的学习策略就是间隔最大化，可形式化为一个求解凸二次规划的问题，也等价于正则化的合页损失函数的最小化问题。SVM的学习算法就是求解凸二次规划的最优化算法。

支持向量机是一类按监督学习（Supervised Learning）方式对数据进行二元分类的广义线性分类器（Generalized Linear Classifier），其决策边界是对学习样本求解的最大边距超平面（Maximum-margin Hyperplane）。

Svm使用铰链损失函数（Hinge Loss）计算经验风险（Empirical Risk），并在求解系统中加入了正则化项以优化结构风险（Structural Risk），是一个具有稀疏性和稳健性的分类器。Svm可以通过核方法（Kernel Method）进行非线性分类，是常见的核学习（Kernel Learning）方法之一。

稳健性与稀疏性：SVM的优化问题同时考虑了经验风险和结构风险最小化，因此具有稳定性。从几何观点，SVM的稳定性体现在其构建超平面决策边界时要求边距最大，因此间隔边界之间有充裕的空间包容测试样本。SVM使用铰链损失函数作为代理损失，较链损失函数的取值特点使SVM具有稀疏性，即其决策边界仅由支持向量决定，其余的样本点不参与经验风险最小化。在使用核方法的非线性学习中，SVM的稳健性和稀疏性在确保了可靠求解结果的同时降低了核矩阵的计算量和内存开销。

与其他线性分类器的关系：SVM是一个广义线性分类器，通过在SVM的算法框架下修改损失函数和优化问题可以得到其他类型的线性分类器。例如，将SVM的损失函数替换为logistic损失函数就得到了接近于logistic回归的优化问题。SVM和logistic回归是功能相近的分类器，二者的区别在于logistic回归的输出具有概率意义，也容易扩展至多分类问题，而SVM的稀疏性和稳定性使其具有良好的泛化能力并在使用核方法时计算量更小。

作为核方法的性质：SVM不是唯一可以使用核技巧的机器学习算法，logistic回归、岭回归和线性判别分析（Linear Discriminant Analysis，LDA）也可通过核方法得到核logistic回归（Kernel Logistic Regression）、核岭回归（Kernel Ridge Regression）和核线性判别分析（Kernelized LDA, KLDA）方法。因此SVM是广义上核学习的实现方法之一。

非线性SVM算法原理：对于输入空间中的非线性分类问题，可以通过非线性变换将它转化为某个维特征空间中的线性分类问题，在高维特征空间中学习线性支持向量机。由于在线性支持向量机学习的对偶问题里，目标函数和分类决策函数都只涉及实例和实例之间的内积，所以不需要显式地指定非线性变换，而是用核函数替换当中的内积。核函数表示通过一个非线性转换后的两个实例间的内积。

3. KNN

邻近算法，或者说*K*最近邻（*K*-Nearest Neighbor, KNN）分类算法是数据挖掘分类技术中最简单的方法之一。所谓*K*最近邻，就是*K*个最近的邻居的意思，说的是每个样本都可以用它最接近的*K*个邻居来代表。Cover和Hart在1968年提出了最初的邻近算法。KNN是一种分类（Classification）算法，它输入基于实例的学习（Instance-based Learning），属于懒惰学习（Lazy Learning），即KNN没有显式的学习过程，也就是说没有训练阶段，数据集事先已有了分类和特征值，待收到新样本后直接进行处理，其与急切学习（Eager Learning）相对应。

KNN是通过测量不同特征值之间的距离进行分类。思路是如果一个样本在特征空间中的*k*个最邻近的样本中的大多数属于某一个类别，则该样本也划分为这个类别。KNN算法中，所选择的邻居都是已经正确分类的对象。该方法在定类决策上只依据最邻近的一个或者几个样本的类别来决定待分样本所属的类别。

KNN使用的模型实际上对应于对特征空间的划分。*K*值的选择、分类和距离度量决策规则是该算法的三个基本要素：

第一，*K*值的选择会对算法的结果产生重大影响。*K*值较小意味着只有与输入实例较近的训练实例才会对预测结果起作用，但容易发生过拟合。如果*K*值较大，优点是可以减少学习的估计误差，但缺点是学习的近似误差增大，这时与输入实例较远的训练实例也会对预测起作用，使预测发生错误。在实际应用中，*K*值一般选择一个较小的数值，通常采用交叉验证的方法来选择最优的K值。随着训练实例数目趋向于无穷和 K=1 时，误差率不会超过贝叶斯误差率的2倍。如果K也趋向于无穷，则误差率趋向于贝叶斯误差率。

第二，该算法中的分类决策规则往往是多数表决，即由输入实例的K个最临近的训练实例中的多数类决定输入实例的类别。

第三，距离度量一般采用L_p距离，当p=2时，即为欧氏距离，在度量之前，应该将每个属性的值规范化，这样有助于防止具有较大初始值域的属性比具有较小初始值域的属性的权重过大。

KNN算法不仅可以用于分类，还可以用于回归。通过找出一个样本的K个最近邻居，将这些邻居的属性的平均值赋给该样本，就可以得到该样本的属性。更有用的方法是将不同距离的邻居对该样本产生的影响给予不同的权值（Weight），如权值与距离成反比。该算法在分类时有个主要的不足：当样本不平衡时，如一个类的样本容量很大，而其他类样本容量很小时，有可能导致当输入一个新样本时，该样本的K个邻居中大容量类的样本占多数。该算法只计算“最近的”邻居样本，某一类的样本数量很大，那么或者这类样本并不接近目标样本，或者这类样本很靠近目标样本。无论怎样，数量并不能影响运行结果。可以采用权值的方法（和该样本距离小的邻居权值大）来改进。

KNN方法的另一个不足之处是计算量较大，因为对每一个待分类的文本都要计算它到全体已知样本的距离，才能求得它的K个最近邻点。目前常用的解决方法是事先对已知样本点进行剪辑，去除对分类作用不大的样本。该算法比较适用于样本容量比较大的类域的自动分类，而那些样本容量较小的类域采用这种算法比较容易产生误分。

实现KNN时，主要考虑的问题是如何对训练数据进行快速K近邻搜索，这在特征空间维数大及训练数据容量大时非常必要。

4. 神经网络分类方法

人工神经网络是基于对人脑组织结构、活动机制的初步认识提出的一种新型信息处理体系。它实际上是一个由大量简单元件相互连接而成的复杂网络，具有高度的非线性，能够进行复杂的逻辑操作和非线性关系实现的系统。通过模仿脑神经系统的组织结构以及某些活动机理，人工神经网络可呈现出人脑的许多特征，并具有人脑的一些基本功能。利用这一特性，可以设计出具有类似大脑某些功能的智能系统来处理各种信息，解决不同问题。下面对几种具体的神经网络进行介绍：

（1）感知器网络。感知器是由美国学者Rosenblatt在1957年首次提出的，感知器可谓是最早的人工神经网络。感知器具有分层结构，信息从输入层进入网络，逐层向前传递到输出层。感知器是神经网络用来进行模式识别的一种最简单模型，属于前向神经网络类型。单层感知器是指只有一层处理单元的感知器，它的结构与功能都非常简单，通过读网络权值的训练，可以使感知器对一组输入矢量的响应达到元素为0或1的目标输出，从而实现对输入矢量分类的目的。目前在解决实际问题时很少被采用，但由于它在神经网络研究中具有重要意义，是研究其他网络的基础，而且较易学习和理解，因此适合作为学习神经网络的起点。多层感知器是对单层感知器的推广，它能够成功解决单层感知器所不能解决的非线性可分问题，在输入层与输出层之间引入隐层作为输入模式的“内部表示”，即可将单层感知器变成多层感知器。

（2）线性神经网络。线性神经网络类似于感知器，但是线性神经网络的激活函数是线性的，而不是硬限转移函数。因此线性神经网络的输出可以是任意值，而感知器的输出不是0就是1。线性神经网络最早的典型代表是在1963年由美国斯坦福大学教授Berhard Windrow提出的自适应线性元件网络，它是一个由输入层和输出层构成的单层前馈性网络。自适应线性神经网络的学习算法比感知器的学习算法的收敛速度和精度都有较大的提高，自适应线性神经网络主要用于函数逼近、信号预测、系统辨识、模式识别和控制等领域。

（3）BP神经网络。BP神经网络是1986年由以Rumelhart和McCelland为首的科学家小组提出的，是一种按误差逆传播算法训练的多层前馈网络。在人工神经网络的实际应用中，80%～90%的人工神经网络模型采用BP网络或者它的变化形式。它也是前向网络的核心部分，体现了人工神经网络最精华的部分。BP神经网络由信息的正向传播和误差的反向传播两个过程组成。输入层各神经元负责接收来自外界的输入信息，并传递给中间层各神经元；中间层是内部信息处理层，负责信息变换，根据信息变化能力的需求，中间层可以设计为单隐层或者多隐层结构；最后一个隐层传递到输出层各神经元的信息，经过进一步处理后完成一次学习的正向传播处理过程，由输出层向外界输出信息处理结果。当实际输出与期望输出不符时，进入误差的反向传播阶段。误差通过输出层，按误差梯度下降的方式修正各层权值，向隐层、输入层逐层反传。周而复始的信息正向传播和误差反向传播过程，是各层权值不断调整的过程，也是神经网络学习训练过程，此过程一直进行到网络输出的误差减少到可以接受的程度，或者达到预先设定的学习次数为止。BP网络主要应用于以下方面：函数逼近，用输入矢量和相应的输出矢量训练一个网络逼近一个函数；模式识别，用一个特定的输出矢量将它与输入矢量联系起来；分类，对输入矢量以所定义的合适的方式进行分类；数据压缩，减少输出矢量维数以便于传输或存储。

（4）反馈神经网络。美国加州理工学院物理学家J.J.Hopfield教授于1982年发表了对神经网络发展颇具影响的论文，提出一种单层反馈神经网络，后来人们将这种反馈网络称作Hopfield网。在多输入/多输出的动态系统中，控制对象特性复杂，传统方法难以描述复杂的系统。为控制对象建立模型可以减少直接进行实验带来的负面影响，所以模型显得尤为重要。但是，前馈神经网络从结构上说属于一种静态网络，其输入、输出向量之间是简单的非线性函数映射关系。实际应用中系统过程大多是动态的，前馈神经网络辨识就暴露出明显的不足，用前馈神经网络只是非线性对应网络，无反馈记忆环节，因此，利用反馈神经网络的动态特性就可以克服前馈神经网络的缺点，使神经网络更加接近系统的实际过程。

（5）径向基神经网络。径向基RBF网络是一个三层的网络，除了输入、输出层之外仅有一个隐层。隐层中的转换函数是局部响应的高斯函数，而其他前向网络、转换函数一般都是全局响应函数。由于这样的差异，要实现同样的功能，RBF需要更多的神经元，这就是RBF网络不能取代标准前向型网络的原因。但是RBF网络的训练时间更短，它对函数的逼近是最优的，可以以任意精度逼近任意连续函数。隐层中的神经元越多，逼近越精确。径向基网络的应用：用于曲线拟合的RBF网络；径向基网络实现非线性函数回归。

（6）自组织神经网络。自组织竞争型神经网络是一种无教师监督学习，具有自组织功能的神经网络。网络通过自身的训练，能自动对输入模式进行分类，一般由输入层和竞争层构成。两层之间各神经元实现双向连接，而且网络没有隐含层。有时竞争层之间还存在着横向连接。常用的自组织网络有以下几种：自组织特征映射网络、学习矢量量化网络、自适应共振理论模型、对偶传播网络。

3.5 分类模型的评价

关于分类和回归模型的各种评估方法，一种是处理分类任务的模型，一种是预测回归的模型，这两种模型的评估方法也不完全一致，下面就来分别介绍两种类型模型的各种评估手段。在介绍方法前首先了解以下四个概念：

*TP*即True Positive：预测正确的正样本个数。

*TN*即True Negative：预测正确的负样本个数。

*FP*即False Positive：将负样本错误的预测称为正样本的个数。

*FN*即False Negative：将正样本错误的预测称为负样本的个数。

Accuracy（准确率）。简单粗暴的方法，直接用预测正确的个数/总数 × 100%，即（*TP*+*TN*）/（*TP*+*FN*+*FP*+*TN*），但这个评估方法只适用于平衡数据集，即正负样本个数大致相同，若用于非平衡数据集效果会很差。

Precision（精确率）。精确率可以告诉我们正样本预测中正确预测的百分比，即*TP*/（*TP*+*FP*）。

Recall（召回率）。召回率可以告诉我们预测正确的正样本个数占总正样本个数的百分比，即*TP*/（*TP*+*FN*），通常，精确率和召回率成反比。

F score。*F* score很好地将精确率*P*和召回率*R*结合在一起，计算方式：$F_1 = 2\times$（*PR*/（*P*+*R*）），当F_1=1时情况最好。

ROC曲线。ROC曲线是根据一系列不同的二分类方式（分界值或决定阈），以真阳性率（灵敏度）为纵坐标，假阳性率（1−特异度）为横坐标绘制的曲线。其中真阳性率*TPR*=*TP*/（*TP*+*FN*），假阳性率*FPR*=*FP*/（*FP*+*TN*）。

AUC（Area Under the Curve）。AUC可以说是用单个数字总结模型性能的最好方法，其实就是ROC曲线下方的面积大小。使用AUC值作为评价标准是因为，很多时候ROC曲线并不能清晰地说明哪个分类器的效果更好，而作为一个数值，对应AUC更大的分类器效果更好。

MAE（Mean of the Absolute Value of the Errors）。平均绝对误差，是所有单个观测

值与算术平均值的偏差的绝对值的平均。平均绝对误差可以避免误差相互抵消的问题，因而可以准确反映实际预测误差的大小。

MAE可以表示预测与实际结果的接近程度。计算方法：

$$MAE = \frac{1}{n}\sum_{i=1}^{n}\left|y_i - \hat{y}_i\right|$$

MSE（Mean of the Squared Value of the Errors）。均方误差测量数据点的预测值与实际值之差的平方和。由于平方的关系，负值不会抵消正值，还会放大误差的影响。计算方法：

$$MSE = \frac{1}{n}\sum_{i=1}^{n}(y_i - \hat{y}_i)^2$$

RMSE（Square Root of the Mean of the Squared Errors）。均方根误差更积极地惩罚大错误而不是小错误，这意味着当大的错误特别不受欢迎时，RMSE应该更有用。计算方法：

$$RMSE = \sqrt{\frac{1}{n}\sum_{i=1}^{n}(y_i - \hat{y}_i)^2}$$

MAPE（Mean Absolute Percent Error）。MAPE（平均绝对误差百分比）以百分比来衡量误差的大小。计算方法：

$$MAPE = \frac{100}{n}\sum_{i=1}^{n}\left|\frac{y_i - \hat{y}_i}{y_i}\right|$$

R^2。介绍决定系数前首先介绍一下皮尔逊相关系数。皮尔逊相关系数是用于度量两个变量X和Y之间的相关（线性相关），其值介于−1与1之间。计算方法：

$$r = \frac{\sum(x-\bar{x})(y-\bar{y})}{\sqrt{\sum(x-\bar{x})^2(y-\bar{y})^2}} \text{ or } r = r_{xy} = \frac{n\sum x_i y_i - \sum x_i \sum y_i}{\sqrt{n\sum x_i^2 - \left(\sum x_i\right)^2}\sqrt{n\sum y_i^2 - \left(\sum y_i\right)^2}}$$

而决定系数代表可以由自变量X表示的因变量Y的差异（有多少百分比的Y可以被X所解释）。计算方法：

$$R^2 = \frac{SS_{\text{reg}}}{SS_{\text{total}}} = 1 - \frac{SS_{\text{error}}}{SS_{\text{total}}}$$

其中，

$$SS_{\text{error}} = \sum_i (y_i - \hat{y}_i)^2$$

$$SS_{\text{reg}} = \sum_i (\hat{y}_i - \bar{y})^2$$

R^2的缺陷。当我们人为地向系统中添加过多的自变量，SSE（Sum of Squares due to Error，和方差、误差平方和）会减少，从而R^2变大。因此我们采用下面的校正R^2惩罚了过多无意义的自变量。

Adjusted R^2。计算方法：

$$R_{\text{adj}}{}^2 = 1 - \left[\frac{(1-R^2)(n-1)}{n-k-1} \right]$$

其中n是样本个数，k是模型中解释变量的总数（不包括常数项）。

以上即为两种模型的常用评估方法。

3.6 基于决策树的肺炎数据集分析

肺炎是肺脏疾病，常见症状包括呼吸急促、呼吸困难、嗜睡，脱水、食欲减退，脉速、湿啰音，伴呼吸音减弱及支气管肺泡呼吸音等。依据病史及临床表现、体征，结合血常规检查及胸部X线检查有助诊断，痰培养连续两次分离出相同病原菌可确诊。本节所用肺炎数据集如表3-10所示，其中最后两条记录作为测试数据，完整30条记录数据集可见表3-3。

表3-10　肺炎数据集

ID	劳累度	舌苔情况	抽烟	咯浓痰	超过40岁	呼吸困难	咯血	白细胞总数	胸痛	肺炎诊断结论
1	良好	舌红苔黄	经常	经常	是	是	经常	高	经常	是
2	良好	舌红苔黄	经常	无	是	是	经常	高	经常	是
…	…	…	…	…	…	…	…	…	…	…
27	轻微	正常	无	无	是	否	无	正常	无	否
28	极度	舌红苔黄	经常	经常	是	是	经常	高	经常	是
29	极度	舌红苔黄	无	经常	是	是	经常	高	经常	是 ?
30	中等	正常	无	无	是	否	无	正常	无	否 ?

3.6.1 决策树构建过程

将上述数据集作为输入构建决策树，其实验结果如图3-11所示。

表3-11肺炎数据集的ID3实验结果将上述数据集作为输入构建决策树，其实验结果如下：

表3-11　肺炎数据集的ID3实验结果

迭代次数	劳累度	舌苔情况	抽烟	咯浓痰	超过40岁	呼吸困难	咯血	白细胞总数	胸痛	最优特征
1	0.349	0.229	0.188	0.620	0.067	0.658	0.538	0.801	0.620	白细胞总数
2	0.114	0.179	0.009	0.237	0.009	0.179	0.000	—	0.237	咯浓痰
3	1.000	1.000	0.000	—	0.000	1.000	0.000	—	1.000	劳累度

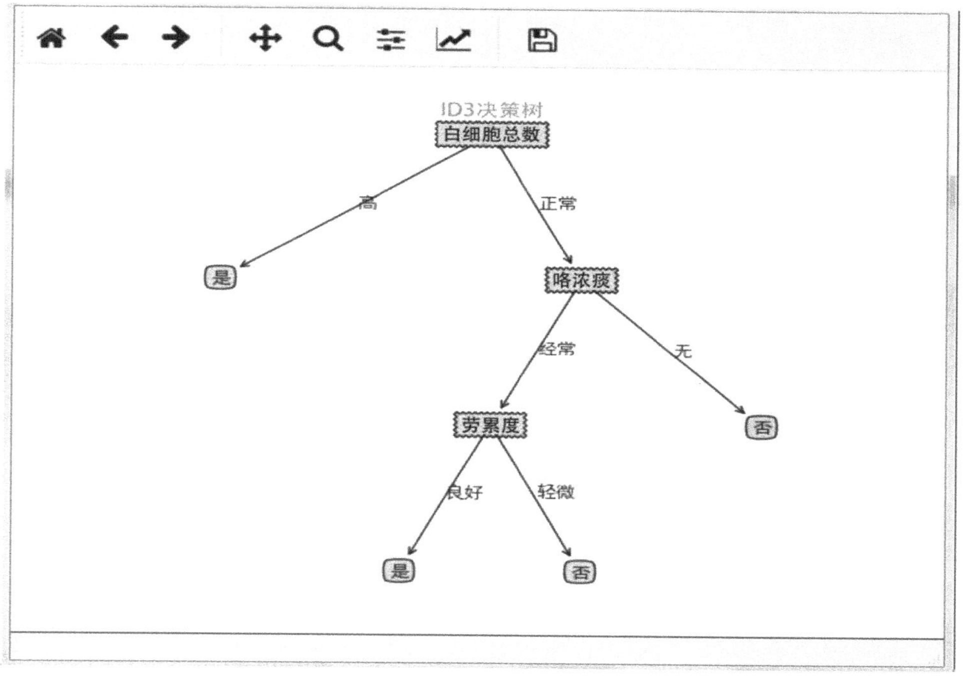

图3-11　构建肺炎病人数据集决策树

通过运行算法代码，计算数据集每个属性的信息增益值，将信息增益值作为第一影响因素，通过三次计算，全部的信息增益为0或1，分类结束，得出决策树分类模型。

下面以表3-10中前20个记录数据构造ID3决策树，以后10个记录数据做测试，实验结果如表3-12所示。

表3-12　肺炎数据集的ID3决策树分类效果

肺炎诊断结论	Precision（%）	Recall（%）	F1（%）
是	46.2	77.8	58.3
否	21.6	52.6	30.7

由图3-11可知，基于Python的决策树分类算法能够运行，并能够实现测试样本的正确分类。实验结果表明，第七个特征的信息增益为0.801最大，即最重要的影响因素为白细胞总数是否过高，而咯浓痰为第二主要影响因素，劳累度为第三影响因素。该算法先选择具有最大信息增益的特征作为根结点，根据该特征的值将训练样本分开为不同的子集，然后对不同的子集重复进行分类，直到信息增益全部为0或1时分类结束，根据分类结果构造一棵决策树。通过分类实验证明白细胞过高、咯浓痰、劳累度高的病人患有肺炎。但实验结果表明，ID3决策树返回相关实例的能力，即精确度相对较好；而识别所有相关实例的能力，即召回率相对较差；且调和平均指标，即F_1的整体最佳模型出现在阈值0.58处，患病。

3.6.2 三种决策树

算法运行过程如下：

数据集长度：28

Ent(D)：0.9666186325481028

以下为首次寻找最优索引：

ID3中第0个特征的信息增益：0.440
ID3中第1个特征的信息增益：0.201
ID3中第2个特征的信息增益：0.201
ID3中第3个特征的信息增益：0.598
ID3中第4个特征的信息增益：0.070
ID3中第5个特征的信息增益：0.637
ID3中第6个特征的信息增益：0.518
ID3中第7个特征的信息增益：0.789
ID3中第8个特征的信息增益：0.598
ID3算法的最优特征索引：7

C4.5中第0个特征的信息增益率：0.233
C4.5中第1个特征的信息增益率：0.201
C4.5中第2个特征的信息增益率：0.207
C4.5中第3个特征的信息增益率：0.619
C4.5中第4个特征的信息增益率：0.086
C4.5中第5个特征的信息增益率：0.703
C4.5中第6个特征的信息增益率：0.520
C4.5中第7个特征的信息增益率：0.801

```
C4.5中第8个特征的信息增益率：0.619
C4.5算法的最优特征索引：7
--------------------------------------------------
CART中第0个特征的基尼值：0.000
CART中第1个特征的基尼值：0.000
CART中第2个特征的基尼值：0.000
CART中第3个特征的基尼值：0.000
CART中第4个特征的基尼值：0.000
CART中第5个特征的基尼值：0.000
CART中第6个特征的基尼值：0.000
CART中第7个特征的基尼值：0.000
CART中第8个特征的基尼值：0.000
CART算法的最优特征索引：0
首次寻找最优索引结束！
--------------------------------------------
下面开始创建相应的决策树
请选择决策树:->(1:ID3; 2:C4.5; 3:CART)|('enter q to quit!')|：1
ID3中第0个特征的信息增益：0.440
ID3中第1个特征的信息增益：0.201
ID3中第2个特征的信息增益：0.201
ID3中第3个特征的信息增益：0.598
ID3中第4个特征的信息增益：0.070
ID3中第5个特征的信息增益：0.637
ID3中第6个特征的信息增益：0.518
ID3中第7个特征的信息增益：0.789
ID3中第8个特征的信息增益：0.598
此时最优索引：白细胞总数
ID3中第0个特征的信息增益：0.113
ID3中第1个特征的信息增益：0.184
ID3中第2个特征的信息增益：0.011
ID3中第3个特征的信息增益：0.247
ID3中第4个特征的信息增益：0.011
ID3中第5个特征的信息增益：0.184
ID3中第6个特征的信息增益：0.000
ID3中第7个特征的信息增益：0.247
此时最优索引：咯浓痰
ID3中第0个特征的信息增益：1.000
```

ID3中第1个特征的信息增益：1.000
ID3中第2个特征的信息增益：0.000
ID3中第3个特征的信息增益：0.000
ID3中第4个特征的信息增益：1.000
ID3中第5个特征的信息增益：0.000
ID3中第6个特征的信息增益：1.000
此时最优索引：劳累度
ID3desicionTree:
{'白细胞总数': {'高': '是', '正常': {'咯浓痰': {'经常': {'劳累度': {'良好': '是', '轻微': '否'}}, '无': '否'}}}}
下面为测试数据集结果：
ID3_TestSet_classifyResult:
['是', '否']

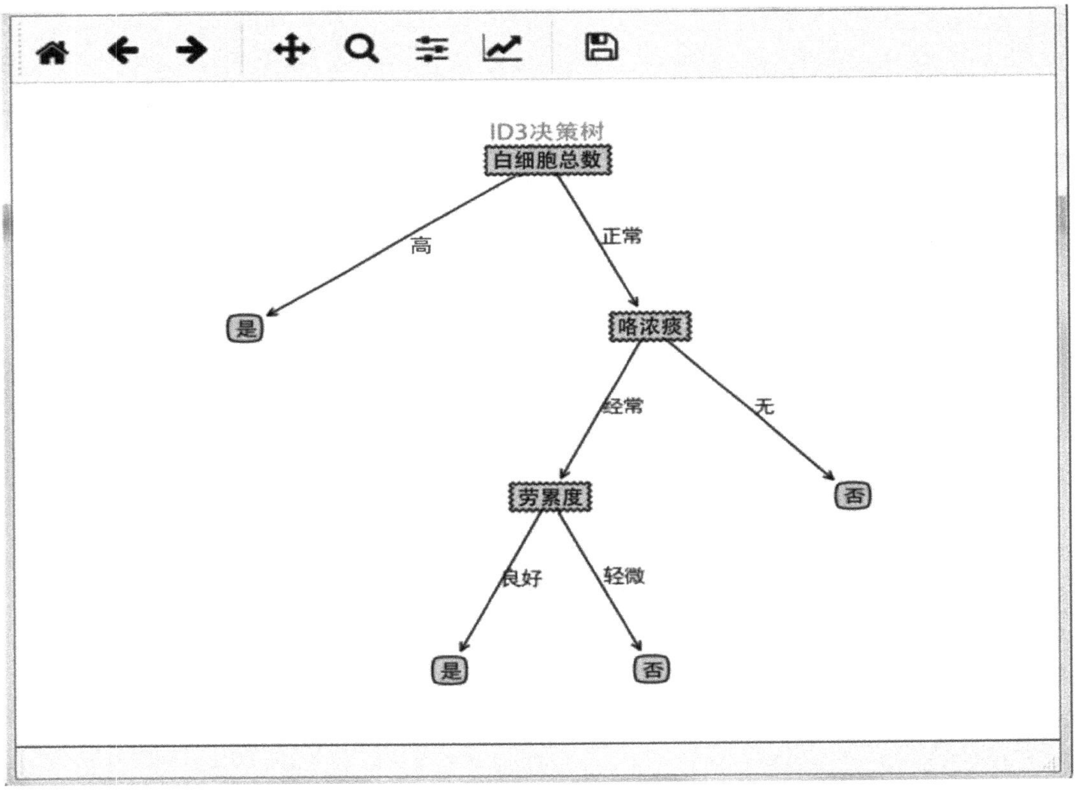

图3-12　肺炎数据集的ID3决策树

请选择决策树:->(1:ID3; 2:C4.5; 3:CART)|('enter q to quit!')|：2

C4.5中第0个特征的信息增益率：0.233
C4.5中第1个特征的信息增益率：0.201
C4.5中第2个特征的信息增益率：0.207
C4.5中第3个特征的信息增益率：0.619
C4.5中第4个特征的信息增益率：0.086
C4.5中第5个特征的信息增益率：0.703
C4.5中第6个特征的信息增益率：0.520
C4.5中第7个特征的信息增益率：0.801
C4.5中第8个特征的信息增益率：0.619
此时最优索引：白细胞总数
C4.5中第0个特征的信息增益率：0.115
C4.5中第1个特征的信息增益率：0.227
C4.5中第2个特征的信息增益率：0.026
C4.5中第3个特征的信息增益率：0.380
C4.5中第4个特征的信息增益率：0.026
C4.5中第5个特征的信息增益率：0.227
C4.5中第7个特征的信息增益率：0.380
此时最优索引：咯浓痰
C4.5中第0个特征的信息增益率：1.000
C4.5中第1个特征的信息增益率：1.000
C4.5中第4个特征的信息增益率：1.000
C4.5中第6个特征的信息增益率：1.000
此时最优索引：劳累度
C45desicionTree:
{'白细胞总数': {'高': '是', '正常': {'咯浓痰': {'经常': {'劳累度': {'良好': '是', '轻微': '否'}}, '无': '否'}}}}
下面为测试数据集结果：
C4.5_TestSet_classifyResult:
['是', '否']

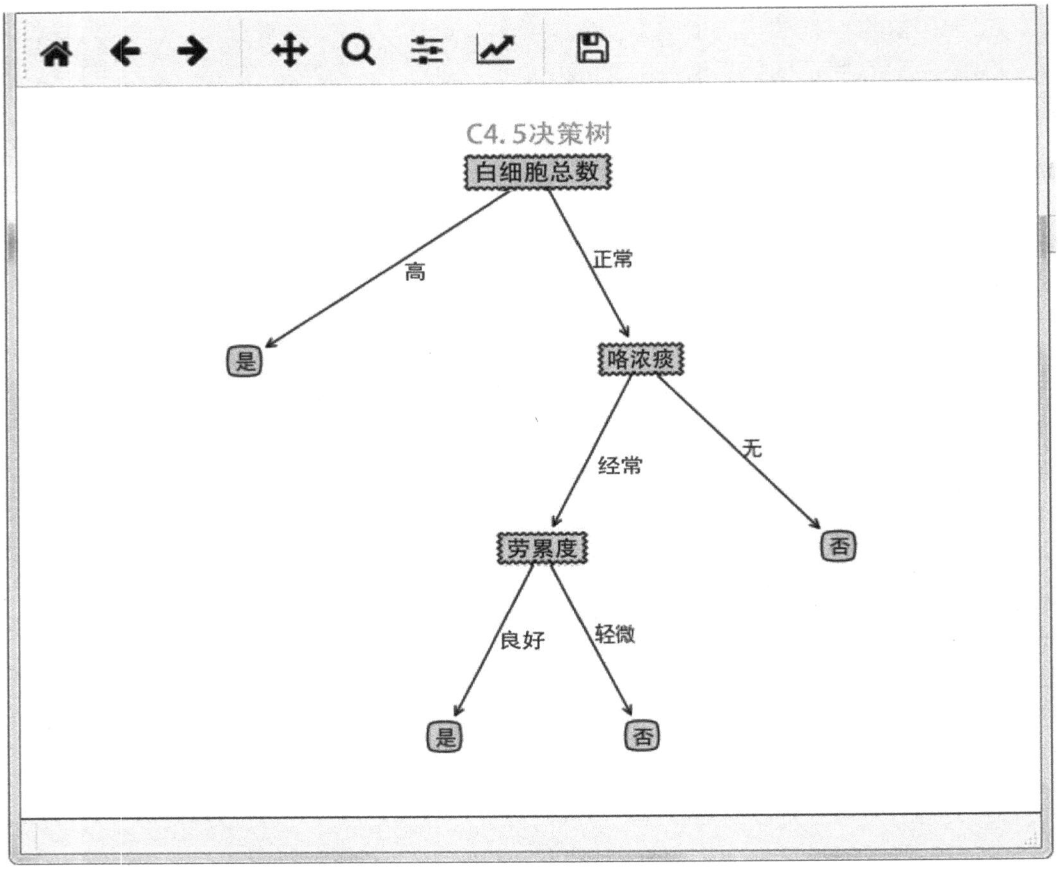

图3-13　肺炎数据集的C4.5决策树

```
-----------------------------------------------
请选择决策树:->（1:ID3; 2:C4.5; 3:CART）|（'enter q to quit!'）|: 3
CART中第0个特征的基尼值：0.000
CART中第1个特征的基尼值：0.000
CART中第2个特征的基尼值：0.000
CART中第3个特征的基尼值：0.000
CART中第4个特征的基尼值：0.000
CART中第5个特征的基尼值：0.000
CART中第6个特征的基尼值：0.000
CART中第7个特征的基尼值：0.000
CART中第8个特征的基尼值：0.000
此时最优索引：劳累度
CART中第0个特征的基尼值：0.000
CART中第1个特征的基尼值：0.000
```

CART中第2个特征的基尼值：0.000
CART中第3个特征的基尼值：0.000
CART中第4个特征的基尼值：0.000
CART中第5个特征的基尼值：0.000
CART中第6个特征的基尼值：0.000
CART中第7个特征的基尼值：0.000
此时最优索引：舌苔情况
CART中第0个特征的基尼值：0.000
CART中第1个特征的基尼值：0.000
CART中第2个特征的基尼值：0.000
CART中第3个特征的基尼值：0.000
CART中第4个特征的基尼值：0.000
CART中第5个特征的基尼值：0.000
CART中第6个特征的基尼值：0.000
此时最优索引：抽烟
CART中第0个特征的基尼值：0.000
CART中第1个特征的基尼值：0.000
CART中第2个特征的基尼值：0.000
CART中第3个特征的基尼值：0.000
CART中第4个特征的基尼值：0.000
CART中第5个特征的基尼值：0.000
CART中第6个特征的基尼值：0.000
CART中第7个特征的基尼值：0.000
此时最优索引：舌苔情况
CART中第0个特征的基尼值：0.000
CART中第1个特征的基尼值：0.000
CART中第2个特征的基尼值：0.000
CART中第3个特征的基尼值：0.000
CART中第4个特征的基尼值：0.000
CART中第5个特征的基尼值：0.000
CART中第6个特征的基尼值：0.000
此时最优索引：抽烟
CART中第0个特征的基尼值：0.000
CART中第1个特征的基尼值：0.000
CART中第2个特征的基尼值：0.000
CART中第3个特征的基尼值：0.000
CART中第4个特征的基尼值：0.000

CART中第5个特征的基尼值：0.000

此时最优索引：咯浓痰

CARTdesicionTree:

{'劳累度': {'极度': '是', '轻微': {'舌苔情况': {'舌红苔黄': {'抽烟': {'经常': '是', '无': '否'}}, '正常': '否'}}, '良好': {'舌苔情况': {'舌红苔黄': '是', '正常': {'抽烟': {'无': {'咯浓痰': {'经常': '是', '无': '否'}}}}}}, '中等': '是'}}

下面为测试数据集结果：

CART_TestSet_classifyResult:

['是', '是']

请选择决策树:->（1:ID3; 2:C4.5; 3:CART）|（'enter q to quit!'）|：q

Process finished with exit code 0

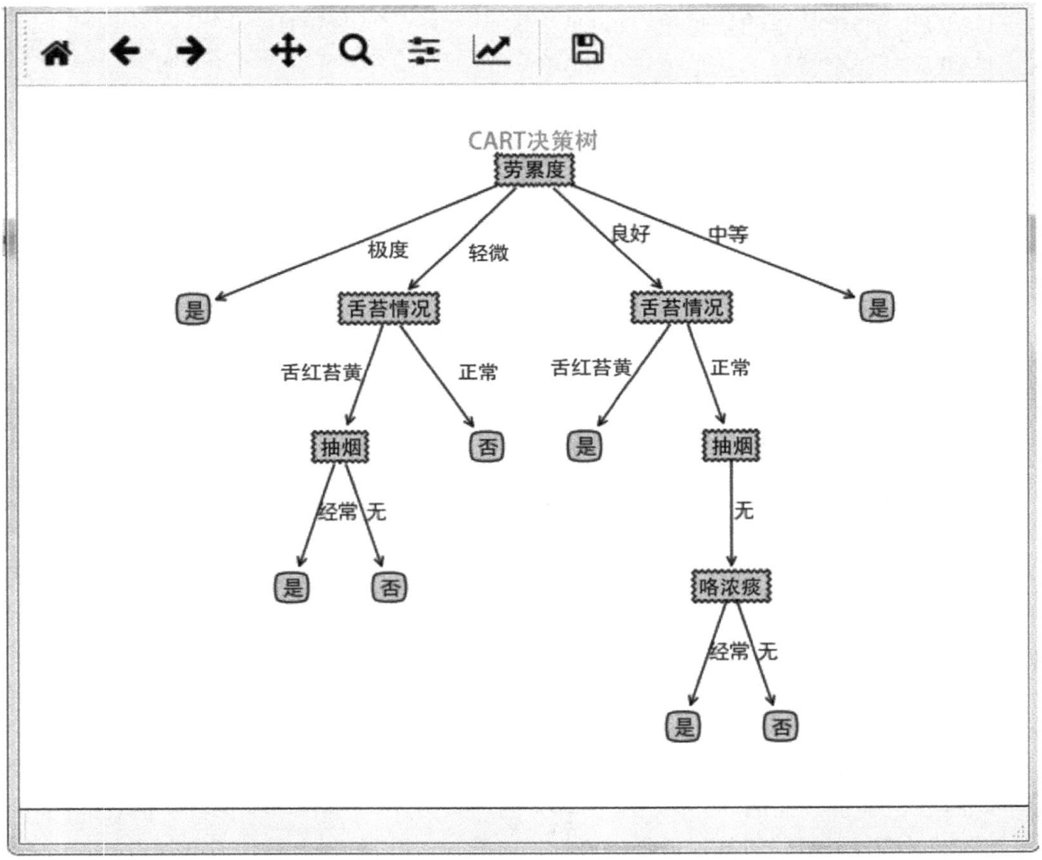

图3-14　肺炎数据集的CART决策树

第4章 医药数据的聚类分析

本章引言

《易·系辞》讲："方以类聚，物以群分，吉凶生矣。"方是用来聚类的，所以，东方就有东方这一类的东西，南方就有南方这一类的东西。"疒"这个形符加上"丙"以后，就揭示出一个很关键的问题：疾病的相关性。医学所关注的最核心问题就是相关性问题。

证型是中医理论中认识疾病、诊断疾病、治疗疾病、判断疾病预后，进行病后调养的基础。每一个疾病都有几个不同的证型，每个证型对应了疾病不同阶段的不同病理实质。另外，证型也反映了疾病的轻重，反映了疾病的危险程度。胸痹心痛存在血瘀证一直是研究的热点，中医通过聚类分析证实血瘀证是胸痹心痛最危险的临床证型。有研究结果表明，血瘀证与冠脉狭窄属于距离最近的一类。

本章主要讨论医药数据的聚类分析、相似度计算方法、KMeans算法、基于KMeans的药物聚类分析等问题和相关方法技术。

聚类分析组合而成的对象基于它们的相似性有很广泛的应用，相异度可以用多种类型的数据来计算。聚类算法可以分为划分方法、层次方法、基于密度的方法、基于网格的方法和基于模型的方法。离群点探测和分析对于欺诈探测等非常有用，可以用统计学方法，基于距离的方法和基于偏差的方法来实现，聚类作为预处理工具可以作为回归、PCA、分类以及关联分析的预处理。在聚类分析上仍旧存在许多研究问题，如基于约束的聚类。

什么是好的聚类方法？一个好的聚类方法将会产生高质量的簇。高簇内相似性：类内凝聚性；低簇间相似性：类间区分性。判定一个聚类方法的质量好坏依赖于用于该聚类方法的相似度度量、具体实现方法、能否发现部分或者所有隐藏的模式。

数据挖掘对聚类的要求：可伸缩性，即处理不同类型属性的能力，如数值型、二元类型、分类/标称类型、序数型，发现任意形状的聚类。基于欧氏距离或曼哈顿距离，偏向于发现具有相近尺寸和密度的球状簇。

4.1 医药数据的聚类分析

1. 聚类分析在医药领域的应用

聚类分析（Cluster Analysis）是根据事物本身的特性研究个体分类的方法，其原则是同一类中的个体有较大的相似性，不同类的个体差别比较大。根据分类对象的不同分为样品聚类和变量聚类。例如，已知29例儿童的血中血红蛋白、钙、镁、铁、锰、铜的含量如表4-1所示，试对数据进行变量聚类分析。

表4-1　儿童血红蛋白浓度与血中金属元素的数据集

Order	Ca	Mg	Fe	Mn	Cu	Hemogl
1	54.89	30.86	448.70	0.012	1.010	13.50
2	72.49	42.61	467.30	0.008	1.640	13.00
3	53.81	52.86	425.61	0.004	1.220	13.75
4	64.74	39.18	469.80	0.005	1.220	14.00
5	58.8	37.67	456.55	0.012	1.010	14.25
6	43.67	26.18	395.78	0.001	0.594	12.75
7	54.89	30.86	448.70	0.012	1.010	12.50
8	86.12	43.79	440.13	0.017	1.770	12.25
9	60.35	38.2	394.40	0.001	1.140	12.00
10	54.04	34.23	405.60	0.008	1.300	11.75
11	61.23	37.35	446.00	0.022	1.380	11.50
12	60.17	33.67	383.20	0.001	0.914	11.25
13	69.69	40.01	416.70	0.012	1.350	11.00
14	73.89	32.94	312.50	0.064	1.150	7.25
15	47.31	28.55	294.70	0.005	0.838	7.00
16	72.28	40.12	430.80	0.000	1.200	10.75
17	55.13	33.02	445.80	0.012	0.918	10.50
18	70.08	36.81	409.80	0.012	1.190	10.25
19	63.05	35.07	384.10	0.000	0.853	10.00
20	48.75	30.53	342.90	0.018	0.924	9.75
21	52.28	27.14	326.29	0.004	0.817	9.50
22	52.21	36.18	388.54	0.024	1.020	9.25
23	49.71	25.43	331.10	0.012	0.897	9.00
24	61.02	29.27	258.94	0.016	1.190	8.75
25	53.68	28.79	292.80	0.048	1.320	8.50
26	50.22	29.17	292.60	0.006	1.040	8.25
27	65.34	29.99	312.80	0.006	1.030	8.00
28	56.39	29.29	283.00	0.016	1.350	7.80
29	66.12	31.93	344.20	0.000	0.689	7.50

了解某三甲医院住院医疗质量情况及其特征，为医院医疗质量精细化管理提供决策

依据。选取反映医疗质量的多项指标，采用聚类分析法分析医疗质量特征，针对不同特征采取相应改进措施，可推动医院管理的标准化、专业化和精细化建设。

表4-2　某大型医院三年住院治疗情况

年/月	门诊人次（万）	出院人数	病床利用率（%）	病床周转次数（次）	平均住院天数（天）	治疗好转率（%）	病死率（%）	诊断符合率（%）	抢救成功率（%）
91.01	4.34	389	99.06	1.23	25.46	93.15	3.56	97.51	66.66
91.02	3.45	271	88.28	0.85	23.55	94.31	2.44	97.94	73.33
91.03	4.38	385	103.97	1.21	26.54	92.53	4.02	98.48	76.79
91.04	4.18	377	99.48	1.19	26.89	93.86	2.92	99.41	63.16
91.05	4.32	378	102.01	1.19	27.63	93.18	1.99	99.71	80.00
91.06	4.13	349	97.55	1.10	27.34	90.63	4.38	99.03	63.16
91.07	4.57	361	91.66	1.14	24.89	90.60	2.73	99.69	73.53
91.08	4.31	209	62.18	0.52	31.74	91.67	3.65	99.48	61.11
91.09	4.06	425	83.27	0.93	26.56	93.81	3.09	99.48	70.73
91.10	4.43	458	92.39	0.95	24.26	91.12	4.21	99.76	79.07
91.11	4.13	496	95.43	1.03	28.75	93.43	3.50	99.10	80.49
91.12	4.10	514	92.99	1.07	26.31	93.24	4.22	100.00	78.95
92.01	4.11	490	80.90	0.97	26.90	93.68	4.97	99.77	80.53
92.02	3.53	344	79.66	0.68	31.87	94.77	3.59	100.00	81.97
92.03	4.16	508	90.98	1.01	29.43	95.75	2.77	98.72	62.86
92.04	4.17	545	92.98	1.08	26.92	94.89	3.14	99.41	82.35
92.05	4.16	507	95.10	1.01	25.82	94.41	2.80	99.35	60.61
92.06	4.86	540	93.17	1.07	27.59	93.47	2.77	99.80	70.21
92.07	5.06	552	84.38	1.10	27.56	95.15	3.10	998.63	69.23
92.08	4.03	453	72.69	0.90	26.03	91.94	4.50	99.05	60.42
92.09	4.15	529	86.53	1.05	22.40	91.52	3.84	98.58	68.42
92.10	3.94	515	91.01	1.02	25.44	94.88	2.56	99.36	73.91
92.11	4.12	552	89.14	1.10	25.70	92.65	3.87	95.52	66.67
92.12	4.42	597	90.18	1.18	26.94	93.03	3.76	99.28	73.81
93.01	3.05	437	78.81	0.87	23.05	94.46	4.03	96.22	87.10
93.02	3.94	477	87.34	0.95	26.78	91.78	4.57	94.28	87.34
93.03	4.14	638	88.57	1.27	26.53	95.16	1.67	94.50	91.67
93.04	3.87	583	89.82	1.16	22.66	93.43	3.55	94.49	89.07
93.05	4.08	552	90.19	1.10	22.53	90.36	3.47	97.88	87.14

（续表）

年/月	门诊人次（万）	出院人数	病床利用率（%）	病床周转次数（次）	平均住院天数（天）	治疗好转率（%）	病死率（%）	诊断符合率（%）	抢救成功率（%）
93.06	4.14	551	90.81	1.09	3.06	91.65	2.47	97.72	87.13
93.07	4.04	574	81.36	1.14	26.65	93.74	1.61	98.2	93.02
93.08	3.93	515	76.87	1.02	23.88	93.82	3.09	95.46	88.37
93.09	3.90	555	80.58	1.10	23.08	94.38	2.06	96.82	91.79
93.10	3.62	554	87.21	1.10	22.5	92.43	3.22	97.16	87.77
93.11	3.75	586	90.31	1.12	23.73	92.47	2.07	97.74	93.89
93.12	3.77	627	86.47	1.24	23.22	91.17	3.40	98.98	89.80

医学图像数据聚类分析。随着脑部疾病（尤其是脑瘤）发生率的逐年上升，通过挖掘脑部医学图像来发现知识对辅助医生的诊断变得越来越重要。对于医生来说，确定脑部图像中是否存在占位是非常关键的。通过直接在每个图像的最基本元素——像素上进行两次聚类来判断可能存在的占位，然后使用分治的方法并行地对包含医学图像的对象进行分类，可实现基于像素聚类的脑部医学图像分类。

中医药数据聚类分析。证型是中医理论中认识疾病、诊断疾病、治疗疾病、判断疾病预后、进行病后调养的基础。每一个疾病都有几个不同的证型，每个证型对应了疾病不同阶段的不同病理实质。另外，证型也反映了疾病的轻重，反映了疾病的危险程度。胸痹心痛存在血瘀证一直是研究的热点，中医通过聚类分析证实，血瘀证是胸痹心痛最危险的临床证型，分析的结果是血瘀证与冠脉狭窄属于距离最近的一类。

应用聚类分析存在的问题：

（1）参数选择问题。聚类都涉及参数选择问题，如聚类数与距离函数（或密度函数）都需要人为设定，不同的参数设置通常会得到不同的聚类结果，尤其是面对高维稀疏数据时，聚类结果受距离函数（或密度函数）的影响更为突出。中医在症状、证候和复方药物的描述中具有高维性和稀疏性特征。例如，对3000多例糖尿病数据统计得知，常用的症状或中药名称约500种，证候描述约1000种，而每个患者描述的症状、中药与证候诊断约20种。

（2）聚类的单分配性。在“辨证”时，一种症状可表现在不同的证候中，一个患者可以表现出不同的证候；在利用复方“论治”时，一种中药可以出现在不同的复方里。所以在分析这些中医问题时，都不适合单纯使用聚类方法。

（3）中医药术语的语义复杂性。随着几千年语言文化的演变，中医术语普遍存在一词多义（Polysemy）和多词一义（Synonymy）的现象。如“喘”与“气喘”，“纳呆”与“厌食”以及“食欲不振”，“不寐”与“失眠”等在症状中的不同描述，在中草药中如“瓜蒌”与“瓜壳”，“姜”与“生姜”等的描述，在证候中如“伤寒”一词，可以是外感病的统称，也可以指外感风寒的感冒。在聚类挖掘中距离（或密度）的计算难以顾及特证词的语义问题。

2. **聚类分析概述**

聚类分析（Cluster Analysis）是一个将数据集中的所有数据，按照相似性划分为多个类别（Cluster，簇）的过程，簇是相似数据的集合。聚类分析将数据划分成有意义或有用的组（簇），其目标是组内的对象相互之间是相似的，而不同组中的对象是不同的。

聚类分析是一种无监督（Unsupervised Learning）分类方法：数据集中的数据没有预定义的类别标号（无训练集和训练的过程）。聚类分析之后，应尽可能保证类别相同的数据之间具有较高的相似性，而类别不同的数据之间具有较低的相似性。聚类分析仅根据在数据中发现的描述对象及其关系的信息将数据对象分组，聚类数据分类如图4-1所示。

样本编号	指标变量						
	x_1	…	x_s	…	x_t	…	x_k
1	x_{11}	…	x_{1s}	…	x_{1t}	…	x_{1k}
i	x_{i1}	…	x_{is}	…	x_{it}	…	x_{ik}
j	x_{j1}	…	x_{js}	…	x_{jt}	…	x_{jk}
n	x_{n1}	…	x_{ns}	…	x_{nt}	…	x_{nk}
指标均数	$\bar{x}_1$	…	$\bar{x}_s$	…	$\bar{x}_t$	…	$\bar{x}_k$
指标标准差	s_1	…	s_s	…	s_t	…	s_k

图4-1　聚类数据示例

聚类分析在数据挖掘中的作用：（1）作为一个独立的工具来获得数据集中数据的分布情况。首先，对数据集执行聚类，获得所有簇；然后，根据每个簇中样本的数目获得数据集中每类数据的大体分布情况。（2）作为其他数据挖掘算法的预处理步骤。首先，对数据进行聚类——粗分类；然后，分别对每个簇进行特征提取和细分类，可以有效提高分类精度。

有指导的学习和无指导的学习。有指导的学习（用于分类），模型的学习在被告知每个训练样本属于哪一类的“指导”下进行，新数据使用训练数据集中得到的规则进行分类。无指导的学习（用于聚类），每个训练样本的类编号是未知的，要学习的类集合或数量也可能是事先未知的，通过一系列的度量、观察来建立数据中的类编号或进行聚类。

聚类分析是把一个没有类别标记的样本集按某种标准分成若干个子集（类），使相似的样本尽可能归为一类，而不相似的样本尽量划分到不同的类中。思想：研究样本或指标（变量）之间存在着程度不同的相似性（亲疏），并按相似程度不同将指标和样本形成一个分类系统。

3. 聚类分析的类型

在聚类分析中，通常我们将根据分类对象的不同分为Q型聚类分析和R型聚类分析两大类。

Q型聚类分析是对样本进行分类处理。当聚类把所有的观测记录（Cases）进行分类时，它把性质相似的观测分在同一个类，性质差异较大的观测分在不同的类。Q型聚类分析的优点是可以综合利用多个变量的信息对样本进行分类；分类结果是直观的，聚类谱系图非常清楚地表现其数值分类结果；聚类分析所得到的结果比传统分类方法更细致、全面、合理。

R型聚类分析是对变量进行分类处理。当聚类把变量（Variables）作为分类对象时，这种聚类用在变量数目比较多且相关性比较强的情形，目的是将性质相近的变量聚类为同一个类，并从中找出代表变量，从而减少变量个数以达到降维的效果。R型聚类分析的主要作用是，不但可以了解个别变量之间关系的亲疏程度，而且可以了解各个变量组合之间的亲疏程度。根据变量的分类结果以及它们之间的关系，可以选择主要变量进行回归分析或Q型聚类分析。

4. 相似性度量

（1）描述两个样本之间的相似程度，距离

令 $X_i=(x_{i1},x_{i2},\cdots,x_{ik})$ 是第i个样本观察值，$X_j=(x_{j1},x_{j2},\cdots,x_{jk})$ 是第j个样本观察值，那么，样本 X_i 和 X_j 之间的欧氏距离：

$$d_{ij}=\sqrt{\sum_{t=1}^{k}(x_{it}-x_{jt})^2}$$

距离越小，说明两个样本的性质越相似。它的取值大小受量纲影响，不稳定。因此，一般使用标准化的距离公式。

（2）描述两个指标变量之间的相似程度、相似系数

令 $X_s=(x_{1s},x_{2s},\cdots,x_{ns})$ 是第s个指标变量，$X_t=(x_{1t},x_{2t},\cdots,x_{nt})$ 是第t个指标变量，那么，指标变量 X_s 和 X_t 之间的相关系数：

$$r_{st}=\frac{\sum_{i=1}^{n}(x_{is}-\overline{x}_s)(x_{it}-\overline{x}_t)}{\sqrt{\sum_{i=1}^{n}(x_{is}-\overline{x}_s)^2}\sqrt{\sum_{i=1}^{n}(x_{it}-\overline{x}_t)^2}}$$

相关系数越大，说明两个指标变量的性质越相似，这是一个无量纲统计量。

用来进行类型划分的统计量，对样本进行划分的统计量为距离，常用的距离有欧式距离、马氏距离、兰氏距离；对变量进行划分的统计量为相似系数，常用的相似系数有夹角余弦、相关系数。

5. **聚类分析原理与方法**

聚类分析原理。聚类分析是按照一批样本的亲疏（即距离远近）程度进行分类分析。聚类的途径是确定样本（或变量）间的距离或相似系数。

基于划分方法的聚类（Partitioning Method）。基于“上限—中心点—重心”的原理，以距离作为数据集中不同数据间的相似性度量，将数据集划分成多个簇。给定一个有N个元组或者记录的数据集，分裂法将构造K个分组，每个分组就代表一个聚类，$K<N$，而且这K个分组满足下列几个条件：每个分组至少包含一个数据记录；每一个数据记录属于且仅属于一个分组（在某些模糊聚类算法中可以放宽）。对于一个给定的K，算法首先给出一个初始的分组方法，以后通过反复迭代的方法改变分组，使得每一次改进之后的分组方案都较前一次好。好的标准就是同组记录越来越近，不同组记录越来越好。使用这个算法的基本思想：KMeans算法、Kmedoid算法、CLARANS算法。

4.2 相似度计算方法

1. **相似度计算方法**

样本之间的相似性通常采用样本之间的距离来表示：两个样本之间的距离越大，表示两个样本越不相似，差异性越大；两个样本之间的距离越小，表示两个样本越相似，差异性越小。特例：当两个样本之间的距离为零时，表示两个样本完全一样，无差异。

样本之间的距离是在样本的描述属性（特征）上进行计算的：连续型属性（如重量、高度、年龄等），二值离散型属性（如性别、考试是否通过等），多值离散型属性（如收入分为高、中、低等），混合类型属性（上述类型的属性至少同时存在两种）。

2. **连续型属性的相似性计算方法**

令 $X_i=(x_{i1},x_{i2},\cdots,x_{id})$ 是第i个样本观察值，$X_j=(x_{j1},x_{j2},\cdots,x_{jd})$ 是第j个样本观察值，它们都是d维的特征向量，并且每维特征都是一个连续型数值。那么，样本 X_i 和X_i之间的各种距离：

欧氏距离（Euclidean Distance）：

$$d(X_i,X_j)=\sqrt{\sum_{k=1}^{d}(X_{ik}-X_{jk})^2}$$

曼哈顿距离（Manhattan Distance）：

$$d(X_i,X_j)=\sum_{k=1}^{d}\left|X_{ik}-X_{jk}\right|$$

闵可夫斯基距离（Minkowski Distance）：

$$d(X_i,X_j)=(\sum_{k=1}^{d}\left|X_{ik}-X_{jk}\right|^{q})^{1/q}$$

Euclidean距离和Manhattan距离的性质：

$d(i, j) = 0$

$d(i, i) = 0$

$d(i, j) = d(j, i)$

$d(i, j) = d(i, k) + d(k, j)$

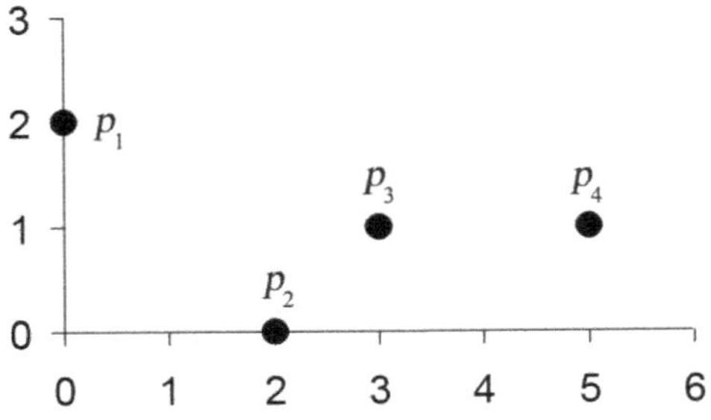

图4-2 相似性计算示例之平面图

表4-3 相似性计算示例之坐标数据

point	x	y
p_1	0	2
p_2	2	0
p_3	3	1
p_4	5	1

表4-4 欧氏距离的示例

	p_1	p_2	p_3	p_4
p_1	0	2.828	3.162	5.099
p_2	2.828	0	1.414	3.162
p_3	3.162	1.414	0	2
p_4	5.099	3.162	2	0

表4-5 曼哈顿距离的示例

	p_1	p_2	p_3	p_4
p_1	0	4	4	6
p_2	4	0	2	4
p_3	4	2	0	2
p_4	6	4	2	0

3. 二值离散型属性的相似性计算方法

二值离散型属性只有0和1两个取值。其中，0表示该属性为空，1表示该属性存在。

例如，描述病人是否抽烟的属性（Smoker），取值为1表示病人抽烟，取值为0表示病人不抽烟。

假设两个样本X_i和X_j分别表示成如下形式：

X_i=（x_{i1}，　x_{i2}，　…，　x_{ip} ）

X_j=（x_{j1}，　x_{j2}，　…，　x_{jp} ）

它们都是p维的特征向量，并且每维特征都是一个二值离散型数值。

假设二值离散型属性的两个取值具有相同的权重，则可以得到一个两行两列的可能性矩阵。

表4-6　二值离散型属性的相似性计算方法示例

	1	**0**	**sum**
1	a	b	$a+b$
0	c	d	$c+d$
sum	$a+c$	$b+d$	p

a = the number of attributes where X_i was 1 and X_j was 1;

b = the number of attributes where X_i was 1 and X_j was 0;

c = the number of attributes where X_i was 0 and X_j was 1;

d = the number of attributes where X_i was 0 and X_j was 0.

如果样本的属性都是对称的二值离散型属性，则样本间的距离可用简单匹配系数（Simple Matching Coefficients，SMC）计算：

$$SMC=(b+c)/(a+b+c+d)$$

其中，对称的二值离散型属性是指属性取值为1或者0同等重要。

例如，性别就是一个对称的二值离散型属性，即用1表示男性，用0表示女性；或者用0表示男性，用1表示女性是等价的，属性的两个取值没有主次之分。

如果样本的属性都是不对称的二值离散型属性，则样本间的距离可用Jaccard系数计算（Jaccard Coefficients，JC）：

$$JC=(b+c)/(a+b+c)$$

其中，不对称的二值离散型属性是指属性取值为1或者0不是同等重要。

例如，血液的检查结果是不对称的二值离散型属性，阳性结果的重要程度高于阴性结果，因此通常用1来表示阳性结果，而用0来表示阴性结果。

例：已知两个样本p=[1 0 0 0 0 0 0 0 0 0]和q= [0 0 0 0 0 0 1 0 0 1]

a = 0（the number of attributes where p was 1 and q was 1）

b = 1（the number of attributes where p was 1 and q was 0）

c = 2（the number of attributes where p was 0 and q was 1）

d = 7（the number of attributes where p was 0 and q was 0）

$SMC=(b+c)/(a+b+c+d)$
$=(1+2)/(0+1+2+7)$
$=0.3$

$JC=(b+c)/(a+b+c)$
$=(1+2)/(0+1+2)$
$=1$

4. 多值离散型属性的相似性计算方法

多值离散型属性是指取值个数大于2的离散型属性。

例如，成绩可以分为优、良、中、差。

假设一个多值离散型属性的取值个数为N，给定数据集$X=\{x_i \mid i=1, 2, \cdots, total\}$。

其中，每个样本X_i可用一个d维特征向量描述，并且每维特征都是一个多值离散型属性，即$X_i=(x_{i1}, x_{i2}, \cdots, x_{id})$。

问题：给定两个样本$X_i=(x_{i1}, x_{i2}, \cdots, x_{id})$和$x_j=(x_{j1}, x_{j2}, \ldots, x_{jd})$，如何计算它们之间的距离？

方法一：简单匹配方法。

距离计算公式如下：

$$d(x_i, x_j)=\frac{d-u}{d}$$

其中，d为数据集中的属性个数，u为样本x_i和x_j取值相同的属性个数。

表4-7　多值离散型属性的相似性计算示例数据

样本序号	年龄段	学历	收入
x_1	青年	研究生	高
x_2	青年	本科	低
x_3	老年	本科以下	中
x_4	中年	研究生	高

$d(x_1, x_2)=(3-1)/3\approx 0.667$

$d(x_1, x_3)=(3-0)/3=1$

$d(x_1, x_4)=(3-2)/3\approx 0.333$

方法二：先将多值离散型属性转换成多个二值离散型属性，然后再使用Jaccard系数计算样本之间的距离。

对有N个取值的多值离散型属性，可依据该属性的每种取值分别创建一个新的二值离散型属性，这样可将多值离散型属性转换成多个二值离散型属性。

表4-8　多值离散型属性的相似性计算结果

样本序号	青年	中年	老年	本科以下	本科	研究生	高	中
x_1	0	0	1	0	0	1	1	0
x_2	0	0	1	0	1	0	0	0
x_3	1	0	0	1	0	0	0	1
x_4	0	1	0	0	0	1	1	0

5. 混合类型属性的相似性计算方法

问题：对于包含混合类型属性的数据集，如何计算样本之间的相似性？

方法：将混合类型属性放在一起处理，进行一次聚类分析。

假设：给定的数据集$X=\{x_i \mid i=1, 2, \cdots, total\}$，每个样本用$d$个描述属性$A_1$，$A_2$，…，$A_d$来表示，属性$A_j$（$1 \leqslant j \leqslant d$）包含多种类型。

在聚类之前，对样本的属性值进行预处理：对连续型属性，将其各种取值进行规范化处理，使得属性值规范化到区间[0.0，1.0]；对多值离散型属性，根据属性的每种取值将其转换成多个二值离散型属性。预处理之后，样本中只包含连续型属性和二值离散型属性。

给定两个样本$x_i = (x_{i1}, x_{i2}, \cdots, x_{id})$和$x_j = (x_{j1}, x_{j2}, \ldots, x_{jd})$，它们之间的距离：

$$d(x_i, x_j) = \frac{\sum_{k=1}^{d} \delta_{ij}^{(k)} d_{ij}^{(k)}}{\sum_{k=1}^{d} \delta_{ij}^{(k)}}$$

其中，$d_{ij}^{(k)}$表示x_i和x_j在第k个属性上的距离。

$\delta_{ij}^{(k)}$表示第k个属性对计算x_i和x_j距离的影响。

当第k个属性为连续型时，使用如下公式来计算$d_{ij}^{(k)}$：

$$d_{ij}^{(k)} = | x_{ik} - x_{jk} |$$

当第k个属性为二值离散型时，如果$x_{ik}=x_{jk}$，则$d_{ij}^{(k)} = 0$；否则，$d_{ij}^{(k)} = 1$。

$\delta_{ij}^{(k)}$表示第k个属性对计算x_i和x_j距离的影响。（1）如果x_{ik}或x_{jk}缺失（即样本x_i或样本x_j没有第k个属性的度量值），则$\delta_{ij}^{(k)}=0$。（2）如果$x_{ik}= x_{jk}=0$，且第k个属性是不对称的二值离散型，则$\delta_{ij}^{(k)}=0$。（3）除了上述（1）和（2）之外的其他情况下，则$\delta_{ij}^{(k)}=1$。

4.3 KMeans算法

1. KMeans算法简介

给定n个样本的数据集以及要生成的簇的数目k，划分方法将样本组织为k个划分（$k \leqslant n$），每个划分代表一个簇。

划分准则：同一个簇中的样本尽可能接近或相似，不同簇中的样本尽可能远离或不相似，以样本间的距离作为相似性度量。

典型的划分方法：KMeans（*k*–均值），由簇中样本的平均值来代表整个簇。kmedoids（*k*-中心点），由处于簇中心区域的某个样本代表整个簇，KMeans算法示例如图4-3所示。

//KMeans**算法步骤：**

输入：样本数据集*D*，聚类簇数*k*；

输出：聚类簇的集合；

Step1.（随机）选择*k*个聚类的初始中心；

Step2.对任意一个样本点，求其到*k*个聚类中心的距离，将样本点归类到距离最小的中心的聚类，如此迭代*n*次；

Step3.每次迭代过程中，利用均值等方法更新各个聚类的中心点（质心）；

Step4.对*K*个聚类中心，利用第2、3步迭代更新后，如果位置点变化很小（可以设置阈值），则认为达到稳定状态，迭代结束，对不同的聚类块和聚类中心可选择不同的颜色标注。

簇不再发生变化或准则函数收敛。平方误差准则，*P*是空间中的点，m_i是簇C_i的平均值：

$$E=\sum_{i=1}^{k}\sum_{p\in C_i}\left|p-m_i\right|^2$$

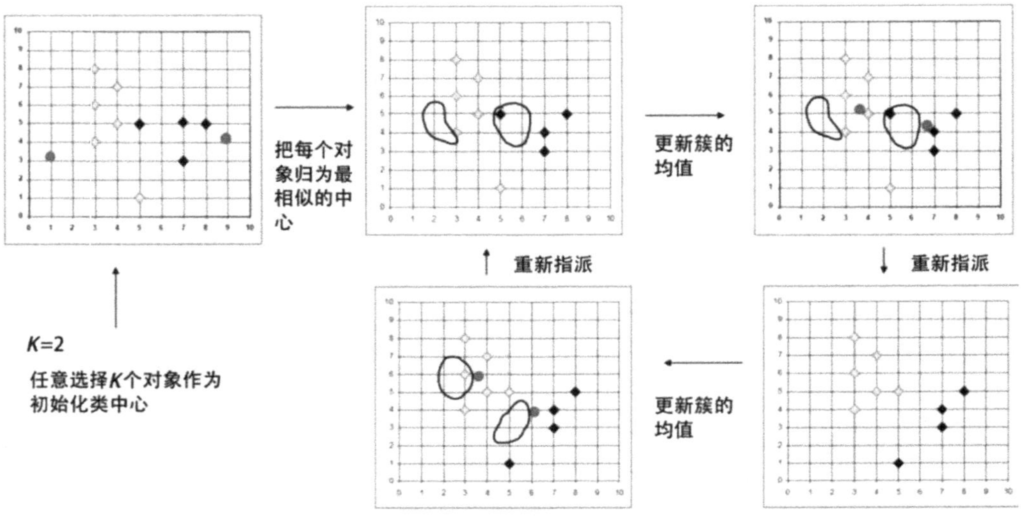

图4-3　KMeans算法示例

由图4-3可以看出，KMeans的基本算法是很容易理解的，算法本身也简单，运行较快，所以，KMeans可用于非常大型的数据集。但是，KMeans也有一些缺点：

（1）对初始值敏感。KMeans可能由于初始值选择的不同，导致最终的结果不同。scikit-learn里面KMeans算法的参数中有个“init”参数，将其设置成“init = KMeans++”，可以在初始化均值向量的时候让它们之间尽量分开。

（2）对特殊分布的数据集不能够得出合理的结果。

2. KMeans算法示例

Kmeans算法示例数据如表4-9所示。

表4-9　KMeans算法示例数据

序号	属性1	属性2
1	1	1
2	2	1
3	1	2
4	2	2
5	4	3
6	5	3
7	4	4
8	5	4

根据所给的数据通过对其实施KMeans（设n=8，k=2），其主要执行以下步骤：

第一次迭代：假定随机选择的两个对象，如将序号1和序号3当作初始点，分别找到离两点最近的对象，并产生两个簇{1，2}和{3，4，5，6，7，8}。

对于产生的簇分别计算平均值，得到平均值点。

对于{1，2}，平均值点为（1.5，1）；

对于{3，4，5，6，7，8}，平均值点为（3.5，3）。

第二次迭代：通过平均值调整对象所在的簇，重新聚类，即将所有点按离平均值点（1.5，1）（3.5，3）最近的原则重新分配。得到两个新的簇：{1，2，3，4}和{5，6，7，8}。重新计算簇平均值点，得到新的平均值点为（1.5，1.5）和（4.5，3.5）。

第三次迭代：将所有点按离平均值点（1.5，1.5）和（4.5，3.5）最近的原则重新分配，调整对象，簇仍然为{1，2，3，4}和{5，6，7，8}，发现没有出现重新分配，而且准则函数收敛，程序结束。

KMeans算法迭代过程如图4-4所示。

迭代次数	平均值（簇1）	平均值（簇2）	产生的新簇	新平均值（簇1）	新平均值（簇2）
1	（1，1）	（1，2）	{1，2}，{3，4，5，6，7，8}	（1.5，1）	（3.5，3）
2	（1.5，1）	（3.5，3）	{1，2，3，4}，{5，6，7，8}	（1.5，1.5）	（4.5，3.5）
3	（1.5，1.5）	（4.5，3.5）	{1，2，3，4}，{5，6，7，8}	（1.5，1.5）	（4.5，3.5）

图4-4　KMeans算法迭代过程

假设对于相同的样本数据，若随机选择的两个初始点为序号4和7。

问题1：结果与前面会一样吗？

问题2：有何结论?

KMeans算法的评价准则：误差平方和准则。

$$E=\sum_{i=1}^{k}\sum_{p\in C_i}\left|p-m_i\right|^2$$

误差平方和达到最优（小）时，可以使各聚类的类内尽可能紧凑，而使各聚类之间尽可能分开。

对于同一个数据集，由于KMeans算法对初始选取的聚类中心敏感，因此可用该准则评价聚类结果的优劣。

通常，对于任意一个数据集，KMeans算法无法达到全局最优，只能达到局部最优。

3. KMeans算法优缺点

优点：可扩展性较好，算法复杂度为0（nkt）。其中：n为样本个数，k是簇的个数，t是迭代次数。

缺点：簇数目k需要事先给定，但非常难以选定；初始聚类中心的选择对聚类结果有较大的影响；不适合于发现非球状簇；对噪声和离群点数据敏感。

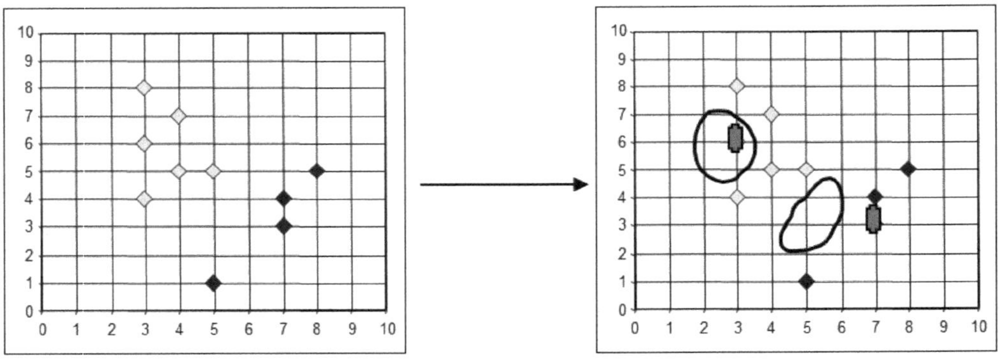

图4-5 KMeans算法初始聚类中心的选择

4. KMeans方法的变种

有许多KMeans算法的变种，区别在于初始k个平均值的选择、相异度的计算、计算聚类平均值的策略。例如处理分类数据，k-众数方法，用众数代替簇的平均值；采用新的相异度度量；采用基于频率的方法更新簇众数；混合处理分类和数值数据：k-原型方法（k-prototype）；将k-均值和k-众数方法综合起来。K-Medoids：用中心点（位于簇最中心位置的对象）而不是簇中对象的平均值作为参考点。

4.4 其他聚类方法

聚类分析的算法可以分为划分的方法（Partitioning Method）、层次的方法（Hierarchical Method）、基于密度的方法（Density-based Method）、基于网格的方法（Grid-based Method）、基于模型的方法（Model-based Method）等，其中，前两种方法最常用。

1. 划分的方法（Partitioning Method）

基于“上限—中心点—重心”的原理，以距离作为数据集中不同数据间的相似性度量，将数据集划分成多个簇。给定一个有N个元组或者记录的数据集，分裂法将构造K个分组，每个分组就代表一个聚类，$K<N$ ，而且这K个分组满足下列几个条件：每个分组至少包含一个数据记录；每一个数据记录属于且仅属于一个分组（在某些模糊聚类算法中可以放宽）。对于一个给定的K，算法首先给出一个初始的分组方法，以后通过反复迭代的方法改变分组，使得每一次改进之后的分组方案都较前一次好。好的标准就是同组记录越来越近，不同组记录越来越好。使用这个算法的基本思想：KMeans算法、Kmedoid算法、CLARANS算法。

2. 层次法（Hierarchical Method）

层次方法是对给定数据对象集合进行层次的分解。凝聚，自底向上；分裂，自顶向下。缺点是一旦一个步骤（合并或分裂）完成，它就不能被撤销，因此，不能更正错误的决定。代表算法有BIRCH算法（利用层次方法的平衡迭代归约和聚类）、CURE算法（利用代表点聚类）。

层次的方法，指依次让最相似的数据对象两两合并，这样不断地合并，最终就形成了一个聚类数。

AGNES（Agglomerative Nesting）是凝聚的层次聚类算法，如果簇C_1中的一个对象和簇C_2中的一个对象之间的距离是所有属于不同簇的对象间欧氏距离最小的，C_1和C_2可能被合并。这是一种单连接方法，其每个簇可以被簇中的所有对象代表，两个簇之间的相似度由这两个簇中距离最近的数据点对的相似度来确定。

DIANA（Divisive Analysis）算法属于分裂的层次聚类。首先将所有的对象初始化到一个簇中，然后根据一些原则（比如最邻近的最大欧氏距离）将该簇分类，直到到达用户指定的簇数目或者两个簇之间的距离超过了某个阈值。层次聚类示例如图4-6所示。

3. 基于密度的方法（Density-based Method）

它与其他方法的根本区别：不是基于各种各样的距离的算法，而是基于密度的算法，这样就能克服基于距离的算法只能发现“类圆形”聚类的缺点。其主要思想是，只要临近区域的密度超过某个阈值，就继续聚类。这样的方法可以用来过滤“噪声”孤立点数据，发现任意形状的簇。代表算法有DBSCAN算法（基于高密度连接区域的密度聚类方法）、OPTICS算法、DENCLUE算法。

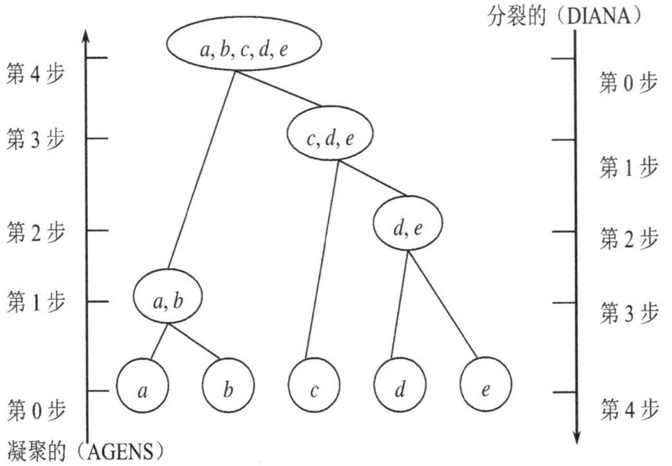

图4-6　层次聚类法示例

4. **基于网格的方法（Grid-based Method）**

基于网格的聚类方法采用一个网格数据结构，把对象空间量化为有限数目的单元，形成了一个网格结构。优点是处理速度很快，其处理时间独立于数据对象的数目，只与量化空间中每一维的单元数目有关。代表算法有STING算法（统计信息风格）、CLIQUE算法、WAVE-CLUSTER算法。

5. **基于模型的方法（Model-based Method）**

给每个聚类假设一个模型（如密度分布函数），然后去寻找能很好地满足这个模型的数据集。它潜在的一个假定是，目标数据集是由一系列的概率分布所决定的。通常有两种：统计的方案和神经网络方案。

在病理分析时发现肺癌患者的头发中微量元素的含量与正常人相比有异常变化。如果以Cr、Cd及As含量的一个函数作为变量x_1，$x_1=f$（Cr, Cd, As）；以Se、Zn含量的另一个函数作为变量x_2，则$x_2=g$（Se,Zn），在以x_1为横坐标，x_2为纵坐标的平面上，每个检查者按这些微量元素的含量在该平面上占据一点，其分布情况如下：

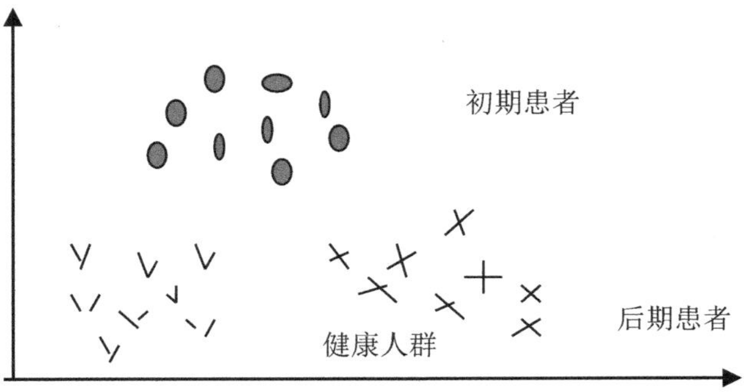

图4-7　肺癌患者的头发中微量元素的聚类分析示例

4.5 基于KMeans的药物聚类分析

慢性胃炎是严重危害人类生活质量的临床常见病和多发病，发病率呈逐年上升趋势。本书以关联规则与模糊聚类方法研究中医防治慢性胃炎的方药量效规律，有利于促进宁夏中医药事业的可持续发展。本节收集扈永升老中医对慢性胃炎的治疗药方，建立方剂数据库，主要包含药名表、方剂表、方药表；利用Matlab对药物的性味归经模糊化，找出各单味药之间的相似关系；根据药物的性味归经和出现的频次，进行KMeans聚类分析，得到谱系图和对应元素。

//基于KMeans的药物聚类分析：

输入：处方信息1（In_CodeTCM_Name.csv），其中包含处方中出现的总共108味药及其编号。

处方信息2（inData108.csv），其中每一行是一味药的信息，包含四类：第一类是各味药出现的频次，即第一列；第二类是药性，即第2～8列；第三类是药味，即第9～13列；第四类是归经，即第14～22列。

输出：聚类信息（out_MyCluster.csv），其中每一行表示一类，包含该分类下的所有药名。

部分代码如下：

```
k_cluster=3;
[cidx3，cmeans3，sumd3，D3] = kmeans（X，k_cluster，'dist'，'sqEuclidean'）;
clf;
[silh3，h3] = silhouette（X，cidx3，'sqeuclidean'）
```

在这里，我们通过不断改变*k*值（即改变分类数量），输出不同的谱系图，最终证明，当*k*=3时（即聚为3类）为最优分类。

结果与分析：当*k*=3时，输出谱图如图4-8所示，谱系图对应的元素如表4-10所示。

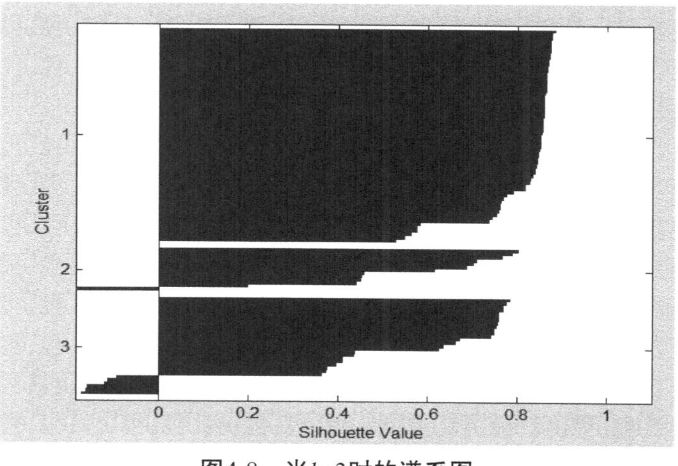

图4-8　当*k*=3时的谱系图

表4-10　谱系图对应的元素

类别	元素
第一类	扁豆，谷芽，麦冬，肉桂，檀香，五灵脂，沉香，赤芍，川芎，大枣，丁香，连翘，木瓜，香橼，薏苡仁，薄荷，草豆蔻，附子，红花，黄芪，石斛，瓜蒌，沙参，生地黄，石膏，天花粉，栀子，大腹皮，贝母，代代花，熟地黄，玄参，知母，百合，蒲黄，没药，毕拨，刺猬皮，白芷，荜澄茄，代赭石，莪术，人参，乳香，三七粉，山药，乌梅，乌贼骨，杏仁，玉竹，茯神，五味子，茵陈蒿，防风，通草，金银花，甘松，紫苏梗，白茅根，地榆，龙胆草，滑石，天门冬，冬瓜子，藕节
第二类	甘草，陈皮，白芍，砂仁，麦芽，黄芩，生姜，半夏，木香，香附，延胡索，神曲，吴茱萸
第三类	黄连，白术，川楝子，丹参，党参，藿香，茯苓，竹茹，枳壳，当归，厚朴，青皮，紫苏，柴胡，莱菔子，乌药，槟榔，佛手，高良姜，鸡内金，山楂，瓦楞子，郁金，枳实，苍术，桂枝，大黄，蒲公英，太子参，旋覆花

从表4-10来看，甘草、陈皮、白芍、砂仁、麦芽、黄芩、生姜、半夏等归为一类，这些均为频次较高的常用药；黄连、白术、川楝子、丹参、党参、藿香等归为一类，这些药大部分具有补益的功效；扁豆、谷芽、麦冬、肉桂、檀香、五灵脂、沉香等归为一类，这些大部分是不常用但必不可少的药。从图4-8可以看出，存在着个别异常点，说明这种分类基本符合临床用药规律，具有一定程度的可信性，但存在个别反常现象。

在本节中，采用KMeans算法对方剂中包含的108味药进行了聚类。通过Matlab得到了当k=3时的谱系图和相应的聚类元素。从分析结果来看，基本符合临床经验，为进一步研究其中的规律奠定了基础。

第5章　Hadoop

本章引言

本章主要讨论大数据概述、Hadoop、HDFS、MapReduce问题，MapReduce的计算模式、开发环境、应用程序开发、编程过程等问题以及基于NB和Hadoop的药品安全舆情的话题跟踪问题和相关方法技术。

大数据时代如何从网络媒体发布的药品安全事件、药品安全监管及药品安全形势等医药新闻报道中跟踪药品安全舆情，是卫生部门和医药企业研判舆情的关键。本章利用八爪鱼采集器从某医药网获取2012年12月25日—2015年4月29日间9888条医药新闻，经数据清洗和人工筛选，选取了八类药品安全领域话题，共5667例实验数据。采用Hadoop平台和朴素贝叶斯分类算法实现药品安全话题跟踪。研究结果表明，基于Hadoop平台的朴素贝叶斯分类算法的准确率较好、召回率较差，调和平均指标F_1值为0.57时，模型整体最佳。

5.1 大数据概述

大数据（Big Data）指的是所涉及的资料量规模巨大到无法通过目前主流软件工具，在合理时间内达到撷取、管理、处理并整理成为帮助企业经营决策并实现更积极目的的资讯。（1）大数据可以做到的事情：诊断分析，预测分析，在未知元素间寻找关联，规范的分析，监控发生的事件；（2）大数据不可以做到的事情：预测一个确定的未来，归咎于新的数据源，找到一个商业问题的创新解决方案，找到定义不是很明确的问题的解决方法，数据管理/简化新数据源的数据。

IT产业的几个发展阶段如下。（1）硬件时代（20世纪80年代），代表公司：IBM、HP、Apple、联想、东芝、索尼；代表产品：服务器、台式电脑、笔记本电脑。（2）软件时代（20世纪90年代），代表公司：微软、Oracle、Adobe、用友；代表产品：Windows、Oracle、Office、财务软件。（3）互联网时代（2000—2010年），代表公司：yahoo!、亚马逊、google、facebook、twitter、新浪、阿里、腾讯、百度；代表产品：三大门户网站、百度搜索、QQ、人人网、淘宝、天猫、京东。（4）移动互联时代（2010—2020年），代表公司：腾讯、字节跳动、美图科技；代表产品：微信、今日头条、口袋购物、滴滴打车、美图秀秀、墨迹天气、高德地图。（5）物联网时代（现在），物联网时代智能硬件（智能手环、google眼镜等）只是物联网的一部分，电视、冰箱、洗衣机、汽车、实时路况、空的车位都能连上网，可以实时查看，远程控制，互联网将真正实现连接人与信息，连接人与人（社交），连接人与商品（电商），连接人与服务（O2O），连接物与物（物联网），互联网将连接一切！

传统大数据和大数据的特点如表5-1所示。

表5-1　传统数据和大数据的特点

比较项	传统数据	大数据
数据产生方式	被动采集数据	主动生成数据
数据采集密度	采样密度较低，采样数据有限	利用大数据平台，可对需要分析事件的数据进行密度采样，精确获取事件全局数据
数据源	数据源获取较为孤立，不同数据之间添加的数据整合难度较大	利用大数据技术，通过分布式技术、分布式文件系统、分布式数据库等技术对多个数据源获取的数据进行整合处理
数据处理方式	大多采用离线处理方式，对生成的数据集中分析处理，不对实时产生的数据进行分析	较大的数据源、响应时间要求低的应用可以采取批处理方式集中计算；响应时间要求高的实时数据处理采用流处理的方式进行实时计算，并通过对历史数据的分析进行预测分析

大数据的主要来源：（1）信息管理系统，企业内部使用的信息系统，如办公自动

化、业务管理系统等。主要是通过用户输入和系统二次加工的方式生成的数据，多为结构化数据。（2）网络信息系统，如电子商务系统、社交网络、社会媒体等。这类系统多为半结构化或无结构化数据，与前者的区别在于内部使用，不接入外部公共网络。（3）物联网系统，通过传感器获取外界的物理、化学、生物等数据信息。（4）科学实验系统，主要用于学术科学研究，其环境是预先设定的，数据既可以是由真实实验产生，也可以通过模拟方式获取仿真的。

数据生成的三种主要方式：（1）被动式生成数据。采用数据库技术阶段数据的产生是被动的，数据是随着业务系统的运行产生的。（2）主动式生成数据。Web2.0、移动互联网的发展使人们可以随时随地通过移动终端生成数据，人们开始主动地生成数据。（3）感知式生成数据。感知技术的发展促进数据生成方式发生了根本性的变化，如遍布城市各个角落的摄像头等数据采集设备源源不断地自动采集、生成数据。

传统大数据与大数据的分析如表5-2所示，数据工程的技术框架如图5-1所示。

表5-2　传统数据分析与大数据分析

比较项	传统数据分析	大数据分析
分析对象	部分数据的采样	全部数据
分析类型	结构化数据	结构化、半/非结构化数据
精确性	必须接受精确的、规范化的数据	可以是非精确的、非规范化的、不完整的数据
分析算法	对算法的要求比较高	算法简单有效
分析结果	注重因果关系	更注重相关性，而非因果关系

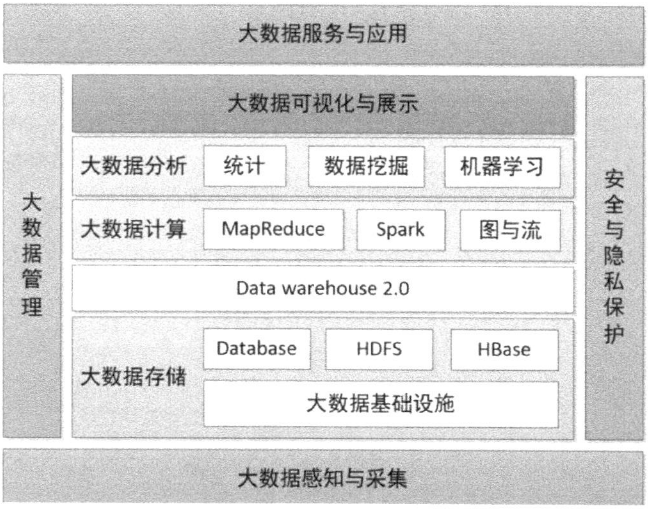

图5-1　数据工程的技术框架

大数据的整体技术：数据采集、数据存取、基础架构、数据处理、统计分析、数据挖掘、模型预测和结果呈现等。

大数据的处理流程：第一步，获取结构化数据、半结构化数据、非结构化数据；第二步，数据抽取和数据集成；第三步，机器学习、数据挖掘、数据统计；第四步，可视化和人机交互；第五步，终端用户。

大数据技术分类：（1）基础架构支持类，云计算平台、云存储、虚拟化技术、网络技术、资源监控技术；（2）数据采集类，数据总线、ETL工具；（3）数据存储类，分布式文件系统、关系型数据库、NoSQL技术、关系型数据库与非关系型数据库融合、内存数据库；（4）数据计算类，数据查询、统计与分析、数据预测与挖掘、知识图谱、业务智能；（5）展现与交互类，图形与报表、可视化工具、增强现实技术。

互联网大数据处理的技术体系与一般意义上的大数据技术体系的差别主要体现在：（1）数据获取层。这里所面对的更主要的是互联网上各种类型数据。（2）大数据计算与存储层。由于互联网大数据涉及的数据类型更丰富，对这些数据的计算处理与存储和普通的关系型数据有较大差异。（3）数据挖掘模型与算法层。由于数据类型、数据源更加丰富，也对数据挖掘提出了更多的需求，从而体现出与普通大数据技术体系不同的特点。

互联网大数据处理的技术体系如图5-2所示。

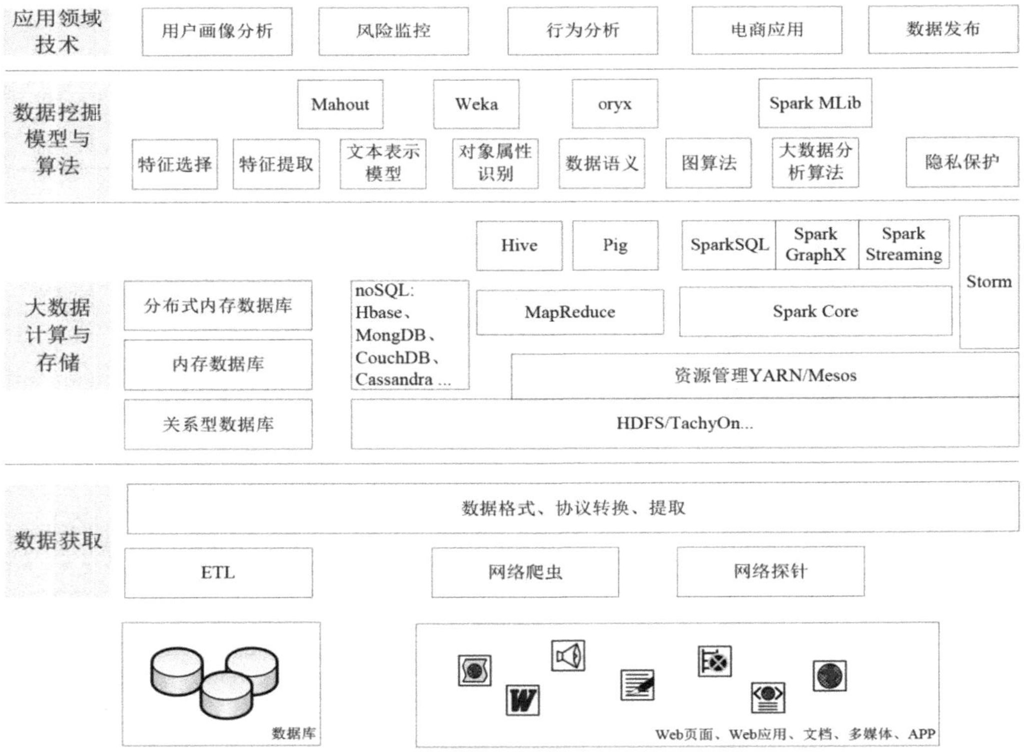

图5-2　互联网大数据处理的技术体系

5.2 Hadoop

1. Hadoop概述

Hadoop是一个能够对大量数据进行分布式处理的软件框架，是一个能够让用户轻松架构和使用的分布式计算平台。Spark是一个基于内存计算的开源集群计算系统，目的是更快速地进行数据分析。Storm是一种开源软件，一个分布式、容错的实时计算系统。Apache Drill，为了帮助企业用户寻找更为有效、加快Hadoop数据查询的方法，Apache软件基金会发起了一项名为Drill的开源项目。大数据未来发展趋势：数据资源化、数据科学和数据联盟的成立、大数据隐私和安全问题，开源软件成为推动大数据发展的动力，大数据在多方位地改善我们的生活。Hadoop的核心思想如表5-3所示。

表5-3 Hadoop的核心思想

Google	Hadoop	功能	论文
GFS	HDFS	分布式文件系统	The Google File System
MapReduce	MapReduce	分布式处理模型	MapReduce:Simplified Data Processing on Large Cluster
BigTable	Hbase	分布式数据库	A Distributed Storage System for Structured Data
Sawzal	Pig,Hive	高级数据流语言	Interpreting the data: Parallel analysis with Sawzall
Chubby	ZooKeeper	解决一致性	The Chubby Lock Service for Loosely-Coupled Distributed Systems

Hadoop的架构与组成：Hadoop的核心模块包含HDFS、MapReduce和Common。HDFS是分布式文件系统，MapReduce提供了分布式计算编程框架，Common是Hadoop体系最底层的一个模块，为Hadoop各模块提供基础服务。

Hadoop的特点：Hadoop可以高效地存储并管理海量数据，同时分析这些海量数据以获取更多有价值的信息。Hadoop中的HDFS可以提高读写速度和扩大存储容量，因为HDFS具有优越的数据管理能力，并且是基于Java语言开发的，具有容错性高的特点，所以，Hadoop可以部署在低廉的计算机集群中。Hadoop中的MapReduce可以整合分布式文件系统上的数据，保证快速分析处理数据。与此同时，还采用存储冗余数据来保证数据的安全性。

2. Hadoop生态系统

Hadoop体系中HDFS解决海量数据存储，YARN解决资源管理调度问题，MapReduce解决海量数据分析，HBase解决分布式实时数据库，Spark解决内存计算问题，Flume和Spoop解决数据采集问题，Zookeeper提供分布式协作服务。Hadoop体系如图5-3所示。

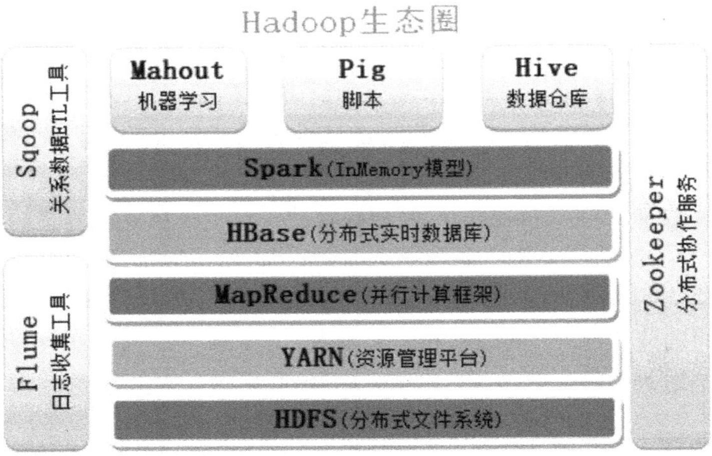

图5-3　Hadoop体系

Hadoop 1.0生态系统主要是指Hadoop 1.X及其以前的版本（Hadoop 0.23.X除外），并包含很多相关子系统的完整的大数据处理生态系统。Hadoop 1.0生态系统的集群架构主要是以MapReduce和HDFS为核心，其管理节点（Master Node）主要负责两个核心功能：大数据存储（HDFS）和数据并行计算（MapReduce）的管理。Hadoop 1.0生态系统的集群架构如图5-4所示。

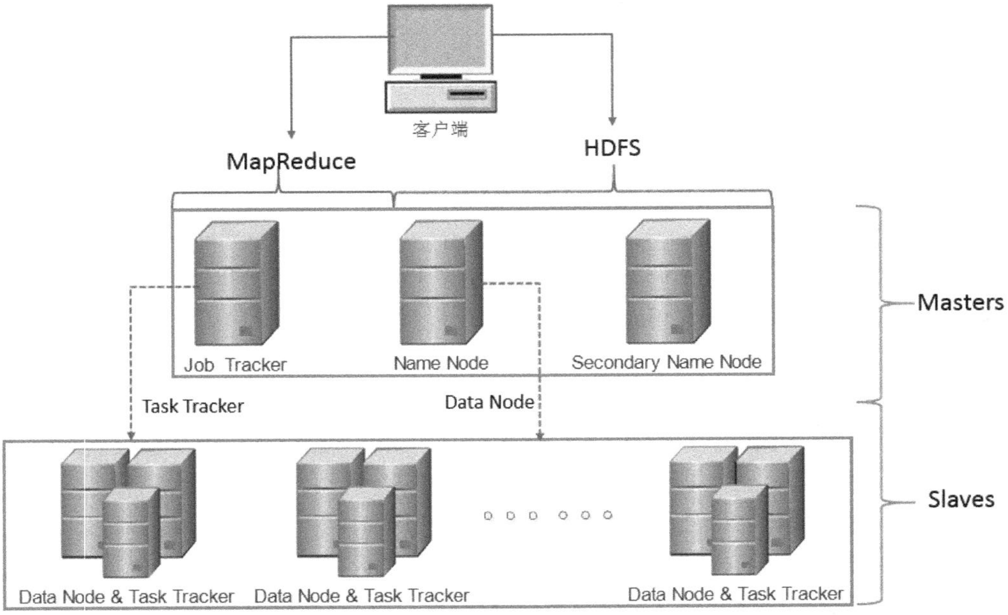

图5-4　Hadoop 1.0生态系统的集群架构

Hadoop 2.0生态系统主要是指Hadoop 2.X及以后版本，并包含很多相关子系统的完整的大数据处理生态系统。Hadoop 2.0生态系统的集群架构主要是以MapReduce、HDFS和YARN为核心，但总体上仍然是Master/Slave结构。Hadoop 2.0生态系统集群架构如图5-5所示。

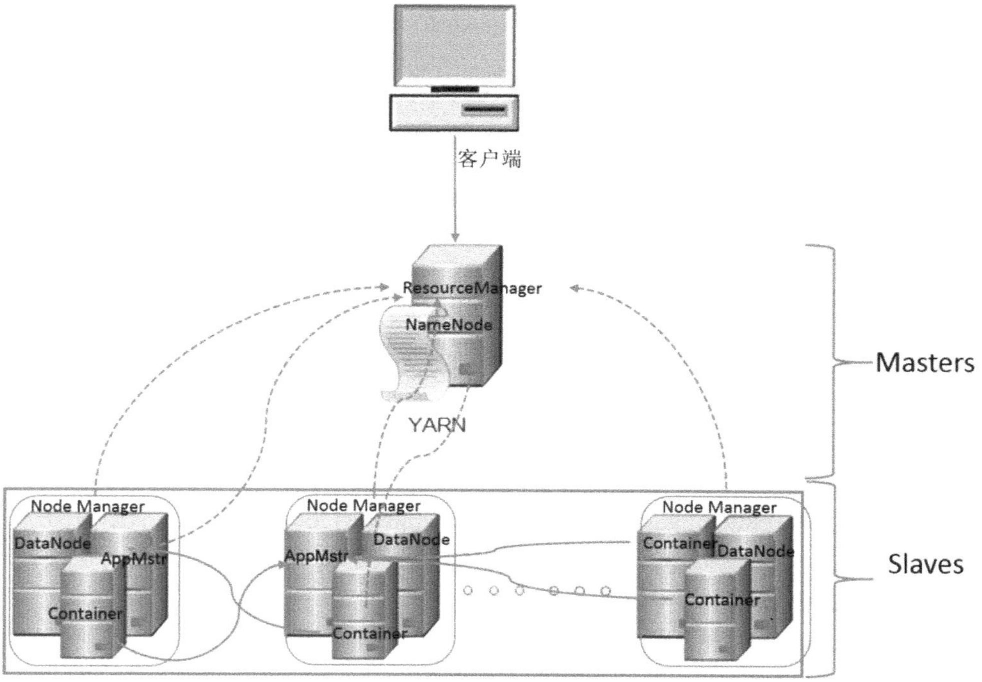

图5-5　Hadoop 2.0生态系统的集群架构

3. Hadoop运行环境

服务器角色及服务类型：Master，Name Node，Secondary Name Nade，Job Tracker，Data Node。

Master的功能：运行Name Node、Job Tracker和Secondary Name Node节点。配置基线：CPU，双四核英特处理器；内存，24GB DDR3；网卡，2×1GB Ethernet；硬盘，至少两块SATA。说明：如果中等规模集群（400节点以上），就要考虑内存翻倍，即考虑再增加24G内存；对于大型集群，最好再翻倍，即96G以上会更好一些。

Name Node的功能：记录HDFS中元数据，即包括文件名、权限、所有者、所有组、每个文件对应的Block列表，以及每个Block的副本目前存在于哪个机器上。配置基线：内存，足够的内存；硬盘，适当的专用硬盘（稳定性至关重要）。说明：Name Node信息会随着集群的使用以及规模的增大而增加；大约100万个Block（64M或128M）或文件会占据Name Node 1GB的内存。

Secondary Name Nade的功能：功能同Name Node。配置基线：内存，足够的内存；

硬盘，专用硬盘（稳定性至关重要）。说明：建议与Name Node使用一样的硬件配置，便于维护管理；Hadoop 2.0生态系统支持Name Node HA，而其中的Standby Name Node取代了Secondary Name Node，但两者功能相同，因此，二者硬件配置一样。

Job Tracker的功能：在内存中记录所有Job和Task的状态、计数器、进行情况等。配置基线：内存，满足需求大内存；CPU，双六核英特处理器。说明：Job Tracker在内存中默认保留100个运行过的Job信息；Job Tracker的内存使用情况是无法估计的，一定要关注Job Tracker的内存占用情况。

Data Node的功能：每个节点同时既是计算也是存储。配置基线：内存，64GB DDR3；网卡，双1GB网卡；硬盘控制器，SAS 6GB/S；硬盘，12×3 TB SATA；网络，2×1GB Ethernet。说明：对于存储，由于HDFS默认是三个副本，如果系统每天产生1TB数据，则HDFS的需求就增长3TB；对于计算，运行MapReduce需要一定的临时空间，一般考虑按照磁盘空间的20%～30%作为MapReduce的临时目录。

4. 单节点部署

基础知识：熟悉虚拟机（virtualbox/vmware），熟悉Linux基本命令（下载文件，使用vi/vim编辑文件，创建文件和创建目录）。

准备工作：在虚拟机中安装好Linux（centos7），使用桥接模式配好网络。

单节点部署安装步骤：在虚拟机中安装Centos7，安装ssh，安装rsync。安装openJDK，确认jdk版本。下载Hadoop的安装包，解压Hadoop，在Hadoop的配置文件（etc/Hadoop/Hadoop-env.sh）中增加环境变量JAVA_HOME。验证配置，运行MapReduce任务。

5. 伪分布式部署

安装步骤：SSH免密码登录安装ssh，生成公钥和私钥，将公钥放到目标机器的~/.ssh/authorized_keys中，验证。修改配置文件core-site.xml，hdfs-site.xml。格式化NameNode，启动NameNode和DataNode的守护进程，通过web检查dfs状态，验证dfs是否正常工作，配置YARN。

6. 集群部署

准备工作：准备六台Linux服务器，分别配置六台机器的名字为m1～m6，并指定静态IP地址。所有机器配置本地机器名解析，所有机器之间配置ssh免密码登录，关闭防火墙。下载Hadoop安装包，并解压到适当的位置，所有机器上使用相同版本的jdk和Hadoop，并且保证Hadoop的目录在相同的位置。

准备工作的验证：验证本地机器名解析正常，验证ssh免密码配置成功。在每台机器上运行java –version，检查jdk版本，在每台机器上检查防火墙状态。

配置文件：配置Hadoop参数，配置etc/Hadoop/Hadoop-env.sh，配置core-site.xml，配置etc/Hadoop/hdfs-site.xml，配置etc/Hadoop/mapred-site.xml，配置etc/Hadoop/yarn-site.xml，配置etc/Hadoop/slaves，分发配置文件。

启动集群：格式化NameNode，启动NameNode，启动DataNode，启动全部dfs进程，启动ResourceManager，启动NodeManager，启动JobHistory Server，用浏览器检查web接口工作是否正常（见图5-6），关闭集群。

图5-6　用浏览器检查web接口

7. Hadoop常用命令

$bin/Hadoop 显示帮助

$bin/Hadoop fs 文件操作

$bin/Hadoop jar 运行MapReduce程序

$bin/Hadoop version 查看Hadoop版本

$bin/Hadoop checknative 检查Hadoop的本地库

-cat path/file 输出文本文件的内容

-appendToFile 本地文件 集群文件 将本地文件的内容追加到集群文件结尾

-copyFromLocal 本地文件 集群文件 将本地文件复制到集群

-copyToLocal 集群文件 本地文件 将集群文件复制到本地

-cp 集群原文件 集群目标文件 复制集群文件

-mv 集群原文件 集群目标文件 移动或重命名文件

-ls 路径 列出集群文件或者目录

-mkdir 路径 在集群中创建目录

-setrep [参数] [副本数] [路径] 设置文件副本数

$sbin/start-all.sh $sbin/stop-all.sh 启动集群所有服务/关闭集群所有服务

$sbin/start-dfs.sh $sbin/stop-dfs.sh 启动dfs 关闭dfs

$sbin/start-yarn.sh $sbin/stop-yarn.sh 启动YARN 关闭YARN

$sbin/Hadoop-daemon.sh [start|stop] 服务名 单个Hadoop服务启动或者关闭

$sbin/Hadoop-daemons.sh [start|stop] 服务名 全部slaves上的Hadoop服务启动或者关闭

$sbin/yarn-daemon.sh [start|stop] 服务名 单个yarn服务的启动或者关闭

$sbin/yarn-daemons.sh [start|stop] 服务名 全部slaves上的yarn服务启动或者关闭

$bin/hdfs secondarynamenode 以控制台的方式启动SecondaryNameNode

$bin/hdfs namenode 以控制台的方式启动NameNode

$bin/hdfs datanode 以控制台的方式启动DataNode

5.3 HDFS

1. HDFS简介

HDFS（Hadoop Distributed FileSystem，简称HDFS）是Hadoop架构下的分布式文件系统。

HDFS是Hadoop的一个核心模块，负责分布式存储和管理数据，具有高容错性、高吞吐量等优点，并提供了多种访问模式。HDFS能做到对上层用户的绝对透明，使用者不需要了解内部结构就能得到HDFS提供的服务。并且，HDFS提供了一系列的API，可以让开发者和研究人员快速编写基于HDFS的应用。

Metadata是元数据，元数据信息包括名称空间、文件到文件块的映射、文件块到DataNode的映射三部分。

NameNode是HDFS系统中的管理者，负责管理文件系统的命名空间，维护文件系统的文件树及所有的文件和目录的元数据。

Secondary NameNode的作用是以备NameNode发生故障时进行数据恢复。

DataNode是HDFS文件系统中保存数据的节点。

Client是客户端，HDFS是文件系统的使用者。

块是HDFS中的存储单位，默认为64MB。

2. HDFS的特点

高效硬件响应，HDFS可能由成百上千的服务器所构成，每个服务器上都存储着文件系统的部分数据。错误检测和快速、自动恢复是HDFS的重要特点。流式数据访问，运行在HDFS上的应用和普通的应用不同，需要流式访问它们的数据集。大规模数据集，运行在HDFS上的应用具有很大的数据集。简单一致性模型，HDFS应用采用“一次写入多次读取”的文件访问模型。异构软硬件平台间的可移植性，HDFS在设计的时候就考虑到平台的可移植性，这种特性方便了HDFS作为大规模数据应用平台的推广。

3. HDFS的体系结构

HDFS采用了主从结构构建，NameNode为Master（主），其他DataNode为Slave（从）。HDFS的体系结构如图5-7所示。

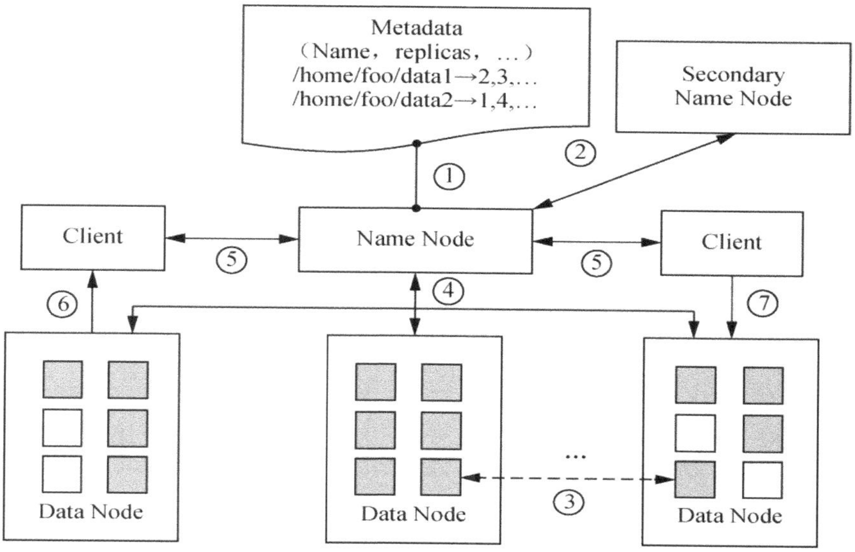

图5-7　HDFS的体系结构

4. HDFS的相关技术

文件命名空间，HDFS使用的系统结构是传统的层次结构。但是，在做好相应的配置后，对于上层应用来说，就几乎可以当成普通文件系统来看待，忽略HDFS的底层实现。

权限管理，HDFS支持文件权限控制，但是目前的支持相对不足。HDFS采用了Unix权限码的模式来表示权限，每个文件或目录都关联着一个所有者用户和用户组以及对应的权限码rwx。

元数据管理。Name Node是HDFS的元数据计算机，在其内存中保存着整个分布式文件系统的两类元数据：文件系统的命名空间，即系统目录树；数据块副本与DataNode的映射，即副本的位置。

单点故障问题。一旦NameNode失效，将导致整个HDFS集群无法正常工作。Secondary NameNode可以部分解决这个问题。除了Secondary NameNode，其他相对成熟的解决方案还有Backup Node方案、DRDB方案、AvatarNode方案。

数据副本。HDFS是用来为大数据提供可靠存储的，这些应用所处理的数据一般保存在大文件中。HDFS存储文件时，会将文件分成若干个块，每个块又会按照文件的副本因子进行备份。

通信协议。HDFS是应用层的分布式文件系统，节点之间的通信协议都是建立在TCP/IP协议之上的。HDFS有三个重要的通信协议：Client Protocol、Client Data Node

Protocol和Data Node Protocol。

容错。HDFS的设计目标之一是具有高容错性。集群中的故障主要有三类：Node Server故障、网络故障和脏数据问题。

Hadoop Metrics 插件。Hadoop Metrics插件是基于JMX（Java Management Extensions，即Java管理扩展）实现的一个统计集群运行数据的工具，能让用户在不重启集群的情况下重新进行配置。

5. Common简介

Common在Hadoop架构中的位置。从Hadoop 2.0版本开始，Hadoop Core模块更名为Common。Common为Hadoop的其他模块提供了一系列文件系统和通用文件包。Common为在通用硬件上搭建云计算环境提供基本服务，同时为软件开发提供了API。Hadoop Common如图5-8所示。

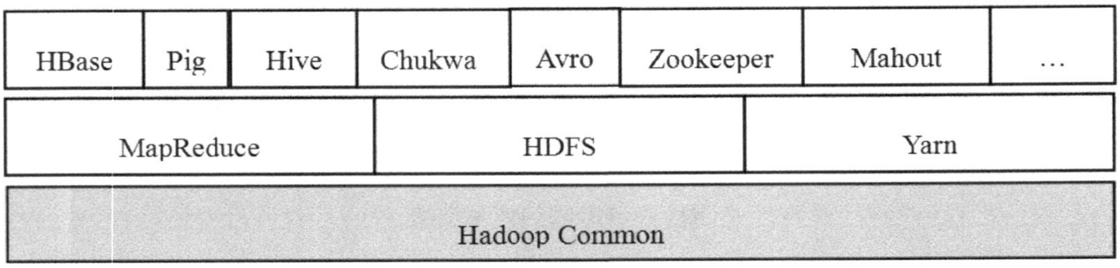

图5-8 Hadoop Common

6. HDFS的常用命令

$bin/hdfs 显示帮助

$bin/hdfs dfs [参数] 文件操作，与$bin/Hadoop fs的参数完全一样

$bin/hdfs namenode -format 格式化NameNode

$bin/hdfs getconf 从配置文件中获取配置信息

$bin/hdfs fsck [路径] [参数] 处理损坏的文件

-list-corruptfileblocks 输出损坏的文件及丢失的块

-move 将文件移动到/lost+found目录

-delete 删除损坏的文件

-openforwrite 输出以写方式打开的文件

-files 输出该目录及子目录下所有文件的状态

-files –blocks 输出该目录及子目录下所有文件的块信息

-files –blocks -locations 输出该目录及子目录下所有文件在DataNode的存储信息

-files -blocks -racks 输出该目录及子目录下所有文件机架感知信息

$bin/hdfs dfsadmin –report 查看HDFS的基本统计信息

$bin/hdfs dfsadmin -safemode <enter | leave | get | wait> 配置安全模式
$bin/hdfs dfsadmin –saveNamespace 将内存信息保存到磁盘，并重置edits文件
$bin/hdfs dfsadmin - refreshNodes 刷新节点和排除文件
$bin/hdfs dfsadmin – setBalancerBandwidth [byte per second] 设置负载均衡带宽
$bin/hdfs secondarynamenode [参数] 操作SecondaryNameNode
$bin/hdfs balancer 平衡集群中DataNode的数据

5.4 MapReduce

5.4.1 MapReduce计算模式

MapReduce 计算模式如图 5-9 所示。

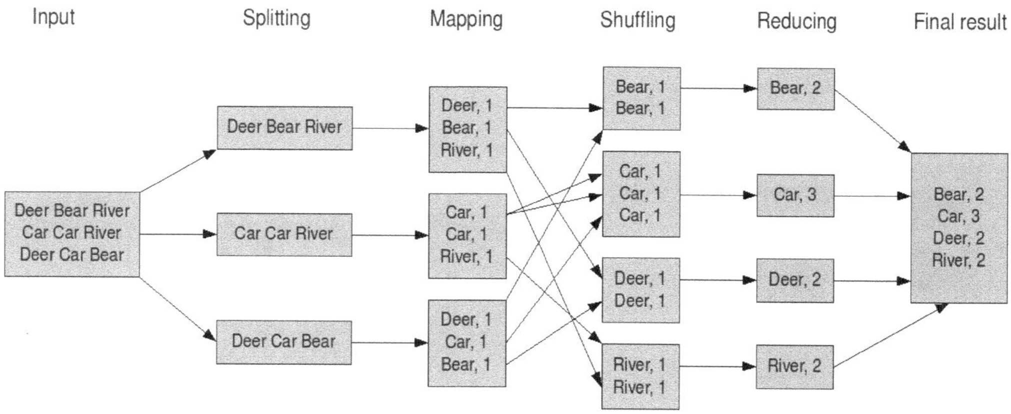

图5-9　MapReduce计算模式

MapReduce计算模式的分类：求和模式（Summarization pattern），数字求解、记录求和；过滤模式（Filtering pattern），简单过滤、排序过滤；组织数据模式（Data organization pattern），数据分片、全局排序；Join 模式（Join pattern），Reduce-side join，Map-side join。

MapReduce原理、Hadoop 1.0生态系统中的MapReduce框架以及Hadoop 2.0生态系统中的MapReduce框架分别如图5-10、5-11、5-12所示。

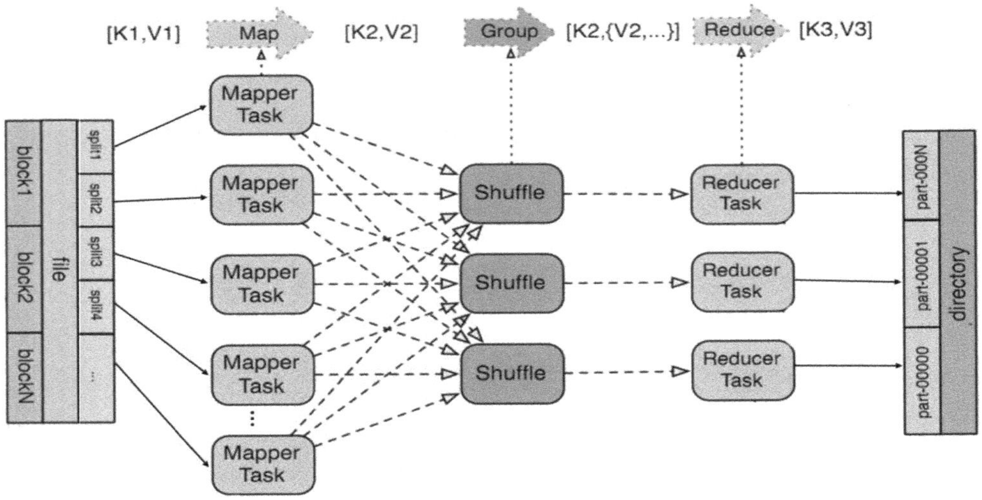

图5-10　MapReduce原理

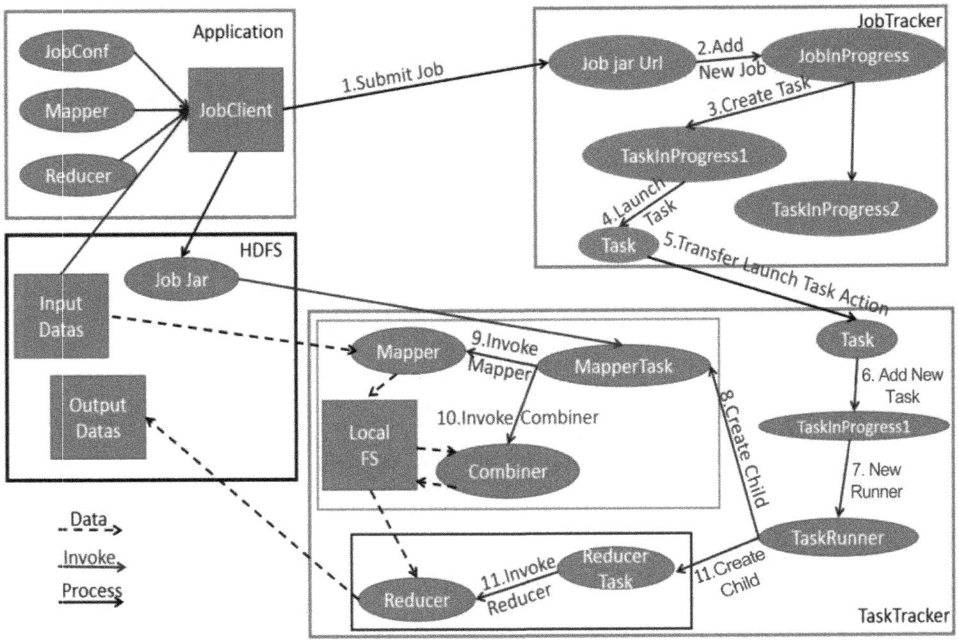

图5-11　Hadoop 1.0生态系统中MapReduce框架

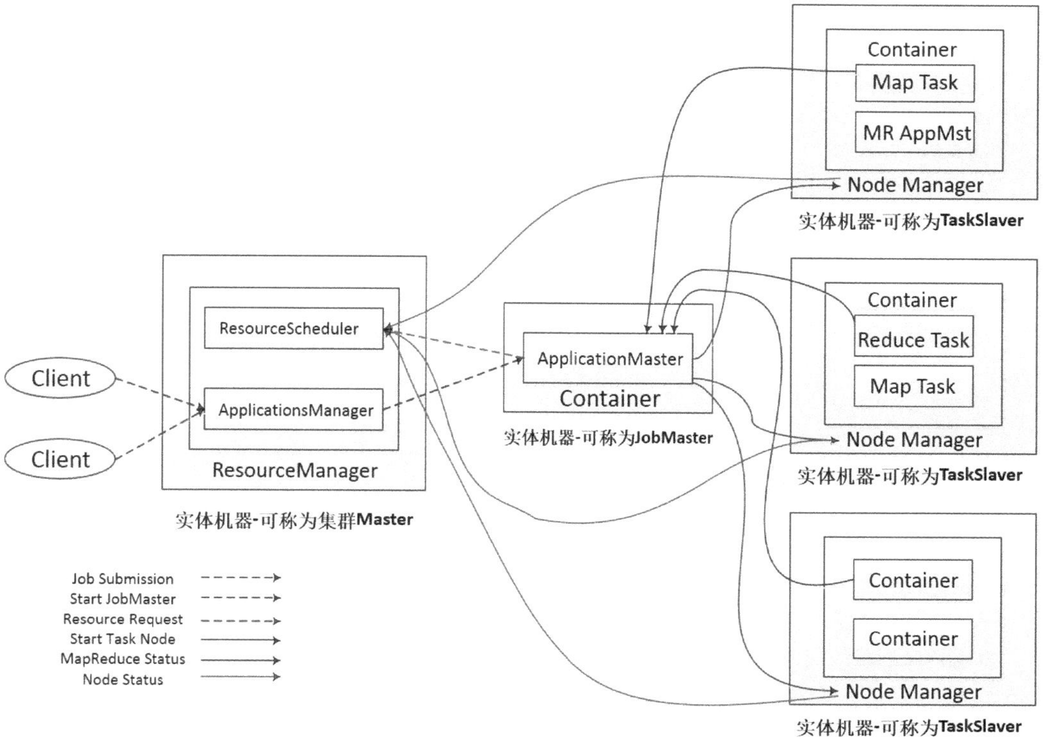

图5-12　Hadoop 2.0生态系统中MapReduce框架

5.4.2 MapReduce开发环境

（1）下载Eclipse及Hadoop插件。Eclipse的下载可到官网（http://www.eclipse.org/downloads/）根据自己操作系统的版本选择32位或64位版本（本实例是在Master1.Hadoop节点上搭建Hadoop开发环境，选择了Eclipse Linux 64位版本），下载完成后直接解压就可以使用Eclipse了。Hadoop插件要根据Hadoop版本进行选择，也可以直接下载Hadoop源码并编译生成插件，再将下载的Hadoop-eclipse-plugin-2.6.0.jar文件放到Eclipse的plugins目录下，重启Eclipse即可看到该插件已生效。

（2）配置Eclipse环境。

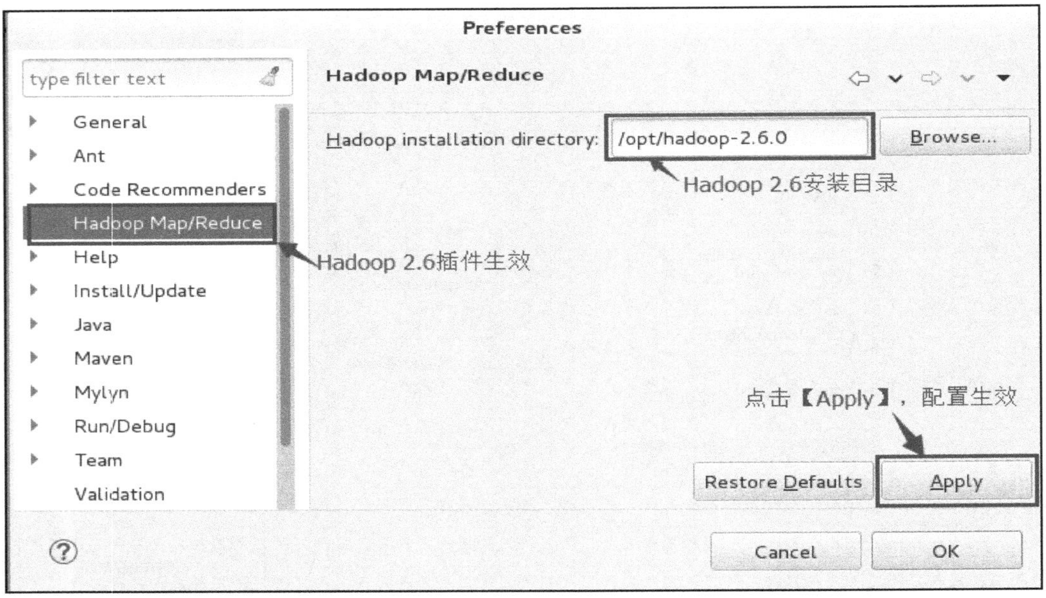

图5-13　配置Eclipse环境

（3）切换MapReduce工作目录。

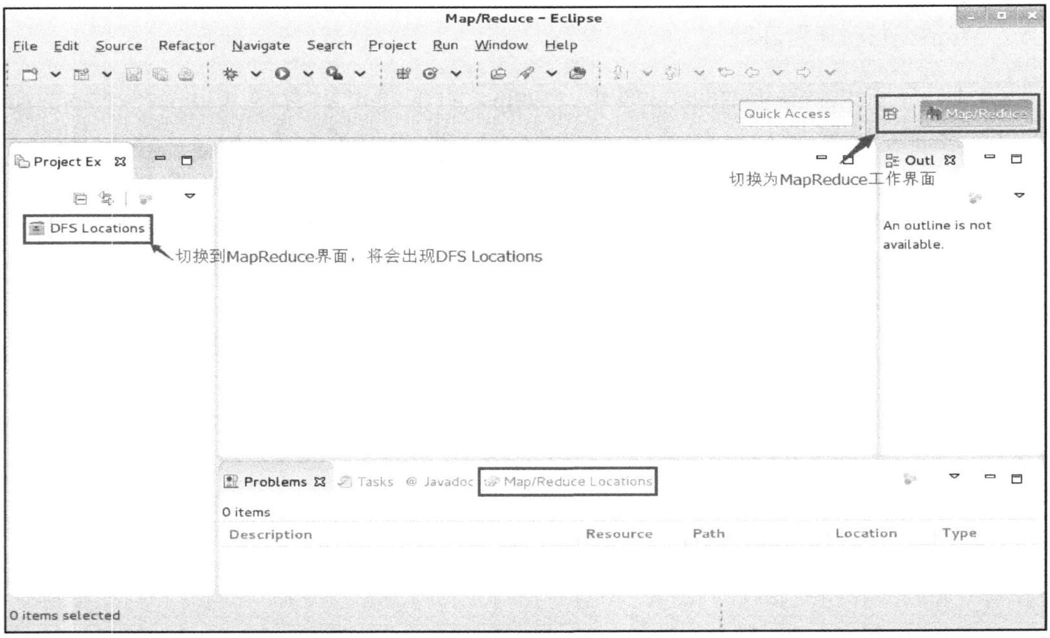

图5-14　切换MapReduce工作目录

（4）建立与Hadoop集群连接。

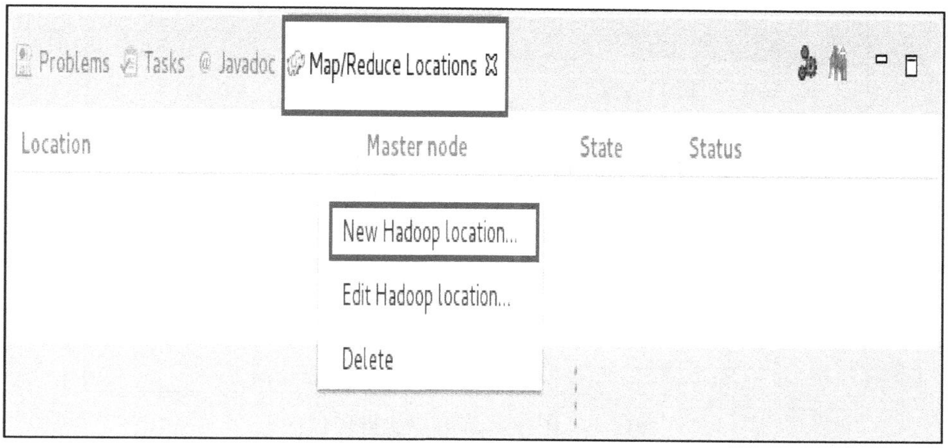

图5-15　建立与Hadoop集群连接A

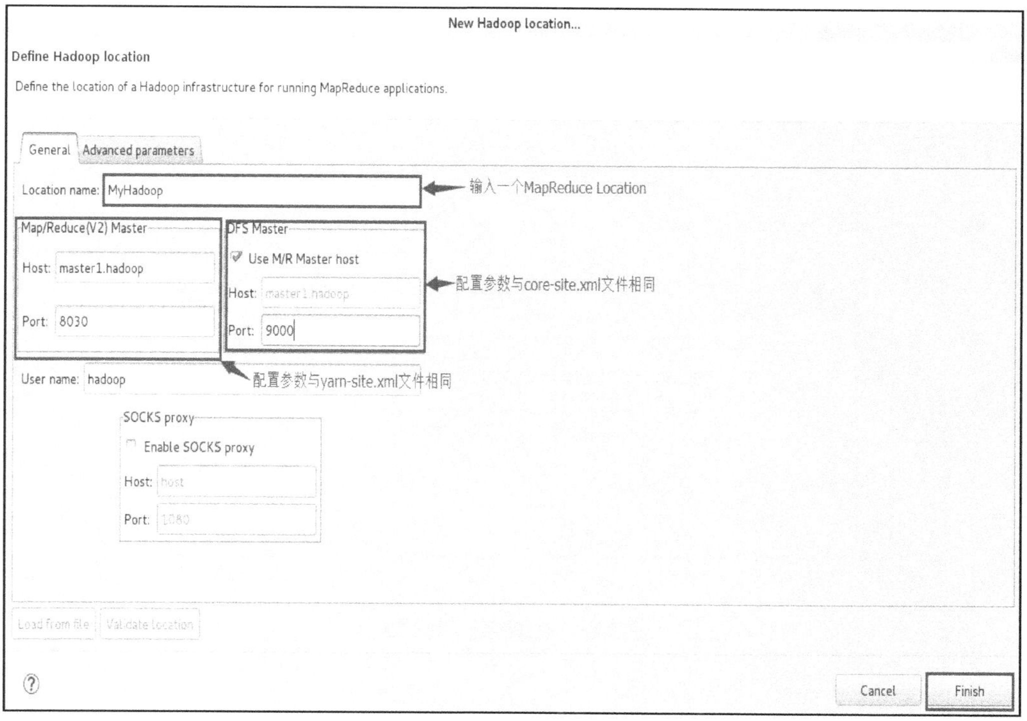

图5-16　建立与Hadoop集群连接B

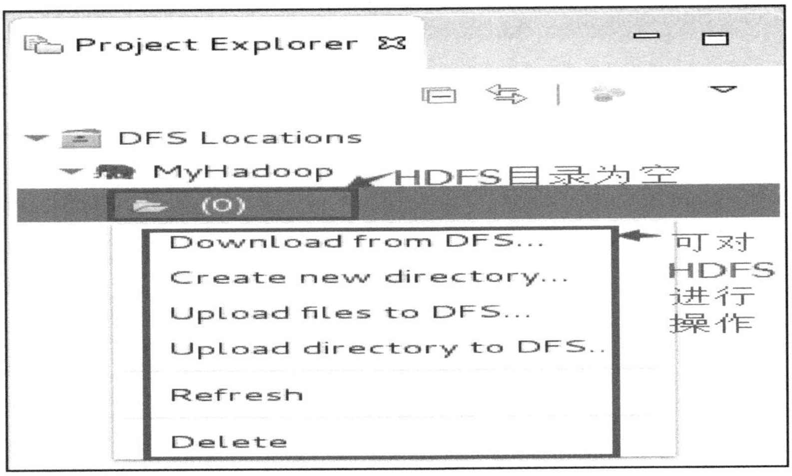

图5-17　建立与Hadoop集群连接C

5.4.3 MapReduce应用程序开发

（1）上传测试数据。

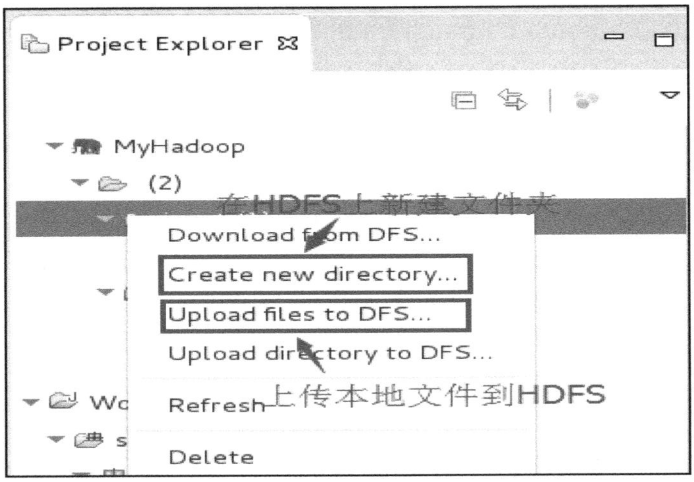

图5-18　上传测试数据A

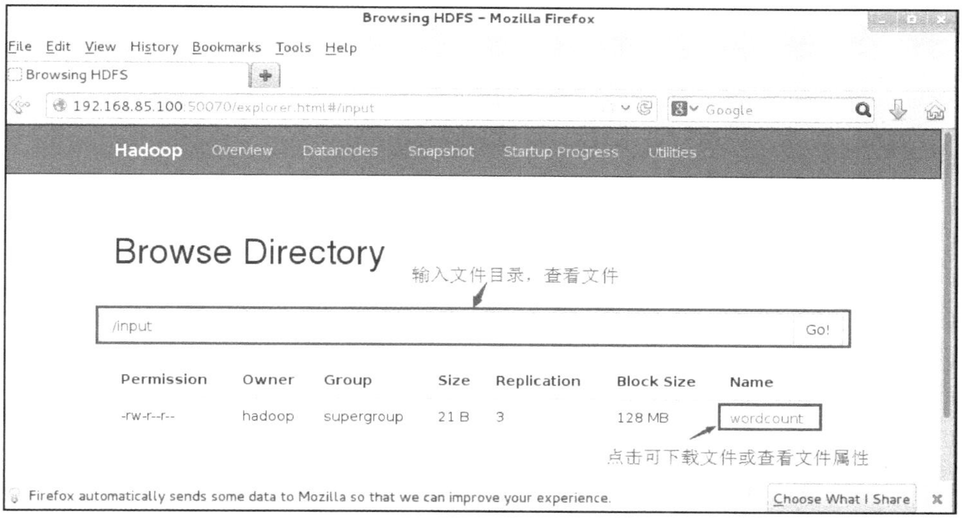

图5-19　上传测试数据B

（2）创建WordCount项目。

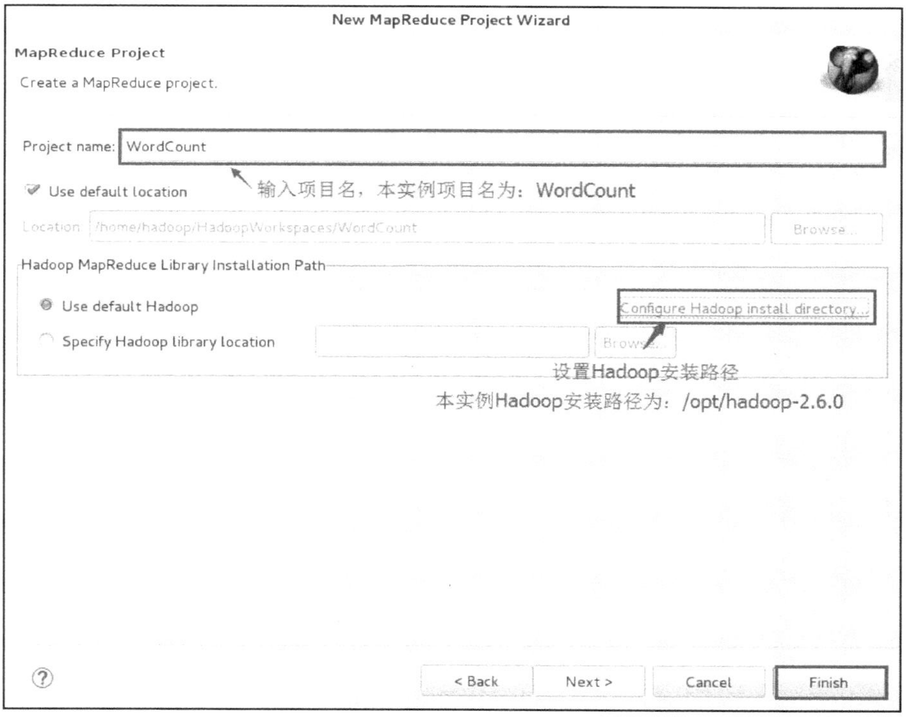

图5-20　创建WordCount项目A

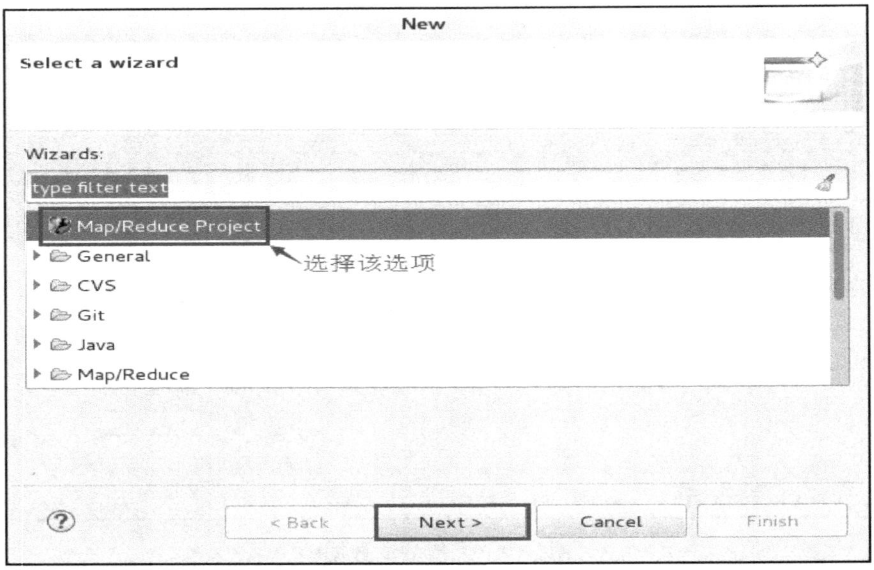

图5-21　创建WordCount项目B

（3）创建WordCount类。

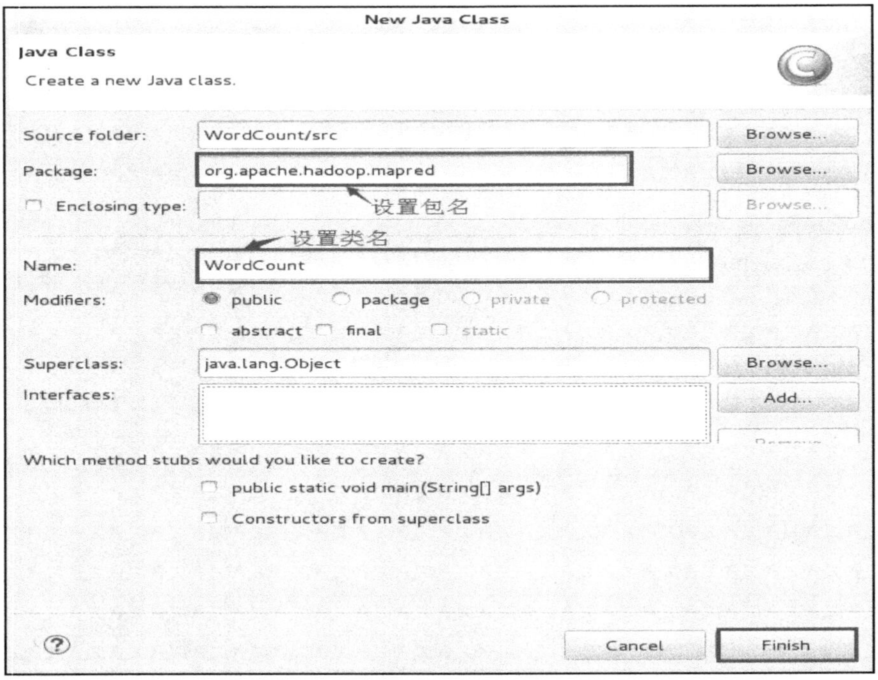

图5-22　创建WordCount类

```
//创建WordCount类：
package org.apache.Hadoop.mapred;
//导入各种包

public class WordCount extends Configured implements Tool {
//实现Mapper接口
//实现Reducer接口
//Job配置
   public static void main（String[] args） throws Exception {
      //MapReduce程序运行
   }
}
```

（4）运行WordCount程序。

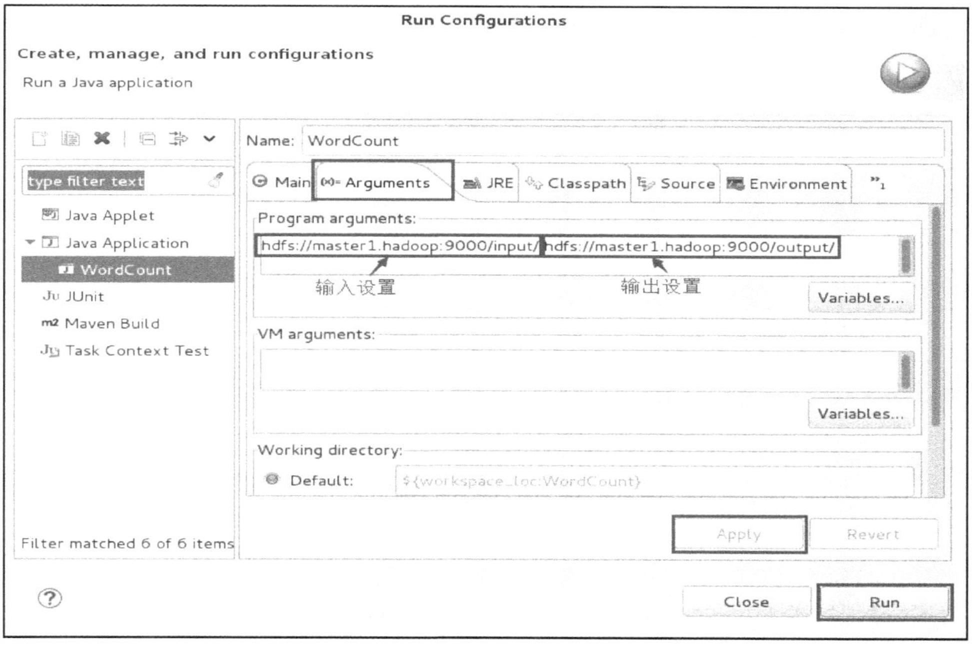

图5-23　运行WordCount程序

（5）查看运行结果。双击文件，查看运行结果。上传的测试文件wordcount中只有“Hello World! Hadoop!”这几个单词，因此输出结果如下：

Hadoop!　1
Hello　　1
World!　1

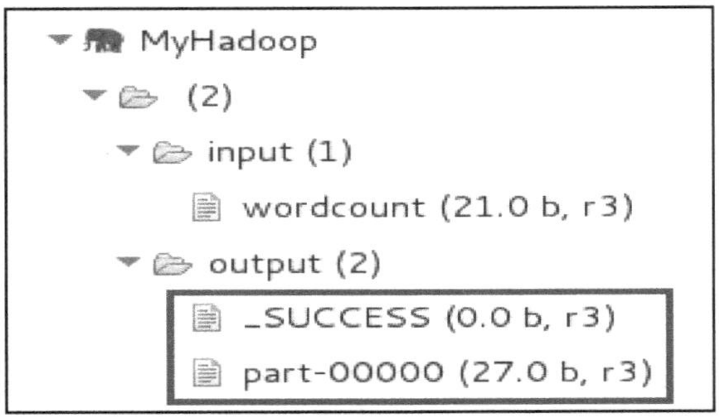

图5-24　查看运行结果

5.4.4 MapReduce编程过程

1. MapReduce编程过程

Hadoop 2.0生态系统中YARN下的MapReduce（MRv2）和Hadoop 1.0生态系统中的MapReduce（MRv1）都是基于Goolge的MapReduce思想实现的。虽然二者在框架上有所区别，但是两者的调用API及接口大部分都保持兼容，因此从编程实现方式上保持一致。MapReduce编程过程如图5-25所示。

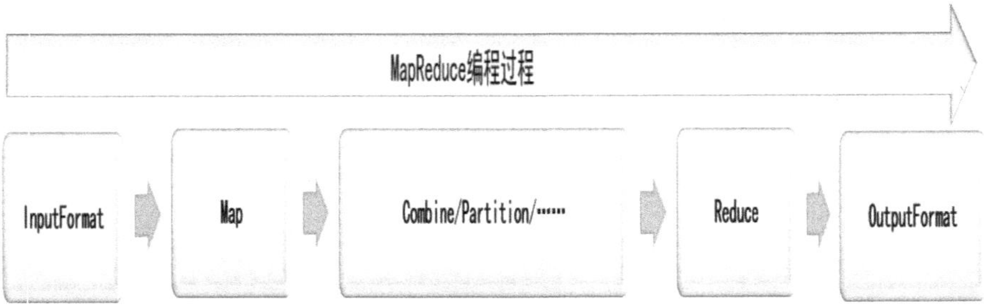

图5-25　MapReduce编程过程

2. InputFormat

（1）文本输入。Text Input Format以文本文件中的一行作为记录来进行处理，其中，文本输入格式的Key为LongWriteable，Value为Text类型。Key Value Text Inpu tFormat用于有行号和内容的文本文件，其中，行号和文件内容是由分隔符隔开的。N Line Input Format用于对少量文件数据做一些分散的并行处理任务，然后产生汇总输出。Stream Input Format用于处理大型的XML文档。

（2）二进制输入。Sequence File Input Format用于处理二进制键值对的序列，其中Key的类型为IntWriteable，Value类型为Text。Sequence File As Text Input Format用于顺

序文件作为流操作的输入，并将Key和Value都转换为Text对象。Sequence File As Binary Input Format用于处理任意二进制的数据类型，并将顺序文件的Key和Value作为二进制对象。

（3）多样式输入。MultipleInputs用于解决数据多样性的问题，可在每个文件上设置InputFormat类型。

（4）数据库输入。DBInputFormat是从关系型数据库中读取数据的一种格式，可将数据传到集群中进行处理。

3. Map

当完成数据读操作之后，就要将分片后的数据作为Map的输入，进行Map阶段。例如，当数据被分片为*N*时，默认会给*N*个Map来进行处理。Map阶段需要实现Mapper接口，同时继承MapReduceBase，最后再编写map方法。

IdentityMapper<K,V> 将输入的 <key,value> 原封不动地输出为中间结果。

InverseMapper<K,V> 将输入<key, value> map为输出<value, key>。

RegexMapper<K> 为每一个匹配的正则表达式生成一个（match,1）键值对。

TokenCountMapper<K> 当输入值被标记时，生成一个（token,1）键值对。

MultithreadedMapper<K,V> 多线程执行map方法。

4. Combine/Partition

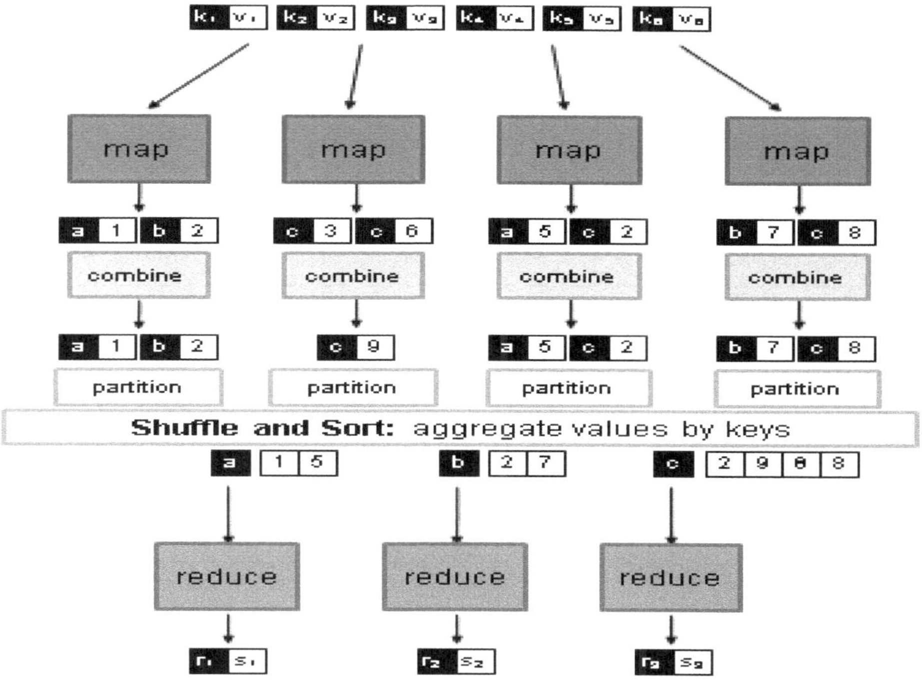

图5-26　Combine/Partition

```
//IdentityReducer:
public class IdentityReducer<K, V>
    extends MapReduceBase implements Reducer<K, V, K, V> {

  /** Writes all keys and values directly to output. */
  public void reduce（K key, Iterator<V> values,
                     OutputCollector<K, V> output, Reporter reporter）
    throws IOException {
    while （values.hasNext（）） {
      output.collect（key, values.next（））;
    }
  }
}
```

```
//Partitione:
public interface Partitioner<K2, V2> extends JobConfigurable {

  /**
   * Get the paritition number for a given key （hence record） given the total
   * number of partitions i.e. number of reduce-tasks for the job.
   *
   * <p>Typically a hash function on a all or a subset of the key.</p>
  int getPartition（K2 key, V2 value, int numPartitions）;
}
```

5.Reduce

IndentityReducer<K,V> 将输入的 <key,value> 原封不动地输出为结果。

LongSumReducer<K> 对长整型的value值求和。

IntSumReducer 对整型的value值求和。

```
//Reduce:
public class Reduce extends MapReduceBase
    implements Reducer<Text, IntWritable, Text, IntWritable> {

    public void reduce（Text key, Iterator<IntWritable> values,
```

```
                                  OutputCollector<Text, IntWritable> output,
                                  Reporter reporter） throws IOException {
          ……
      }
    }
```

```
//Reduce:
public interface Reducer<K2, V2, K3, V3> extends JobConfigurable, Closeable {

  void reduce（K2 key, Iterator<V2> values,
                  OutputCollector<K3, V3> output, Reporter reporter）
    throws IOException;
}
```

6. OutputFormat

（1）文本输出。Text Output Format是以一行的形式进行文件写入，Key和Value可以是任意类型，其分隔符默认为Tab符。

（2）二进制输出。Sequence File Output Format是将输出写入到一个顺序文件中，其格式紧凑，而且数据可以被压缩。Sequence File As Binary Output Format是将Key/Value对当作二进制写入到一个顺序文件中。Map File Output Format是将排序后的Key/Value对写入到一个mapfile文件中。

（3）多个输出。Multiple Text Output Format是将结果输出到多个文件中，其中根据Key/Value对进行分区。Multiple Sequence File Output Format是将结果输出到多个顺序文件中，其中根据Key/Value对进行分区。

（4）延迟输出。Lazy Output Format是延迟输出格式，可以保证在第一条记录输出的时候才真正创建文件。

（5）数据库输出。DBO utput Format是向关系型数据库中写入数据的一种格式。

5.4.5 MapReduce开发实例

MapReduce编程：编写WordCount类，实现Mapper接口，实现Reducer接口，配置作业，代码测试，打包发布。

1. MapReduce编程实例解析

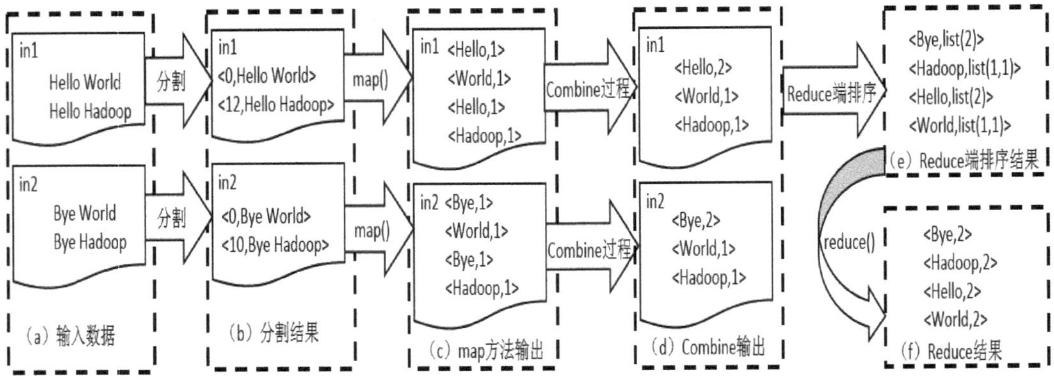

图5-27　WordCount实例解析

（1）输入数据

#in1

Hello World

Hello Hadoop

#in2

Bye World

Bye Hadoop

（2）文件分割

把输入的in1和in2文件通过Input Format类切分成多个splits。由于测试用的in1和in2文件较小，所以一个文件为一个split，并通过Line Recorder Reader将其中的每一行解析成<key,value>对，作为Map的输入，如图5-27（b）分割结果所示。其中，key为该行在文本中的偏移量，value值为这一行的内容。经过InputFormat类处理之后，in1文件和in2文件分别形成了两个<key,value>对。如在in1文件中，第一对中key值为0，是因为“Hello”单词位于文件头；第二对中key值为12，是因为下一行的首单词“Hello”相对整个文本处于12位置。

（3）Map处理

将分割好的<key,value>对作为map（）方法的输入，然后由用户定义的map（）方法进行Map处理，生成新的<key,value>对。而且，Map端会将这些结果按照Key值进行如图5-27（c）Map方法输出所示map（）方法的输出结果。

（4）Combine过程

得到map（）方法输出的<key,value>对之后，执行Combine过程，合并中间结果具有相同key值的键值，得到Map端的最终输出结果。

（5）Reduce处理

首先，Reduce端接收到来自Map端的数据后，对数据进行排序，如图5-27（e）Reduce端排序结果所示。然后，再交由用户自定义的reduce（）方法进行处理，得到新的<key,value>对，作为WordCount的输出结果。

2. 编写WordCount类

```
//编写WordCount类：
package org.apache.Hadoop.mapred;   //WordCount类所在的包结构

//下面引入的几个类是Java中经常用到的，不是Hadoop特有的
import java.io.IOException;
import java.util.ArrayList;
import java.util.Iterator;
import java.util.List;
import java.util.StringTokenizer;

//下面引入的类全部是Hadoop中特有的
import org.apache.Hadoop.conf.Configuration;   //配置信息
import org.apache.Hadoop.conf.Configured;   //配置信息
import org.apache.Hadoop.fs.Path;   //用于将路径转换为标准的URL格式
import org.apache.Hadoop.io.IntWritable;   //数据类型
import org.apache.Hadoop.io.LongWritable;   //数据类型
import org.apache.Hadoop.io.Text;   //数据类型
import org.apache.Hadoop.mapred.FileInputFormat;   //用于文件分割及<key, value>生成
import org.apache.Hadoop.mapred.FileOutputFormat;   //规定了输出结果的格式
import org.apache.Hadoop.mapred.JobClient;   //用于提交Job
import org.apache.Hadoop.mapred.JobConf;   //用于配置Job
import org.apache.Hadoop.mapred.MapReduceBase;   //Map和Reduce类都要继承的基类
import org.apache.Hadoop.mapred.Mapper;   //Map类需要实现的接口
import org.apache.Hadoop.mapred.OutputCollector;   //用于生成Map/Reduce的输出结果
import org.apache.Hadoop.mapred.Reducer;   //Reduce类需要实现的接口
import org.apache.Hadoop.mapred.Reporter;   //用于向JobTracker报告任务执行情况
import org.apache.Hadoop.util.Tool;   //Tool接口类
import org.apache.Hadoop.util.ToolRunner;   //用于调用run（）方法

public class WordCount extends Configured implements Tool {
//实现Mapper接口
```

```
//实现Reducer接口
    //Job配置
  public static void main（String[] args）  throws Exception {
    //MapReduce程序运行
  }
}
```

3. **实现Mapper接口**

```
//实现Mapper接口：
//编写Map静态内部类，类名为Map，继承自MapReduceBase，并实现Mapper接口
public static class Map extends MapReduceBase
    implements Mapper<LongWritable, Text, Text, IntWritable> {

    private final static IntWritable one = new IntWritable（1）；  //one为Map输出的value
    private Text word = new Text（）；  //拆分出的每个word作为Map输出的key
    public void map（LongWritable key, Text value,
                    OutputCollector<Text, IntWritable> output,
                    Reporter reporter）  throws IOException {
      String line = value.toString（）；  //将value转换为Java的String处理
      StringTokenizer itr = new StringTokenizer（line）；  //itr用于拆分字符串
      while （itr.hasMoreTokens（））  {
        word.set（itr.nextToken（））；
        output.collect(word, one);  //output收集生成的中间结果<word,one>
      }
    }
  }
```

4. 实现Reducer接口

```
//实现Reducer接口：
//编写Reduce内部类，类名为Reduce，继承自MapReduceBase，并实现Reducer
接口
        public static class Reduce extends MapReduceBase
        implements Reducer<Text, IntWritable, Text, IntWritable> {

        public void reduce（Text key, Iterator<IntWritable> values,
                                OutputCollector<Text, IntWritable> output,
                                Reporter reporter） throws IOException {
          int sum = 0;
          while （values.hasNext（））{
            sum += values.next（）.get（）；    //对key相同的所有value进行累加
          }
          output.collect（key, new IntWritable（sum））；   //output收集输出结
果
        }
      }
```

5. 配置作业

```
//配置作业：
public int run（String[] args） throws Exception {
    JobConf conf = new JobConf（getConf（）, WordCount.class）；  //设置Job
所在的主类
conf.setJobName（"wordcount"）；  //设置Job名
//设置Job输出结果<key,value>中的key和value数据类型
    conf.setOutputKeyClass（Text.class）；  //key为Text型
    conf.setOutputValueClass（IntWritable.class）；  //value为IntWritable型
    conf.setMapperClass（Map.class）；  //设置完成Map任务的类
    conf.setCombinerClass（Reduce.class）；  //设置完成Combine任务的类
conf.setReducerClass（Reduce.class）；  //设置完成Reduce任务的类
//设置输入数据所在的HDFS的路径
    FileInputFormat.setInputPaths（conf, other_args.get（0））；
    //设置输出结果保存在HDFS的路径
```

```
        FileOutputFormat.setOutputPath（conf, new Path（other_args.get（1）））;
        JobClient.runJob（conf）;   //提交Job
    }
```

6. **代码测试**

```
//代码测试:
public class WordCountReducerTest {
    private Reduce reduce;
    private ReduceDriver driver;
    @Before
    public void init（）{
        reduce = new WordCountReduce（）;
        driver = new ReduceDriver（reduce）;
    }
    @Test
    public void test（） throws IOException {
        String key = "Hadoop";
        List values = new ArrayList（）;
        values.add（new IntWritable（2））;
        values.add（new IntWritable（4））;
        driver.withInput（new Text（"Hadoop"）, values）
        .withOutput（new Text（"Hadoop"）, new IntWritable（6））
        .runTest（）;
    }
}
```

7. 打包发布

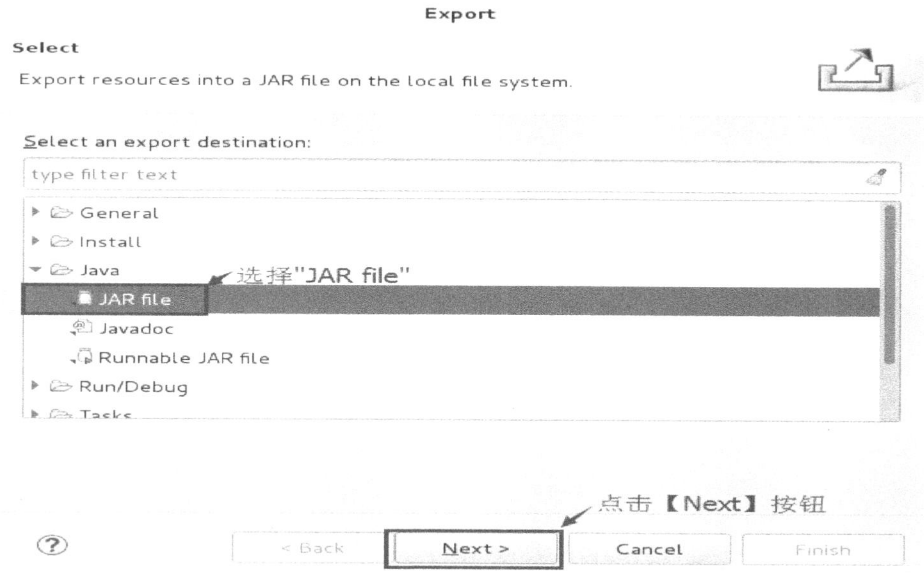

图5-28　打包发布A

```
//KMeans算法步骤：
//由于声明了package，所以在命令中要将org.apache.Hadoop.mapred写完整
//input为in1和in2文件所在的目录
//output为MapReduce输出结果
[Hadoop@master1 dfs]$ Hadoop jar /home/Hadoop/WordCount.jar
org.apache.Hadoop.mapred.WordCount /input /output
```

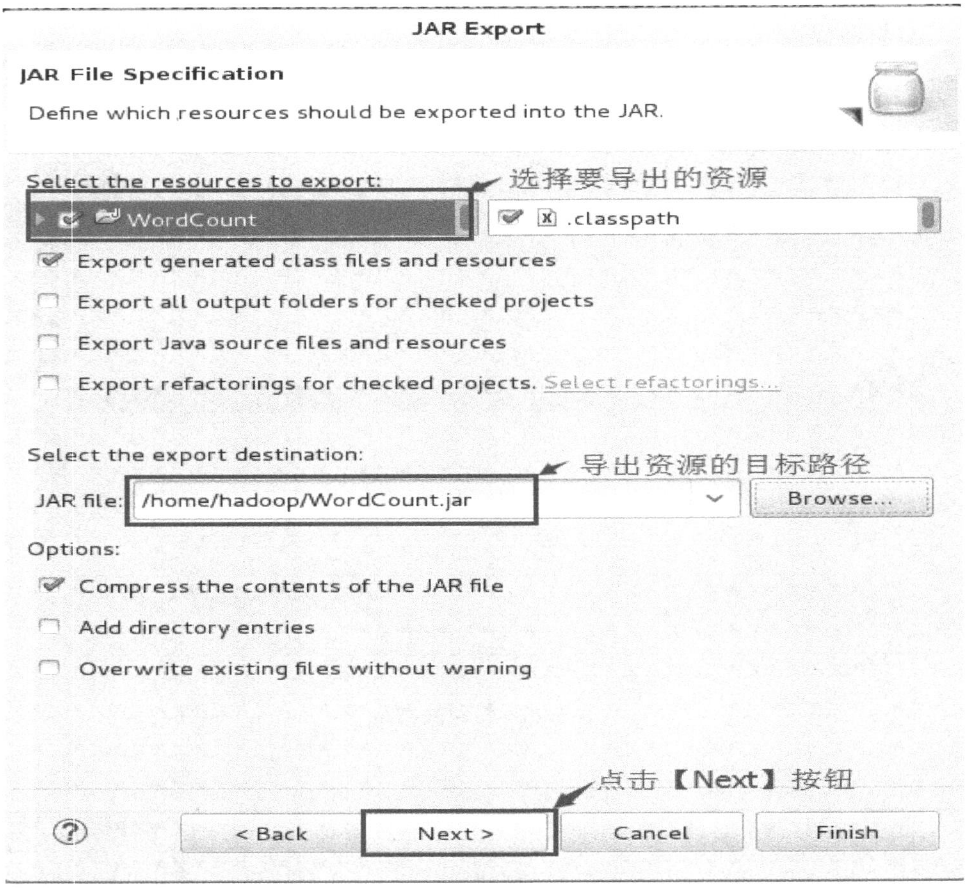

图5-29　打包发布B

```
//KMeans算法步骤：
[Hadoop@master1 dfs]$ Hadoop fs -ls /output
Found 2 items
-rw-r--r-- 3 Hadoop supergroup 0 2015-03-05 01:16 /output/_SUCCESS
-rw-r--r-- 3 Hadoop supergroup 31 2015-03-05 01:16 /output/part-00000
[Hadoop@master1 dfs]$ Hadoop fs -cat /output/part-00000
Bye      2
Hadoop   2
Hello    2
World    2
```

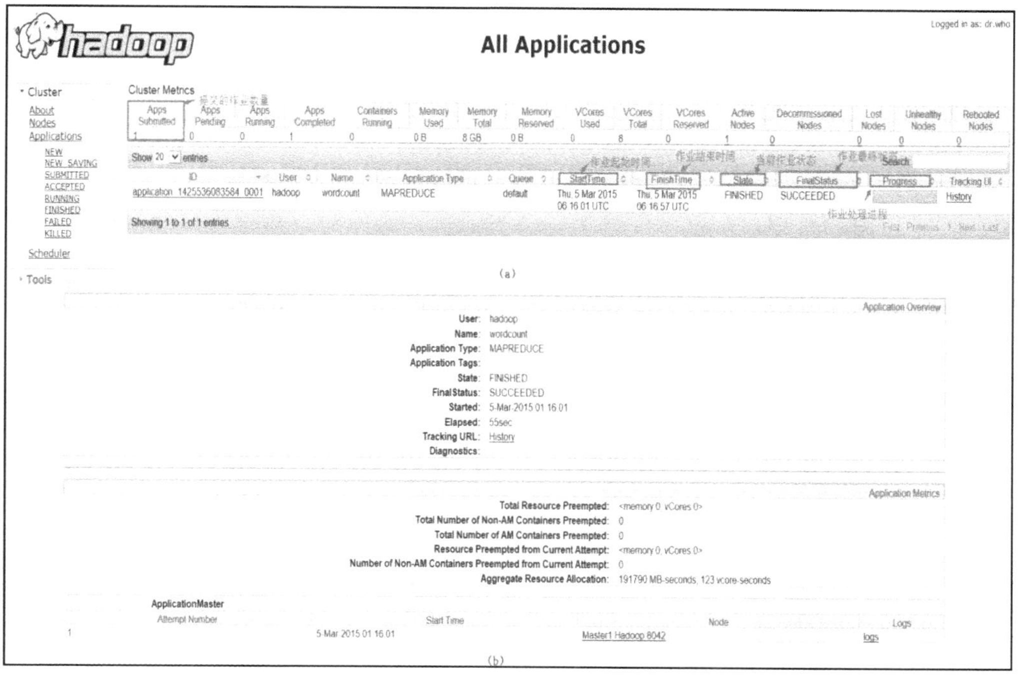

图5-30　打包发布C

5.5 心律失常数据分析

5.5.1 心律失常数据集的贝叶斯分析

1.基于Hadoop的心律失常数据集的贝叶斯算法

算法执行过程如下：

Step1 执行命令，准备输入文件和加载算法程序文件

Step1.1 执行命令cd /usr/local/run，进入hadoop运行路径；

Step1.2 执行命令hadoop fs -mkdir -p /jobs/bayes/input/data，创建输入文件目录；

Step1.3 执行命令hadoop fs -put test.txt /jobs/bayes/input/data/，进入本地txt文件所在目录，上传txt文件到hdfs；

Step1.4 执行命令hadoop jar hadoop-streaming.jar -D stream.non.zero.exit.is. failure=false -input /jobs/bayes/input/test.txt -output /output -file Bayes.py –mapper "python Bayes.py mapper" -reducer "python Bayes.py reducer"，运行hadoopStreaming命令。

Step2 预处理数据 （Mapper阶段）

Step 2.1 line.rstrip('\n').split(',') 解析全数据；

Step 2.2 x.append(list(map(eval,item))[1:280]) 将特征向量加入列表x；

Step 2.3 y.append(list(map(eval,item))[280]) 将数据特征加入列表y。

Step3 在hadoop平台利用数据训练的过程，并输出模型（Reducer 阶段）

Step3.1 x_train,x_test,y_train,y_test = train_test_split(x,y,test_size=0.5,stratify=y) 随机分层抽样划分训练集和测试集，保证训练集和测试集数据同分布；

Step3.2 BernoulliNB() 建立伯努利贝叶斯模型；

Step3.3 dtc.fit(x_train, y_train) 在划分好的训练集上训练数据。

Step4 用输出的模型对测试集文档进行分类测试，输出每个测试文档的分类结果和计算评价指标（Reducer阶段）

Step4.1 y_pred=clf.predict(x_test) 输入训练集特征向量，输出决策树模型预测分类类别；

Step4.2 t=classification_report(y_test, y_pred) 输入预测向量和真实标签向量，按格式输出每一个类别的precision、recall、f1-score值；

Step4.3 print(t) 打印评价指标表。

2. 实验设计

（1）实验环境

在PC机上搭建整体测试环境，硬件配置Intel（R） Core（TM） i5-6200U CPU @ 2.30GHz 2.40GHz，内存8.0GB，硬盘500G，操作系统：Windows10、Centos7.7.1，Java环境：JDK1.8，开发工具Pycharm，Hadoop版本Hadoop2.7.2。

（2）Hadoop平台配置

Hadoop平台搭建过程：在上述PC中安装虚拟机VirtualBox之后安装Centos7.7.1；设置SSH无密匙登录；修改平台参数；启动Hadoop并格式化；配置完所有后，在浏览器中就可以查看运行状况（注：具体搭建过程请看软件程序手册文件）。

（3）实验数据

本书采用的数据集是心律失常数据集，曾被用于“一种用于心律失常分析的有监督的机器学习算法”，目的是用心电图记录来确定心律失常的类型。表5-4所示的是心律失常数据集的部分数据。

数据集中有452条数据，共分为16类（数据集的最后一列是类代码）。其中1类是指“正常”心电图分类，2～15类是指不同的心律失常，16类是指其他未分类的，具体类别信息如表5-5所示。

表5-4 心律失常数据集

序号	年龄	性别	身高	体重	QRS持续时间	PR间隔	…	v6导联	类代码
1	75	0	190	80	91	193	…	49.4	8
2	56	1	165	64	81	174	…	38.8	6
…	…	…	…	…	…	…	…	…	…
452	78	1	160	70	127	364	…	32.8	1

表5-5　手工标记的实验数据类别

类代码	类	实例数
1	正常	245
2	缺血性改变（冠状动脉疾病）	44
3	陈旧性前壁心肌梗死	15
4	陈旧性下壁心肌梗死	15
5	窦性心动过速	13
6	窦性心动过缓	25
7	室性早搏（PVC）	3
8	室上性期前收缩	2
9	左束支传导阻滞	9
10	右束支传导阻滞	50
11	1度房室传导阻滞	0
12	2度房室传导阻滞	0
13	3度房室传导阻滞	0
14	左心室肥大	4
15	心房颤动或扑动	5
16	其他	22

此心律失常数据集有452条数据，每条数据有279个属性。279个属性由心电图中每个导联（国际通用导联体系共有十二导联）的波和波段值组成。

导联是指在记录心电图时电极在人体体表的放置位置及电极与放大器的连接方式。国际通用导联体系共有十二导联，其中，I（右上肢连接的是负极，左上肢连接的是正极）、II（右上肢连接的是负极，左下肢连接的是正极）、III（右上肢连接的是负极，左下肢连接的是正极）、aVL（左上肢连接的是正极，右上肢和左下肢共同连接的是负极）、aVF（左下肢连接的是正极，左上肢和右上肢共同连接负极）、aVR（右上肢连接的是正极，左上肢和左下肢共同连接的是负极）是肢体导连；而v1（第4肋间隙胸骨右缘）、v2（第4肋间隙胸骨左缘）、v3（V2导联和V4导联之间）、v4（第5肋间隙左锁骨中线上）、v5（第5肋间隙左腋前线上）、v6（第5肋间隙左腋中线上）是胸部导联。

心电图中的波和波段包括：P波、P-R间期、P-R段、QRS波群、Q波、Q-T间期、ST段、T波、U波。

P波，它记录的是窦房结激动的右、左心房的激动。P波宽度正常值是0.11s（儿童<0.09s），P波振幅在肢体导联一般小于0.25mV，胸导联一般小于0.2mV。

P-R间期，从P波的起点至QRS波群的起点，代表心房开始除极的时间。正常情况下，PR间期为0.12～0.20s。在幼儿及心动过速的情况下，PR间期相应缩短。在老年人及心动过缓的情况下，PR间期可略延长，但不超过0.22s。

P-R段，是自P波终点至QRS波起点这段时限，主要反映激动在心房内的传导时间。通常P-R段在等电位线上，时限为0.06～0. 14s。

QRS波群，继P波之后出现的一个狭窄但振幅高的波群，因此可以将其看作是心室收缩开始的心电图表现。QRS波的宽度为0.06～0.10s（儿童为0.04～0.08s）。六个肢体导联的QRS波群振幅一般不应都小于0.5mV，六个胸导联的QRS波群振幅一般不应都小于0.8mV。

Q波，是室间隔除极向量所形成的。正常时限在0.02左右，不超过0.04，振幅<1/4R（小于1/4通导连R波）。

Q-T间期，指QRS波群的起点至T波终点的间距，代表心室肌除极和复极全过程所需的时间。心率在60～100次/分时，QT间期的正常范围为0.32～0.44s。

ST段，自QRS波群的终点至T波起点间的线段，代表心室缓慢复极过程。正常的ST时常范围为0.05～0.15s，多在等电位线，即振幅为0。

T波，上个波群暂停之后出现的波代表着心室的复极（心室的舒张），以备下一次心室的除极。正常T波时限为0.10～0.25s，T波振幅在肢体导联的正常上限值男性为0.54mV，女性为0.45mV；而在胸导联，男性为1.44mV，女性为0.9mV。

U波，正常U波时限约为0.1～0.2s，振幅<1/2T波。

因为原数据集中部分数据的数据样本量太少，在分类时训练分类模型效果差，导致实验结果不理想。所以，在分类实验中我们筛选出实例数≥ 44的样本进行实验，如表5-6所示。

表5-6　分类实验数据

类代码	类	实例数
1	正常	245
2	缺血性改变（冠状动脉疾病）	44
10	右束支传导阻滞	50

（4）算法测评机制

机器学习性能评估指标有多种，在分类中常用的评测指标有正确率（Precision）、召回率（Recall）和F_1。本书中将用上述这三个指标对贝叶斯分类的分类器进行性能评价。其具体定义为，

Precision：$P = TP/(TP+FP)$

Recall：$R = TP/(TP+FN)$

P和R的调和平均：$F_1 = 2PR/(P+R)$

注：*TP*是指统计初始情况下的分类和贝叶斯分类两种情况下，各个类公有的实例数（即针对各个类分类正确的数据条数）。*FN*是指初始情况下的各个类总数目减去结果正确的数目。*FP*是指贝叶斯分类得到的各个类的总数目减去结果正确的数目。

由此可见，Precision就是被分对的样本数除以所有的样本数，即找对率；Recall就是从关注领域中召回目标类别的比例，即找全率。通常来说，正确率越高，分类器越好；召回率越高，分类器越好。而$F1$综合了P和R的结果，用于综合反映整体的指标，当F_1较高时则能说明试验方法比较有效。

3.实验过程与结果

随机选取数据集中一部分数据作为训练集训练分类模型，剩余数据（226条）作为测试集来验证分类模型的性能。

（1）启动hadoop-master

```
hadoop-master login：root
Password：
```

输入密码后，出现[root@hadoop-master~]#，如图5-31所示，说明已经启动hadoop-master。

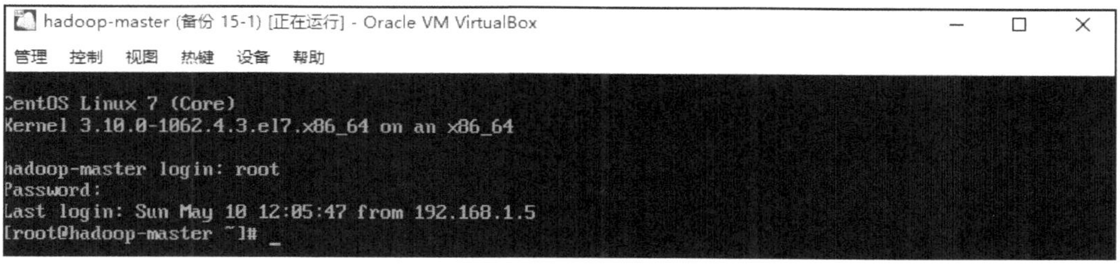

图5-31　启动hadoop-master

（2）启动hadoop-slave1

```
hadoop-master login：root
Password：
```

输入密码后，出现[root@hadoop-slave1~]#，如图5-32所示，说明已经启动hadoop-slave1。

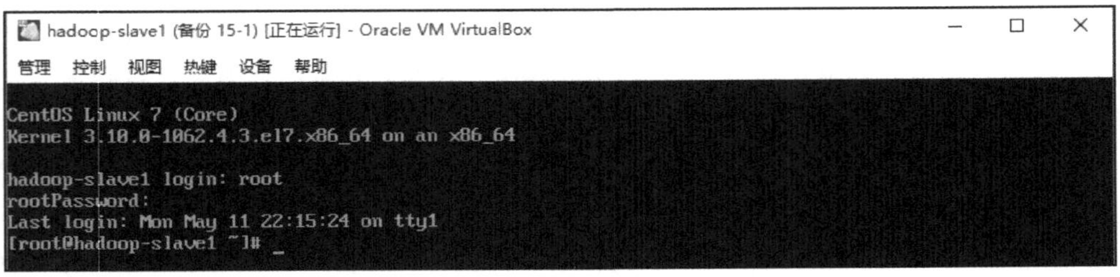

图5-32　启动hadoop-slave1

（3）启动hadoop-slave2

```
hadoop-master login：root
Password：
```

输入密码后，出现[root@hadoop-slave2~]#，如图5-33所示，说明已经启动hadoop-slave2。

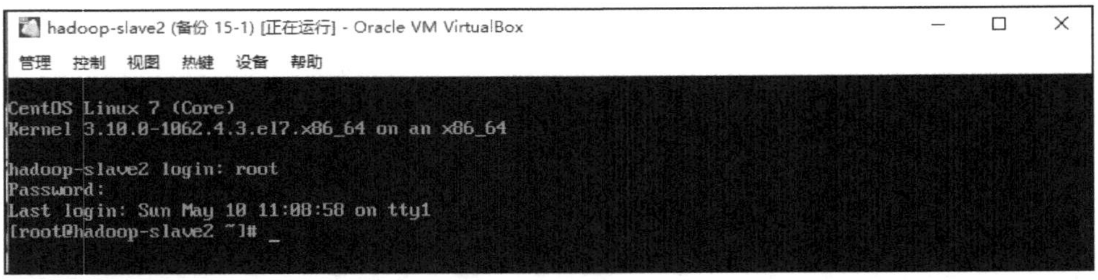

图5-33　启动hadoop-slave2

（4）启动MobaXterm并连接到主机

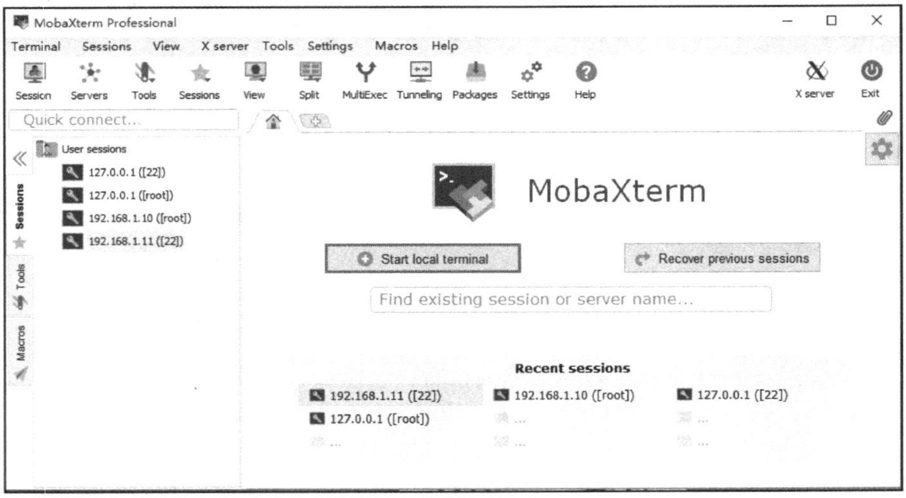

图5-34　启动MobaXterm

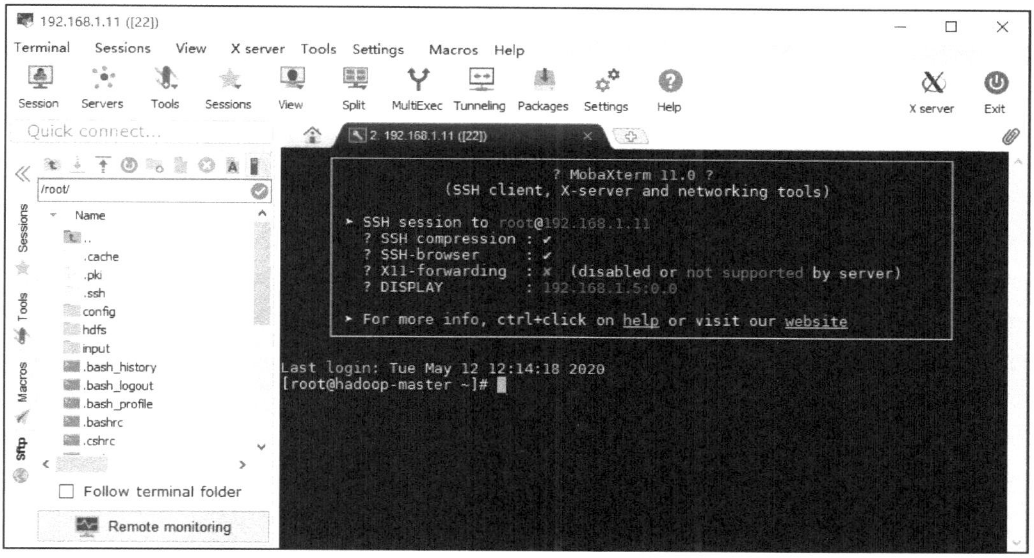

图5-35　成功连接主机

（5）启动hadoop集群

```
./start-hadoop.sh
```

输入此命令后，如图5-36所示，表示hadoop集群已经启动。

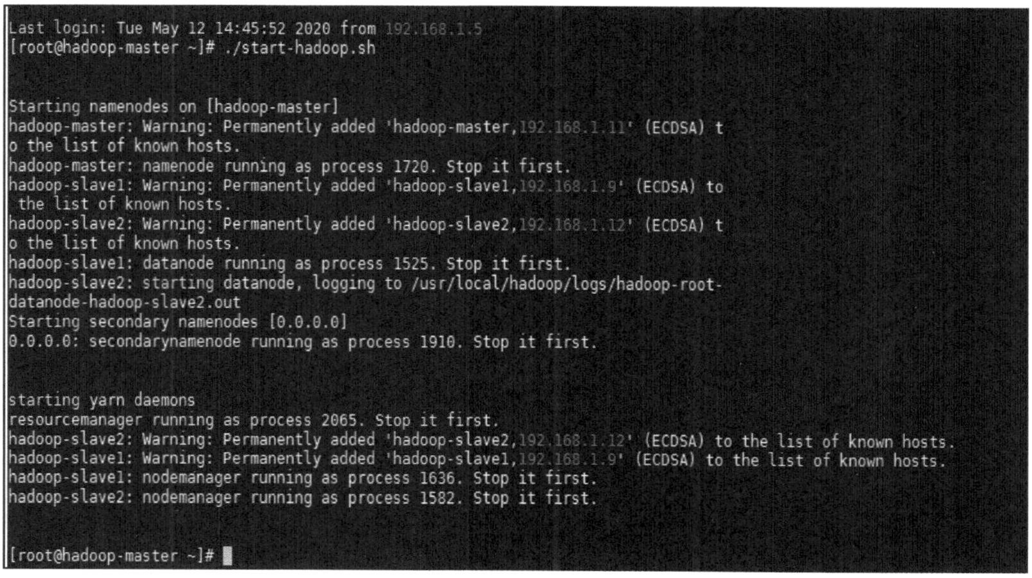

图5-36　启动hadoop集群

（6）离开安全模式

```
hadoop dfsadmin -saftmode leave
```

输入此命令后，如图5-37所示，表示已经离开安全模式。

```
[root@hadoop-master ~]# hadoop dfsadmin -safemode leave
DEPRECATED: Use of this script to execute hdfs command is deprecated.
Instead use the hdfs command for it.

Safe mode is OFF
```

图5-37　离开安全模式

（7）创建目录并将.txt上传到HDFS中的路径

```
hdfs dfs -mkdir /input/
hdfs dfs -put ./test2.txt /input/
hdfs dfs -ls -R /input
```

第一条命令是创建目录，结果如图5-38所示。
第二条命令是将.txt上传到HDFS中的路径，结果如图5-38所示。
第三条命令是查看.txt是否上传成功，结果如图5-39所示。

```
[root@hadoop-master ~]# hdfs dfs -mkdir /input/
[root@hadoop-master ~]# hdfs dfs -put ./test2.txt /input/
```

图5-38　创建目录并将.txt上传到HDFS中的路径

```
[root@hadoop-master ~]# hdfs dfs -ls -R /input
-rw-r--r--   2 root supergroup     409157 2020-05-09 18:05 /input/test2.txt
[root@hadoop-master ~]# hadoop
```

图5-39　查看.txt是否上传成功

（8）运行hadoopStreaming 命令

```
hadoop jar /usr/local/hadoop/share/hadoop/tools/lib/hadoop-streaming-2.7.2.jar -D
stream.non.zero.exit.is.failure=false -input/input/test2.txt -output /output88
 -file/root/python/Bayes.py
 -mapper "python Bayes.py mapper" -reducer "python Bayes.py reducer"
```

运行hadoopStreaming命令如图5-40所示。

输入次命令来运行Streaming MapReduce程序。

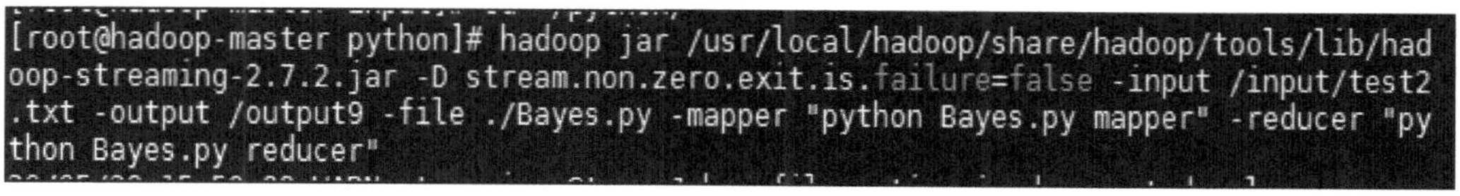

```
[root@hadoop-master python]# hadoop jar /usr/local/hadoop/share/hadoop/tools/lib/had
oop-streaming-2.7.2.jar -D stream.non.zero.exit.is.failure=false -input /input/test2
.txt -output /output9 -file ./Bayes.py -mapper "python Bayes.py mapper" -reducer "py
thon Bayes.py reducer"
```

图5-40　运行hadoopStreaming 命令

贝叶斯分类测试实验结果如图5-41所示。

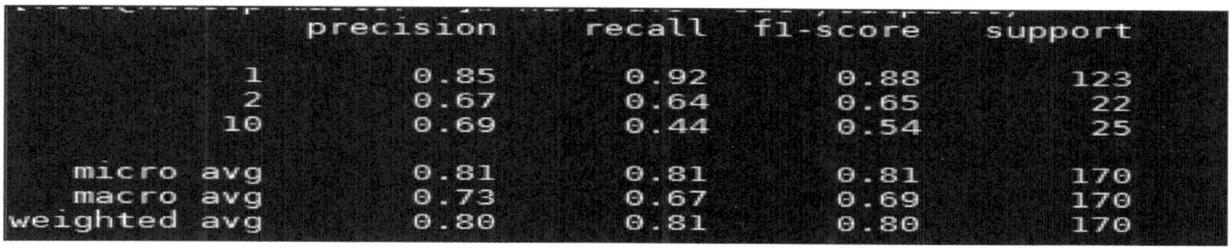

```
              precision    recall  f1-score   support

           1       0.85      0.92      0.88       123
           2       0.67      0.64      0.65        22
          10       0.69      0.44      0.54        25

   micro avg       0.81      0.81      0.81       170
   macro avg       0.73      0.67      0.69       170
weighted avg       0.80      0.81      0.80       170
```

图5-41　贝叶斯分类运行结果

心律失常数据集的贝叶斯分类效果如表5-7所示。

表5-7　心律失常数据集的贝叶斯分类效果

类代码	类名称	Precision（%）	Recall（%）	F_1（%）
1	正常	85	92	88
2	缺血性改变（冠状动脉疾病）	67	64	65
10	右束支传导阻滞	69	44	54

根据测评机制和实验结果我们可以看出，整体的分类效果良好。且由F1可以看出，此分类器对“正常”这一类样本的分类效果最佳。

4. 十折交叉验证

十折交叉验证，英文名叫作10-fold cross-validation，用来测试算法准确性，是常用的测试方法。将数据集分成十份，轮流将其中九份作为训练数据，一份作为测试数据，进行试验。每次试验都会得出相应的正确率（或差错率）。十次结果的正确率（或差错率）的平均值作为对算法精度的估计。每次实验的结果如表5-8所示，最终实验结果如表5-9所示。

表 5-8 基于贝叶斯的心律失常数据集的十折交叉验证分类效果

实验组号	类	Precision(%)	Recall(%)	F_1(%)
1	正常	88	88	88
	缺血性改变（冠状动脉疾病）	80	100	89
	右束支传导阻滞	50	40	44
2	正常	82	92	87
	缺血性改变（冠状动脉疾病）	50	50	50
	右束支传导阻滞	100	40	57
3	正常	88	92	90
	缺血性改变（冠状动脉疾病）	67	50	57
	右束支传导阻滞	80	80	80
4	正常	92	92	92
	缺血性改变（冠状动脉疾病）	100	75	86
	右束支传导阻滞	67	80	73
5	正常	85	92	88
	缺血性改变（冠状动脉疾病）	75	75	75
	右束支传导阻滞	67	40	50
6	正常	88	92	90
	缺血性改变（冠状动脉疾病）	67	50	57
	右束支传导阻滞	80	80	80
7	正常	92	96	94
	缺血性改变（冠状动脉疾病）	75	75	75
	右束支传导阻滞	75	60	67
8	正常	92	92	92
	缺血性改变（冠状动脉疾病）	75	75	75
	右束支传导阻滞	80	80	80
9	正常	74	92	82
	缺血性改变（冠状动脉疾病）	100	25	40
	右束支传导阻滞	0	0	0
10	正常	92	92	92
	缺血性改变（冠状动脉疾病）	60	75	67
	右束支传导阻滞	100	80	89
平均值	正常	87.3	92	89.5
	缺血性改变（冠状动脉疾病）	74.9	65	67.1
	右束支传导阻滞	69.9	58	62
总平均值		77.4	71.7	72.9

表5-9　基于贝叶斯的心律失常数据集的十折交叉验证分类效果

5	类名称	各类的平均值		
		Precision（%）	Recall（%）	F_1（%）
1	正常	87.3	92	89.5
2	缺血性改变（冠状动脉疾病）	74.9	65	67.1
10	右束支传导阻滞	69.9	58	62
总平均值		77.4	71.7	72.9

从表5-9中的F_1看出，贝叶斯分类器对“正常”这一类样本的分类效果最佳；从总平均值看出，分类效果良好。

本节筛选部分心律失常数据（实例数≥44）作为实验数据集在Hadoop平台进行医学数据的贝叶斯分类算法研究。实验结果显示，此分类对“正常”这一类样本的分类效果最佳，且根据实验结果和验证结果可知贝叶斯分类模型良好。

5.5.2 心律失常数据集的决策树分析

1. 基于Hadoop的心律失常数据集的决策树算法

算法执行过程如下：

Step1 执行命令，准备输入文件和加载算法程序文件

Step1.1　执行命令cd /usr/local/run，进入hadoop运行路径；

Step1.2　执行命令hadoop fs -mkdir -p /jobs/bayes/input/data，创建输入文件目录；

Step1.3　执行命令hadoop fs -put　test.txt　/jobs/bayes/input/data/，进入本地txt文件所在目录，上传txt文件到hdfs；

Step1.4　执行命令hadoop jar hadoop-streaming.jar -D stream.non.zero.exit.is.failure=false -input /jobs/bayes/input/test.txt -output /output -file DecisionTrees.py –mapper "python DecisionTree.py mapper" -reducer "python DecisionTree.py reducer"，运行hadoop Streaming命令。

Step2：预处理数据（Mapper阶段）

Step 2.1 line.rstrip('\n').split(',') 解析全数据；

Step 2.2 x.append(list(map(eval,item))[1:280]) 将特征向量加入列表x；

Step 2.3 y.append(list(map(eval,item)) [280]) 将数据特征加入列表y。

Step3：在Hadoop平台利用数据训练的过程，并输出模型（Reducer 阶段）

Step3.1　x_train,x_test,y_train,y_test=train_test_split(x,y,test_size=0.5, stratify=y)：随机分层抽样划分训练集和测试集，保证训练集和测试集数据同分布；

Step3.2　DecisionTreeClassifier(criterion="entropy") 按照信息熵计算建立决策树模型；

Step3.3 dtc.fit(x_train, y_train) 在划分好的训练集上训练数据。

Step4：用输出的模型对测试集文档进行分类测试，输出每个测试文档的分类结果和计算评价指标（Reducer阶段）

Step4.1 clf.predict(x_test) 输入训练集特征向量，输出决策树模型预测分类类别；

Step4.2 classification_report(y_test, y_pred) 输入预测向量和真实标签向量，按格式输出每一个类别的precision、recall、f1-score值；

Step4.3 print(t) 打印评价指标表。

2. **实验设计**

本节采用的实验环境、Hadoop平台配置、实验数据和测评机制与前节相同。

3. **实验过程与结果**

随机选取数据集中的一部分数据作为训练集训练分类模型，剩余数据（226条）作为测试集来验证分类模型的性能。

本节实验过程：（1）启动hadoop-master；（2）启动hadoop-slave1；（3）启动hadoop-slave2；（4）启动MobaXterm并连接到主机；（5）启动hadoop集群；（6）启动hadoop集群；（7）创建目录并将.txt上传到HDFS中的路径；（8）运行hadoopStreaming命令，与5.5.1节相似。

决策树分类测试实验结果如图5-42所示。心律失常数据集的决策树分类效果如表5-10所示。

```
              precision    recall  f1-score   support

           1       0.89      0.92      0.90       123
           2       0.67      0.64      0.65        22
          10       0.68      0.60      0.64        25

   micro avg       0.84      0.84      0.84       170
   macro avg       0.75      0.72      0.73       170
weighted avg       0.83      0.84      0.83       170
```

图5-42　决策树分类运行结果

表5-10　心律失常数据集的决策树分类效果

类代码	类	**Precision**	**Recall（%）**	F_1（%）
1	正常	89	92	90
2	缺血性改变（冠状动脉疾病）	67	64	65
10	右束支传导阻滞	68	60	64

表5-10是心律失常数据集的决策树分类效果。根据测评机制和实验结果可以看出，整体的决策树的分类效果良好。且由F1看出，此分类器的对“正常”这一类样本的分类效果最佳。

4. **十折交叉验证**

十折交叉验证，英文名叫作10-fold cross-validation，用来测试算法准确性，是常用的测试方法。将数据集分成十份，轮流将其中九份作为训练数据，一份作为测试数据，进行试验。每次试验都会得出相应的正确率（或差错率）。十次结果的正确率（或差错率）的平均值作为对算法精度的估计。每次实验的结果如表5-11所示，最终实验结果如表5-12所示。

表 5-11 基于决策树的心律失常数据集的十折交叉验证分类效果

实验组号	类	Precision(%)	Recall(%)	F_1(%)
1	正常	89	100	94
	缺血性改变（冠状动脉疾病）	100	25	40
	右束支传导阻滞	80	80	80
2	正常	81	88	85
	缺血性改变（冠状动脉疾病）	50	50	50
	右束支传导阻滞	75	60	67
3	正常	83	100	91
	缺血性改变（冠状动脉疾病）	100	25	40
	右束支传导阻滞	67	40	50
4	正常	86	100	94
	缺血性改变（冠状动脉疾病）	75	75	75
	右束支传导阻滞	100	40	57
5	正常	83	100	91
	缺血性改变（冠状动脉疾病）	100	50	67
	右束支传导阻滞	100	40	57
6	正常	100	68	81
	缺血性改变（冠状动脉疾病）	67	100	80
	右束支传导阻滞	45	100	62
7	正常	91	84	87
	缺血性改变（冠状动脉疾病）	57	100	73
	右束支传导阻滞	75	60	67
8	正常	81	84	82
	缺血性改变（冠状动脉疾病）	50	50	50
	右束支传导阻滞	50	40	44
9	正常	84	84	84
	缺血性改变（冠状动脉疾病）	75	75	75
	右束支传导阻滞	67	80	73
10	正常	92	96	94
	缺血性改变（冠状动脉疾病）	80	100	89
	右束支传导阻滞	100	60	75
平均值	正常	87	90.4	88.3
	缺血性改变（冠状动脉疾病）	75.4	65	63
	右束支传导阻滞	68.4	60	63.2
总平均值		77	71.8	71.8

表5-12　基于决策树的心律失常数据集的十折交叉验证分类效果

类代码	类名称	各类的平均值		
		Precision（%）	Recall（%）	F_1（%）
1	正常	87	90.4	88.3
2	缺血性改变（冠状动脉疾病）	75.4	65	63
10	右束支传导阻滞	68.4	60	63.2
总平均值		77	71.8	71.8

从表5-12中的F_1看出，决策树分类器对“正常”这一类样本的分类效果最佳；从总平均值看，此分类效果较好。

本节在进行基于Hadoop的医学数据分类算法研究时，以部分心律失常数据（实例数≥44）作为实验数据集，利用决策树分类算法在Hadoop平台上实现算法。实验结果显示此分类对“正常”这一类样本的分类效果最佳。从整体来看，决策树分类模型良好。

5.5.3 心律失常数据集的KMeans聚类分析

本节在Hadoop平台上提出了一种基于MapReduce编程思想设计与优化的KMeans并行算法。与传统的KMeans算法相比，设计的并行算法在聚类结果的准确性、加速比、扩展性、收敛性等方面都有显著的提高，降低了因簇密度不均引起误分的概率，提高了算法的聚类精度，并且数据规模越大、节点越多，优化的效果就越明显。

1. 基于Hadoop的心律失常数据集的KMeans算法

算法执行过程如下：

Step1　执行命令，准备输入文件和加载算法程序文件

Step1.1　执行命令cd /usr/local/run，进入hadoop运行路径；

Step1.2　执行命令hadoop fs -mkdir -p /jobs/bayes/input/data，创建输入文件目录；

Step1.3　执行命令hadoop fs -put　test.txt　/jobs/bayes/input/data/，进入本地txt文件所在目录，上传txt文件到hdfs；

Step1.4　执行命令hadoop jar hadoop-streaming.jar -D stream.non.zero.exit.is.failure=false -input /jobs/Kmeans/input/test.txt -output /output -file Kmeans.py -mapper "python Kmeans.py mapper" –reducer "python Kmeans.py reducer"，运行hadoop Streaming 命令。

Step2：预处理数据（Mapper阶段）

Step 2.1　line.rstrip('\n').split(',') 解析全数据；

Step 2.2　x.append(list(map(eval,item))[1:280]) 将特征向量加入列表x；

Step 2.3　y.append(list(map(eval,item))[280]) 将数据特征加入列表y。

Step3　在Hadoop平台进行聚类过程（Reducer 阶段）

Step3.1 Kmn=KMeans(n_clusters=16,random_state=16).fit(x)：设置k=16，并随机选取16个数据作为初始聚类中心，然后重新计算聚类中心，直到距离最小停止计算。

Step4 输出聚类中心和聚类结果（Reducer阶段）

Step4.1 ptint(kmn.cluster_centers_) 打印聚类中心；

Step4.2 print(kmn.labels_) 打印聚类结果。

2. 实验设计

本节采用的实验环境和Hadoop平台配置与前节相同，实验数据是原数据集，具体类别如表5-5所示。

3. 实验及结果

本节实验过程：（1）启动hadoop-master；（2）启动hadoop-slave1；（3）启动hadoop-slave2；（4）启动MobaXterm并连接到主机；（5）启动hadoop集群；（6）启动hadoop集群；（7）创建目录并将.txt上传到HDFS中的路径；（8）运行hadoopStreaming命令，与5.5.1节相似。

KMeans聚类实验结果如图5-43所示。

```
[ 40.68888889   0.46666667 165.62222222 ...   2.10888889  34.22444444
  52.85333333]
[ 50.828125     0.5625     164.84375    ...   1.878125    21.9578125
  38.5453125 ]
...
[ 49.98947368   0.55789474 165.90526316 ...   1.3         12.04315789
  23.03789474]
[ 32.           1.         159.         ...   2.4         32.65
  55.5        ]
[ 50.46666667   0.53333333 165.13333333 ...   0.48        25.26666667
  29.22       ]]
----------------------------------------------------------
[ 3  3  2  5  1 14 14  4  2  1  5  5  2  3  3  2  2 14  2 16  6  3 16  3
  5  5  6  3  6 14  6  3  9  3  6  2  9  5 14  9 14  9 14  6 14  2 14  3
  6  6  3 14  5 14 14 14 16  6  5  1  6  9 14 14  4  3  5  9  3 14 14  4
  9  9  6  9  9  1  2  9 11  9  2 14  2  5 14  5  6  3  2  5  4  3  2  2
 10  5  9 14  2  7  6  9 14  9  6  3  3 14  9 14  2  1  5  4  5 14  6  6
 14  5  9  5  2 11  9  3  9  3  6  5  2  9 14  3 14  6  6  9 14 13  2  4
  3  9  2  2  9  9 15 14  3  5  8  5  6 16  3  3  5 14  4 14  6  9  3  6
 16  6 14  3  9  4  9  3  9  3  9  9  1  3  3  9  6  5 14  3  3  1 14  4
  2  3  9  5  5  9  1  6  1  9  1 13 14  4  9  9  6 14  1 16  6  9  6  6
  2 14 14 13  1  3 14  9  2 14  3  2  4 14 16  3  1  5  5  3 11  9 14  2
 14  4 14  7  9  2  6  3  3  2  5  9  5 14  9 14  6  2  2  1 14 14  9  6
  3 16  5 11 14  5  6 16  9 14  2 14  4  2  3  3  5  3 11  9  9 14 14 14
  9  3 14  4  2  4 14  4  4  3  2  5  4  1 11 14  5 14  9  3 14  3 14  9
  3  9  5  9  9  6  9 14  3  9 14  5  6 14  9 14  6  3  2  2 14 15  9 14
  9  3  9 14  9 14 14  3  3 14  9 14 14  3  2 14  2 14 14  9  3  3 14 16
 14 14  9  4  5  6  9  9  5  9  6  9  6 14  6 14  6  2  6  9 14 14  2  1
  2  9  9  2  1 14  3 12 16  3  9  3 14 16  2 14  6 14 11  4  1  1  2  5
  2 16 11  9  9  3  6 16  9  9 16 14  9  9  5  8  6  4  6 14  6  8  6  4
 10 13  3 14  6  3  5 14  5 14 14  5  3 14  6  1  3 14  9 14]
```

图5-43　KMeans聚类运行结果

图5-43是KMeans聚类运行结果，运行结果的上半部分是得到的16类簇的聚类中心，如表5-13所示；下半部分是对452条数据的聚类结果，聚类结果中的数字1～16表示聚类的标签，如表5-5所示。整理统计KMeans聚类运行结果，如表5-14所示。

表5-13 聚类中心

族编号（1～16）	聚类中心						
1	45.85	0.8	160.75	…	-1.15	24.01	12.51
2	40.68	0.46	165.62	…	2.10	34.22	52.85
3	50.82	0.56	164.84	…	…	21.95	38.54
…	…	…	…	…	…	…	…
14	49.98	0.55	165.90	…	1.3	12.04	23.03
15	32	1	159	…	2.4	32.65	55.5
16	50.46	0.53	165.13	…	0.48	25.26	29.22

表5-14 聚类结果

族编号	样本个数	样本编号
1	20	5，10，60，78，114，181，190，199，201，203，211，221，233，260，302，384，389，406，407，448
2	45	3，9，13，16，17，19，36，46，79，83，85，91，95，96，101，113，125，133，143，147，148，193，217，225，228，240，246，250，258，259，275，278，293，299，231，232，351，353，378，383，385，388，399，407，409，
3	64	1，2，14，15，22，24，28，32，34，48，51，66，69，90，94，108，109，128，130，136，145，153，159，160，167，172，176，178，182，183，188，189，194，222，227，232，236，248，249，265，279，280，282，290，298，308，310，313，321，330，338，344，345，350，357，358，391，394，396，414，435，438，445，449
4	22	8，65，72，93，116，144，163，174，192，206，229，242，277，292，294，296，297，301，364，404，426，432
5	41	4，11，12，25，26，38，53，59，67，86，88，92，98，115，117，122，124，132，154，156，161，186，196，197，234，235，251，253，267，270，300，305，315，324，365，369，408，423，439，441，444
6	51	21，27，29，31，35，44，49，50，58，61，75，89，103，107，119，120，131，138，139，157，165，168，170，185，200，209，213，215，216，247，257，264，271，281，318，325，329，366，371，373，375，377，379，401，415，425，427，429，431，437，447
7	2	102，244
8	3	155，424，430
9	77	33，37，40，42，62，68，73，74，77，80，82，99，104，106，111，123，127，129，134，140，146，149，150，166，173，175，177，179，180，184，195，198，202，214，224，238，245，252，255，263，273，284，285，289，307，312，314，316，317，319，322，327，335，337，339，341，347，356，363，367，368，370，372，380，386，387，395，412，413，417，418，421，422，451
10	2	97，433

（续表）

族编号	样本个数	样本编号
11	8	81，126，237，268，283，203，403，411
12	1	392
13	4	142，204，220，434
14	95	6，7，18，30，39，41，43，45，47，52，54，55，56，63，64，70，71，84，87，100，105，110，112，118，121，135，137，141，152，162，164，171，187，191，205，210，218，219，223，226，230，239，241，243，254，256，261，262，269，274，276，286，287，288，291，295，304，306，309，311，320，323，326，328，333，336，340，342，343，346，348，349，352，354，355，359，361，362，374，376，381，382，390，397，400，402，420，428，436，440，442，443，446，450，452
15	2	151，334
16	15	20，23，57，158，169，212，231，266，272，360，393，398，410，416，419

表5-14是对聚类结果的统计与说明。与原数据集对比可以推测，14类簇可能代表“正常”这一类；7、8、10、12、15类簇中可能有三个类簇代表“1度房室传导阻滞”“2度房室传导阻滞”“3度房室传导阻滞”；因聚类结果不明显，无法推测出其他类簇代表的类别。

本节在进行基于Hadoop的医学数据聚类算法研究时，以心律失常数据作为实验数据集，利用KMeans聚类算法在Hadoop平台上实现算法。实验结果分为聚类中心和聚类结果两部分，因为16个初始聚类中心是随机选取的，所以每次的结果都不确定，最终的聚类效果不太理想。

5.6 药品安全舆情的话题跟踪

5.6.1 相关背景概念

近年来，与药品有关的事件越来越多，如毒胶囊、问题疫苗、假药等。这些药品事件的事实通过各种媒体报道在网络上飞速传开，引起了越来越多的人关注，产生了许多不良的影响。药品安全事件与人们的身体健康密切相关，大众对此关注度高，容易产生消极的非理性情绪。此外，信息传播在时空上呈现出不断变化的复杂趋势，不良情绪的叠加可能导致更严重的社会危机。有报告指出，近90%的药品安全舆情事件均未取得令人满意的结果。因此，迫切需要对大量的药品舆论信息进行处理并获得敏感信息，达到舆论信息的抓取、解析、观测、示警和跟踪。由于数据太大、信息不集中、数据结构不明显等特点，导致以前的服务器在处理数据上效果不理想，无法有效达到对药品安全舆论分类的目的。Hadoop技术的飞速发展，提高了对大量数据进行处理的效率。为此，本节研究了基于Hadoop的药物安全舆论主题跟踪模型和算法，实现了对药物安全舆论的快速分类，加快了对舆论分类的能力，为以后的研究提供了方向。

话题跟踪（Topic Tracking）技术可以帮助人们在社交媒体发布的众多信息中鉴别出已知话题并对其进行不断地、准确地跟踪，提供人们所需的信息。它主要包括下述概念：话题，是指某个事件的核心内容或与之关联的事件。事件，是指由特定的原因和条件引发的，包含人物、时间以及地点等。报道，对于某时间段的相关报道，过去主要是指未提及的新闻报道，延伸到社交媒体和社交信息，例如，一篇文章可被视为一篇报道。话题检测与跟踪技术是一项非常全面的技术，它要求多种技术相结合，而话题跟踪就是关键。

朴素贝叶斯分类（Naive Bayes，NB）算法十分简单，容易实现；朴素贝叶斯模型分类效率稳定；它能处理好小型的数据，可以同时处理多个分类，还可以增加数据进行训练；对于缺少的数据敏锐度不高，它经常被用于文本分类。采用朴素贝叶斯（NB）分类算法作为药品安全舆情话题的分类算法，对抓取的数据经过预处理之后将文本依据不同的类别分好类，然后将分好类的部分文本输入，训练话题模型，最后利用模型判定分好类的测试文本的类别。对于药品安全舆情信息，可以通过朴素贝叶斯（NB）分类算法的步骤一步一步实现药品安全舆情文档的分类，进而实现药品安全舆情话题的跟踪。但是由于药品安全舆情信息的数据量太大，仅仅依靠服务器处理难以满足药品安全舆情信息的跟踪。

基于Hadoop的朴素贝叶斯分类。Hadoop作为一个能够处理大量数据的平台，它通过对药品安全舆情信息进行存储和处理，能够有效地提高数据的处理效果。本书的编程模型采用了MapReduce，可以更有效地提高朴素贝叶斯分类算法对药品安全舆情的分类能力。算法中的MapReduce，其包含Map和Reduce。首先，利用Map函数主要对原始数据进行清洗操作。然后，再利用Reduce进行数据加工，实现数据合并，获得分类结果，从而可以减少数据移动，并提高算法的处理速度。本书通过其构造基于Hadoop的药品安全舆情话题跟踪模型与算法，完成对药品安全舆情信息的跟踪。根据统计药品安全舆情文档中词语出现的概率、各个类别文档的数量等信息输入分类算法进行训练，构建模型分类器，达到药品安全舆情信息的分类处理的目的。

5.6.2 基于NB和Hadoop的话题跟踪算法

1. 计算先验概率和条件概率

本节的朴素贝叶斯算法是通过计算先验概率和条件概率实现对药品安全舆情话题的分类。算法中，计算先验概率是通过计算每个类的文档在总训练类中占的比例，即先验概率P（a）=类a下文档总数/整个用来训练模型的样本的文档总数；计算条件概率是通过计算每类文档中各词语在文档中出现的次数统计加和在每类中词语的总统计数与不重复的词语的总统计数之和中占的比例。具体过程如下所示：

Step1 DocOfClassMap，获取训练模型时统计的训练集的样本数量和每个类下单词的数量，输入处理后的测试数据，测试数据格式<<class doc>,word1 word2 ...>，构建新的<类别，概率>键值对；

Step2 DocOfClassReduce，对数据进行循环遍历并进行输出，对第一次循环先进行赋值，然后再进行比较，当期概率更大时进行更新。

Step3 GetPriorProbably（String docNum），根据上述步骤结果计算先验概率，利用该静态函数计算每个类的文档在总类中占的比例，即先验概率P（a）=类a下文档总数/整个用来训练模型的样本的文档总数。

Step4 GetConditionProbably（String wordCount），根据上述步骤结果计算条件概率，条件概率通过计算每类文档中各词语在文档中出现的次数统计加和，在每类中词语的总统计数与不重复的词语的总统计数之和中占的比例。

2. 算法流程

算法执行过程如下：

Step1 **执行命令**

```
cd /usr/local/run
hadoop fs -rmr /jobs/naive_bayes
hadoop fs -mkdir -p /jobs/naive_bayes/input/data
#进入本地Excel文件所在目录，上传Excel文件到hdfs
hadoop fs -put 8个类别.xlsx /jobs/naive_bayes/input/data/
hadoop fs -mkdir -p /jobs/naive_bayes/output
```

Step2 **预处理数据**

ParseData.parseTrainDataset（dataOrg,trainData）；

ParseData.parseValidateDataset（predictOrg,predictData）；

Step 2.1 parseTrainDataset 解析训练集；

Step 2.2 parseValidateDataset 解析验证集。

Step3 **在Hadoop平台利用数据训练的过程，并输出模型**

BayesClassify.main（new String[]{trainData,docNum,wordCount}）；

Step3.1 DocNums_Map，它继承Mapper，主要实现对训练集数据各类别名的读写；DocNums_Reduce，继承Reducer，成为自定义的Reducer，主要业务逻辑就是复写其中的reduce函数，实现对训练集各类别下文档遍历并统计每个类对应的文件数量；

Step3.2 WordCount_Map 继承Mapper，实现对训练集数据各词语的读写；WordCount_Reduce，继承Reducer，实现对训练集各类别下词语遍历并统计每个类下词语数量。

Step4 **用输出的模型对测试集文档进行分类测试，输出每个测试文档的分类结果**

Step4.1 WordMapper，继承Mapper，实现对测试集数据各文档和词语的读写；WordReducer，继承Reducer，实现对测试集数据各类别下词语遍历并统计每个类下词语数量；

Step4.2 DocOfClassMap，输入处理测试数据，测试数据格式<<class_doc>,

word1 word2 ...>，设置HashMap<String,Double> classProbably为先验概率；HashMap<String,Double> wordsProbably，为条件概率。DocOfClassReduce，循环遍历输出，当概率更大时就更新tempClass和tempProbably;

Step4.3 GetPriorProbably（String docNum），计算先验概率，利用该静态函数计算每个类的文档在总类中占的比例；

Step4.4 GetConditionProbably（String wordCount），计算条件概率。

Step5 **利用测试文档的真实类别，计算评价指标**

Step5.1 OriginalDocOfClassMap，读写原本的文档分类，得到文档分类的类别；Reduce，计算得出初始情况下各个类有哪些文档。

Step5.2 ClassifiedDocOfClassMap，读取经贝叶斯分类器分类后的结果文档<Doc,ClassName 概率>，并将其转化为<ClassName,Doc>形式；Reduce，计算得出经贝叶斯分类后各个类有哪些文档。

Step5.3 GetEvaluation，利用所选评价指标评价算法。

5.6.3 实验设计与结果分析

1. 实验设计

实验环境。本节在PC上搭建整体测试环境，以保证后续系统测试的顺利进行。实验硬件配置：Intel（R） Core（TM） i5-5200U CPU @ 2.20GHz 2.19GHz，内存12.0GB，外部存储硬盘500G。实验软件环境：操作系统Windows8、centos7.3_1，Java环境JDK1.8，开发工具eclipse，Hadoop版本hadoop2.7.6。

评测机制。在文本分类中，评估是一个必要的工作，本节采用精确率（Precision）、召回率（Recall）和F_1来评估话题跟踪的性能，其具体定义：

Precision $P = TP/(TP+FP)$

Recall $R = TP/(TP+FN)$

P和R的调和平均 $F_1 = 2PR/(P+R)$

TP是指统计初始情况下的分类和贝叶斯分类两种情况下各个类公有的文档数目（即针对各个类分类正确的文档数目）；FN是指初始情况下的各个类总数目减去结果正确的数目；FP是指贝叶斯分类得到的各个类的总数目减去结果正确的数目。

2. 实验数据

数据集：本节利用八爪鱼采集器从某医药网获取9888条医药新闻作为分析数据源，后续的实验数据均由原始数据处理后得到。数据预处理：在数据集中以手工标记的方式从原始数据集中选取八类药品安全领域数据共5667例作为后续实验数据。手工标记的实验数据类别分布情况如表5-15所示。利用中文分词技术进行文本的预处理，对标点符号及无意义虚词进行剔除，最终形成实验使用的语料库。

表5-15　手工标记的实验数据类别

序号	记录数	类别
话题1	377	药品研发
话题2	500	药品安全
话题3	511	药品供应
话题4	635	药品销售
话题5	936	药品质量
话题6	1073	疫苗
话题7	1681	药品生产
话题8	54	药品法

3. **实验及结果**

将上述数据集作为输入测试基于NB和Hadoop的话题跟踪算法，其实验结果如表5-16所示。

表5-16　基于NB和Hadoop的话题跟踪算法测试结果

序号	话题	Precision（%）	Recall（%）	F_1（%）
话题1	药品研发	54.0	42.6	47.6
话题2	药品安全	37.3	56.2	44.9
话题3	药品供应	66.6	42.3	51.8
话题4	药品销售	56.1	59.9	57.9
话题5	药品质量	21.6	52.6	30.7
话题6	疫苗	95.0	3.5	68.3
话题7	药品生产	14.5	85.1	24.7
话题8	药品法	92.4	19.1	31.6
平均值		54.7	45.2	37.0

由表5-16可知，基于Hadoop平台的朴素贝叶斯分类算法能够运行并实现测试样本的正确分类。实验结果表明，朴素贝叶斯返回相关实例的能力，即精确度相对较好；而识别所有相关实例的能力，即召回率相对较差；且调和平均指标，即F_1的整体最佳模型出现在阈值0.57处，即话题4。

随着网络的高速发展和普及，各种社交媒体每天发布的信息呈指数性增长。面对大量的网络信息，传统的人工抓取数据和跟踪药品安全舆情的方式已经不能满足实际舆情工作的需求，Hadoop大量数据处理以及存储为解决该问题提供了有效途径。本书以医药新闻为数据源，使用人工标记提取相应的主题，在Hadoop平台上使用朴素贝叶斯算法对药品安全话题进行跟踪，虽然取得了一定的效果，但今后还需要提升算法的准确率、召回率以及调和平均指标F_1值。

第6章　大数据存储技术

本章引言

本章主要讨论数据存储、数据管理系统、面向大数据的存储、大数据存储方式问题，NoSQL基础知识、NoSQL的种类、典型的NoSQL工具等问题，HBase的部署、配置、Shell、模式设计、安全等问题以及Hive的相关方法技术。

6.1 概述

6.1.1 数据存储基本概念

数据存储结构：穿孔纸带结构（非数字化）；文件：Text、Excel、XML、JSON；数据库：关系模型、对象图、属性列表等。

数据存储方式：（1）纸带和磁带。（2）数字存储。随机存取存储器（Random Access Memory，RAM）、磁盘（HDD）和磁盘阵列、存储级存储器的闪存和SSD、光盘。

数据存储系统将收集的信息以适当的格式存放以待分析和价值提取。数据存储系统应该具有如下两个特征：存储基础设施应能持久和可靠地容纳信息；存储系统应提供可伸缩的访问接口供用户查询和分析巨量数据。

数据存储功能划分：（1）硬件基础设施，存储技术、体系结构；（2）数据管理软件，文件管理系统、数据库、大数据管理系统。

数据存储基础设施：存储技术。数据存储设备可以根据存储技术分类。典型的存储技术有如下几种：（1）随机存取存储器（Random Access Memory，RAM）；（2）磁盘（HDD）和磁盘阵列；（3）存储级存储器。这些存储设备具有不同的性能指标，可以用来构建可扩展的、高性能的大数据存储子系统。

一个典型的基于SSD的多层存储系统，该系统由三个部件构成：I/O请求队列，虚拟化层，阵列。目前，IBM、EMC、3PAR等公司的基于SSD的商用多层存储系统已能获得较好的性能，基于SSD的多层存储系统如图6-1所示。

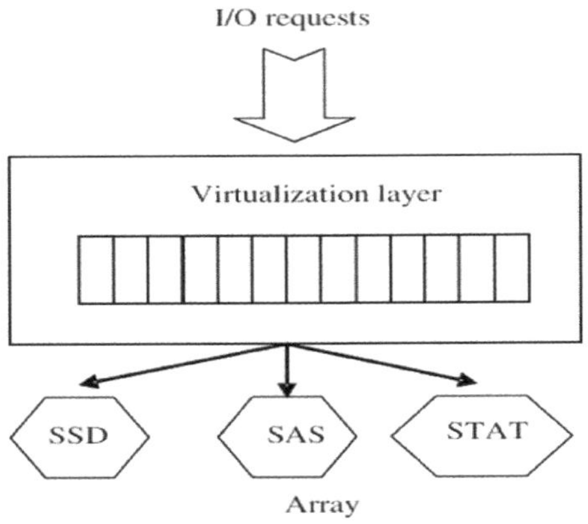

图6-1 基于SSD的多层存储系统

数据存储基础设施：体系结构。从网络体系结构的观点理解存储基础设施，存储子系统可以通过不同的方式组织构建。开放系统的外挂存储：直接附加存储（Direct Attached Storage，DAS）、网络附件存储（Network Attached Storage，NAS）、存储区域网络（Storage Area Network，SAN）。三种存储方式各有优势，相互共存。三种存储技术的存储网络体系架构如图6-2所示。

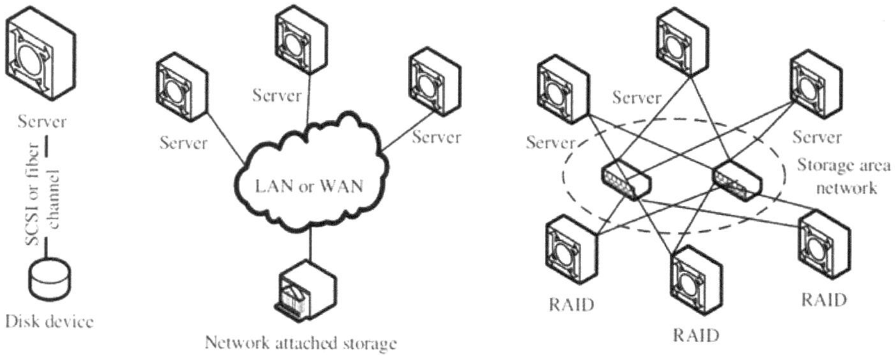

图6-2　三种存储技术的存储网络体系架构

6.1.2 数据管理系统

数据管理软件：文件管理系统，操作系统；数据库系统，DBMS；大数据管理系统，分布式文件系统。

数据管理系统的演变：穿孔纸带，文件系统，数据库管理系统（DBMS），网状数据库、层次数据库、关系数据库、面向对象数据库，决策支持系统和数据仓库，MPP数据库（Massively Parallel Processing），Hadoop系统。

关系代数（Relation Algebra）。关系代数是一种抽象的查询语言，用对关系的运算来表达查询，作为研究关系数据语言的数学工具。集合运算：并、交、差、广义笛卡尔积。关系运算：选择（Selection）、投影（Projection）、连接（Join）、除（Division）。

结构化查询语言（SQL）。1974年，IBM的Boyce和Chamberlin将Codd关系数据库的12条准则的数学定义以简单的关键字语法表现出来，里程碑式地提出了SQL（Structured Query Language）语言。1976年IBM的Codd发表了一篇里程碑式的论文“R系统：数据库关系理论”，介绍了关系数据库理论和查询语言SQL。随后，Oracle的创始人Larry Ellison仔细地阅读了这篇文章，几个月后，Ellison他们就开发了Oracle 1.0。

关系型数据库的突出优势：保持数据的一致性（事务处理），由于以标准化为前提，数据更新的开销很小（相同的字段基本上都只有一处），可以进行JOIN等复杂查询，存在很多实际成果和专业技术信息（成熟的技术）。关系型数据库不擅长的方面：大量数据的写入处理，为有数据更新的表做索引或表结构（Schema）变更，字段不固定时应用，对简单查询需要快速返回结果的处理。

数据仓库是一个面向主题的、集成的、相对稳定的、反映历史变化的数据集合，用于支持管理决策。数据仓库的四种类型：传统数据仓库、实时处理数据仓库、关联发现数据仓库、数据集市，数据仓库如图6-3所示。

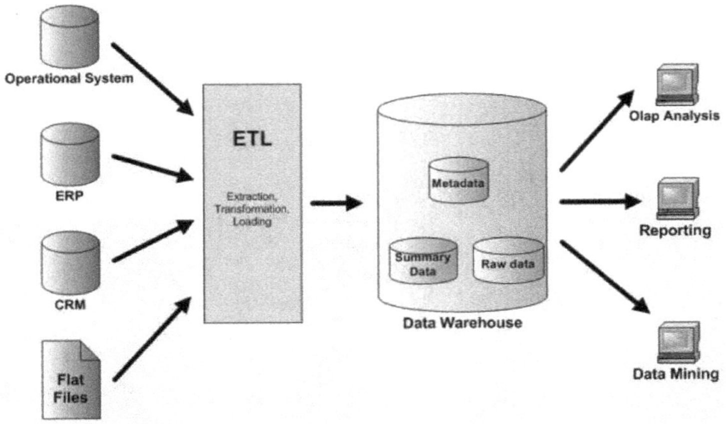

图6-3　数据仓库

数据仓库架构的挑战：数据增长速度非常快，数据源的类型也越来越多，需要数据库虚拟化技术（关联）、数据挖掘和机器学习的支持。

6.1.3 面向大数据的存储

大数据的存储问题：容量，“大容量”通常是指可达PB级的数据规模；延迟，大数据应用不可避免地存在实时性的问题；安全，催生出了一些新的、需要重新考虑的安全性问题；成本，只有让每一台设备都实现更高的“效率”，才能控制住成本；灵活性，大数据存储系统的基础设施规模都很大，要保证存储系统的灵活性，使其能够随时扩容及扩展。大数据存储技术的发展：人工管理，文件系统，数据库，Google File System、HDFS、HBase etc。

数据存储面临的三大挑战：（1）系统问题，面对大数据的爆炸式增长，且具有大数据量、异构型、高时效性的需求时，数据的存储不仅给存储容量带来压力，还给系统的存储性能、数据管理乃至大数据的应用方面带来了挑战。（2）管理问题，这些大量的数据结构复杂、种类繁多，如何对分布、多态、异构的大数据进行管理的问题已经不期而至。传统的数据存储方式面对大数据的猛烈增长已不能满足需求，需要开展分布式存储的研究。（3）应用问题，随着数据量的爆炸式增长，不断刺激着计算机技术的发展，如何利用大数据为人们生活所用，即是大数据的应用问题。大数据的应用在人类活动中所涉及的范围越来越大，与我们已经密不可分。

数据转换：（1）数据转换是按照预先设计好的规则将抽取的数据进行转换，在转化过程中，我们需要对数据进行清洗、整理和集成，即发现数据中的错误数据并进行相应的改正，将原来不同规则的数据整理集成为统一的规则。（2）全量抽取发现空值并处理，发现源数据中字段空值，按照一定的规则进行加载或者替换，比如可以用“0”或者按照该字段的平均取值来替换。（3）规范数据格式，将不同源系统的不同数据格式统一规范。转化过程需要将这些不同的表示格式统一成为唯一的规范格式。（4）拆分数据，有时候需要一句业务需求对字段进行分解。比如，通话主叫号码02381322854，可进行区域码和电话号码分解，获得主叫地区023和主叫号码81322854。

数据存储系统能力的提升主要有三个方面，一是提升系统的存储容量，二是提升系统的吞吐量，三是提升系统的容错性。（1）存储容量，提升系统容量有两种方式：一种是提升单硬盘的容量，通过不断采用新的材质和新的读写技术实现。目前单个硬盘的容量已经进入TB时代。另外一种是在多硬盘的情况下如何提升整体的存储容量。（2）吞吐量，对于单个硬盘，提升吞吐量的主要方法是提高硬盘转速，改进磁盘接口形式或增加读写缓存等。而要提升数据存储系统的整体吞吐量，比较典型的技术是早期的专用数据库机体系。（3）容错性，数据存储容错是指当系统中的部件或节点由于硬件或软件故障，导致数据、文件损坏或丢失时，系统能够自动将这些损坏或丢失的文件和数据恢复到故障发生前的状态，使系统能够维持正常运行的技术。

提升系统的存储容量：（1）DAS直连式存储。直连式存储是最早出现的最直接的扩展数据存储模式，即将数据存储设备与数据使用设备（服务器或工作站）直接相连的模式。DAS结构有扩展性差，成本高，资源利用率低和备份、恢复与扩容过程复杂的不足之处。（2）NAS网络接入存储。NAS，网络接入存储顾名思义是通过网络与其他设备相连并提供具有文件访问能力的存储设备。由于架构的先天不足，也存在受局域网带宽的限制，不适用数据块级访问方式和无法实现集中备份这些与大数据处理不相适应的问题。（3）SAN存储区域网络。SAN是指提供格式统一的、数据块级访问能力的一种专用局域网络。它具有系统的整合度高、数据集中度高和高扩展性的优良特性。因此，在一些大数据处理的复杂环境下，NAS与SAN常常作为互补的两种技术同时使用。（4）云存储。云存储是指通过网络技术、分布式文件系统、集群应用、服务器虚拟化等技术将网络中海量的不同类型的存储设备构成可扩展、低成本、低能耗的共享存储资源池，并提供数据存储访问、处理功能的系统服务。

提升系统的吞吐量：（1）PPT每磁道专用处理器架构。每磁道专用处理器架构是由Slotnck在1970年提出的，这是最早的专用数据库机架构。20世纪70年代中期，提出了具有使用价值的PPT架构，包括CASSM、RAP、RARES。（2）每磁头专用处理器架构。每磁头专用处理器架构（PPH）是为了解决PPT架构的磁道容量限制缺陷。PPH架构面向的是采用移动技术的磁盘，每个磁头伴有一个专用处理器。因此，可以在磁盘的一次旋转周期内读取完一个整柱面的数据。（3）多处理器缓存架构。多处理器缓存架构将原来直接相连的处理器与存储组件分离，采用一个大容量的共享缓存将两者相连，目的是充分利用多处理器的并行读取的高速处理能力和通用大容量存储设备的低成本优势。

提升数据存储系统的容错性：（1）磁盘镜像和磁盘双工，磁盘镜像和磁盘双工是中小型网络系统中经常使用的容错技术。磁盘镜像是指将两个硬盘接在同一个硬盘控制卡上，用同一个硬盘控制卡来管理两个硬盘的数据读写。当系统向服务器写入数据时，该部分数据将同时写入两个硬盘。当出现一个硬盘损坏时，可以从另一个硬盘获得数据，确保系统正常运行。（2）基于RAID的磁盘容。冗余磁盘阵列（Redundant Arrays of Inexpensive Disks，RAID）技术的基本原理是采用多块价格较便宜的磁盘，组成一个容量巨大的磁盘阵列，配合数据分散存储设计，提升数据存储容错性。RAID技术分为多个等级，以数字编号，比较常见的等级有RAID0、RAID1、RAID3、RAID5。（3）基于集群的数据容错。基于集群的数据容错是构建在多台存储节点上的容错技术。集群容错的基本思想是将同一份数据在集群中的不同节点中进行冗余存储，确保部分节点的故障不会影响系统整体的正常运行。其数据存储容错可以采用两种方式，即双机互援模式和双机热备模式。

管理问题的三个管理技术：（1）存储资源管理方法。为了解决集群存储环境下的存储资源管理问题，采用存储资源映射方法，通过在物理资源和虚拟存储资源请求之间建立合理的映射关系，来进行有效的存储资源管理。（2）支持多用户的资源使用和存储环境隔离机制。当用户数量增多，有限的存储资源已经不能满足用户对该类资源的需求时，用户与资源的矛盾就会凸显出来。解决这种矛盾的最有效的方法就是采取有效资源共享机制，将有限数量的资源按需求动态共享给多个用户使用。任何单体存储阵列所创建的物理卷的容量都是有限的，而多个异构的存储系统联合在一起就可以创建出一个更大的逻辑卷。（3）基于Hadoop的大数据存储机制。大数据的各类描述方式的多样性存在着结构化数据、半结构化数据和非结构化数据需要进行处理。对于结构化数据，通常的处理方式仍是采用关系型数据知识库进行处理，对于半结构和非结构化的知识，Hadoop框架提供了很好的解决方案。

应用问题：（1）大数据在高能物理中的应用。高能物理学科一直是推动计算机技术发展的主要学科。高能物理是一个天然需要面对大数据的学科。高能物理学家经常需要从大量的数据中去发现一些小概率的粒子事件，这跟大海捞针一样。万维网技术的出现就是源自高能物理对数据交换的需求。在大数据条件下计算、存储一直考验着高能所的数据中心系统。（2）搜索引擎。搜索引擎是简单与复杂的完美结合，目前最为常见的开源系统Hadoop就是按照谷歌的系统架构设计的。每一次搜索请求可能都会有大量服务响应。搜索引擎是一个典型且成熟的大数据系统，它的发展历程为大数据研究积累了宝贵的经验。（3）推荐系统。推荐系统在电子商务网站上的应用可以说是无处不在，当我们浏览网页时会看见某个位置出现一个商品推荐或者系统弹出一个商品信息，而这些商品可能正是我们自己感兴趣的或正希望购买的商品，这就是推荐系统在发挥作用。

面向大数据的存储基础设施特性：（1）存储基础设施。为了适应大数据系统的特性，存储基础设施应该能够向上和向外扩展，以动态配置适应不同的应用。（2）存储虚拟化。基于SAN的存储虚拟化在可扩展性、可靠性和安全性方面能够比基于NAS的存储虚拟化具有更高的性能。SAN需要专用的存储基础设施，从而带来较高的成本。（3）按数据类型与存储方式的不同，可分为MPP并行数据库和内存数据库、基于Hadoop开源体系的大数据系统、MPP并行数据库与Hadoop的混合集群。

从数据管理角度看大数据存储：（1）分布式文件系统，GFS、HDFS。（2）NoSQL数据库，键值（Key-value）存储数据库，Dynamo；列式存储数据库，BigTable、HBase；文档存储数据库，MongoDB。

6.1.4 大数据存储方式

大数据存储方式：（1）分布式系统。分布式系统可以解决大数据存储的问题，为大数据的存储提供了方式。分布式系统的定义包括两个方面，第一是关于硬件的：机器本身是独立的；第二个方面是关于软件的：对于用户来说，他们就像跟单个系统“打交道”。这两个方面一起阐明了分布式系统的本质，缺一不可。（2）NoSQL数据库。它是“Not Only SQL”的缩写，意义是适用关系型数据库的时候就使用关系型数据库，不适用的时候也没必要非使用关系型数据库不可，可以考虑使用更加合适的数据存储方式。（3）云存储。云存储是伴随着云计算技术的发展衍生出来的一种新兴的网络存储技术，它是云计算的重要组成部分，也是云计算的重要应用之一。它不仅是数据信息存储的新技术、新设备模型，也是一种服务的创新模型。

分布式系统四种常见的数据分布方式：（1）哈希方式。哈希方式是最常见的数据分布方式，其方法是按照数据的某一特征计算哈希值，并将哈希值与机器建立映射关系，从而将不同哈希值的数据分布到不同的机器上。（2）按数据范围分布。按数据范围分布是另一个常见的数据分布方式。将数据按特征值的值域范围划分为不同的区间，使得集群中每台（组）服务器处理不同区间的数据。（3）按数据量分布。与哈希方式和按数据范围分布有所区别的是，按数据量分布数据与具体的数据特征无关，而是将数据视为一个顺序增长的文件。（4）一致性哈希。一致性哈希的基本方式是使用一个哈希函数计算数据或数据特征的哈希值，使得哈希函数的输出值域为一个封闭的环。

具有代表性的NoSQL数据库：（1）键值存储。临时性键值存储的特点是在内存中保存数据，可以进行非常快速的保存和读取处理，数据有可能丢失。永久性键值存储的特点是在硬盘上保存数据，可以进行非常快速的保存和读取处理，数据不会丢失。此类型数据库适合处理的数组类型的特点有同时在内存和硬盘上保存数据，可以进行非常快速的保存和读取处理，保存在硬盘上的数据不会消失（可以恢复），适合处理数组类型的数据。（2）面向文档的数据库，其特点主要两个方面：第一，不定义表结构。即使不定义表结构，也可以像定义了表结构一样使用。关系型数据库在变更表结构时比较麻烦，而且为了保持一致性还需要修改程序。然而NoSQL数据库则可省去这些麻烦，确实是方便快捷。第二，可以使用复杂的查询条件。跟键值存储不同的是，面向文档的数据库可以通过复杂的查询条件来获取数据。虽然不具备事务处理和JOIN这些关系型数据库所具有的处理能力，但除此以外的其他处理基本上都能实现，这是非常容易使用的NoSQL数据库。（3）面向列的数据库。面向列的数据库具有高扩展性，即使数据增加也不会降低相应的处理速度（特别是写入速度），所以它主要应用于需要处理大量数据的情况。另外，利用面向列的数据库的优势，把它作为批处理程序的存储器来对大量数据进行更新也是非常有用的。但是，由于面向列的数据库跟现行数据库存储的思维方式有很大不同，应用起来是非常困难的。

6.2 NoSQL

6.2.1 NoSQL基础知识

NoSQL的含义。NoSQL泛指非关系型的数据管理技术。如果Hadoop是一个产品，那么NoSQL就是一项技术。NoSQL——Not Only SQL，即不仅仅是关系型数据，可以应用于结构化、半结构化和非结构化数据存储。

NoSQL的产生。随着大数据时代的到来及互联网Web2.0网站的兴起，传统的关系型数据库在应付海量数据存储和读取以及超大规模、高并发的Web2.0纯动态网站的数据处理方面已经显得力不从心，NoSQL技术的产生就是为了应对这一挑战。NoSQL的概念最初在2009年被提出，对传统的数据管理方式是一次颠覆性的改变。

NoSQL的特点：易扩展性；数据量大，性能高；灵活的数据模型；高可用性。

大数据的一致性策略（CAP）（见图6-4），即一致性（Consistency）、可用性（Availability）和分区容错性（Partition Tolerance）。

大数据存储的核心需求具体如表6-1所示。

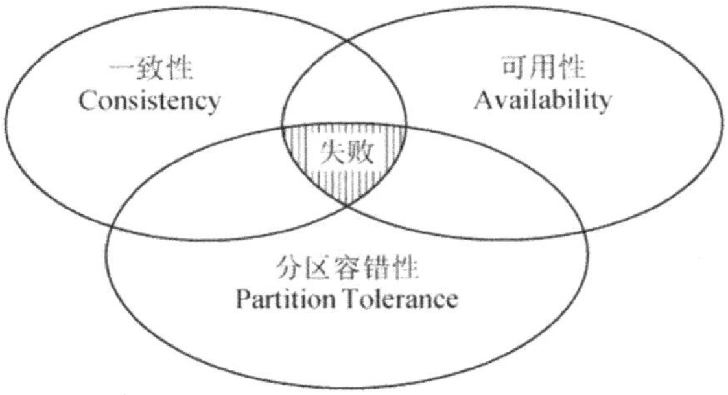

图6-4 大数据的一致性策略

表6-1 大数据存储的核心需求

核心需求	RDMS	NoSQL
高并发读写	保证一致性的开销过大，难以实现高并发；存储性能受限于控制器，性能难以保证	不保证遵循ACID原则，提高并发读写性能
高效率存储和访问	关系型表单存储难以适应不同数据类型；上亿行数据的超级达标效率极低	Schema-Free存储适应不同数据类型；舍弃SQL标准功能，尽量简化数据操作，提升效率；MapReduce实现高效访问
高可扩展性和高可用性	无法简单地通过添加服务节点来扩展数据容量和负载能力，难以进行横向扩展；数据库升级需要停机维护和数据迁移，导致服务中断	支持水平扩展，可简单地通过添加服务节点来扩展数据容量和负载能力；数据库升级不影响服务持续

（续表）

核心需求	RDMS	NoSQL
低成本建设运维	传统基于盘阵的存储设备，造价昂贵，且市场垄断严重，建设成本居高不下，扩容成本尤其高；许可和维护花费高昂	基于X86设备，价格低廉；开源系统，节省许可费用

大数据分区技术：范围分区、列表分区、哈希分区。大数据放置策略：顺序放置策略、随机放置策略。

大数据的复制与容错技术：为应对分布式环境下可能出现的各种故障，数据需要被及时备份，并采取一定的容错技术。

分布式缓存技术是为了提高系统的数据查询性能。另外，建立一层缓冲，也便于在不同结点之间进行数据交换。分布式缓存可以横跨多个服务器，可以灵活地进行扩展。

关系型数据库与NoSQL数据存储。关系型数据库的局限性：难以满足高并发读写的需求，难以满足对海量数据高效率存储和访问的需求，难以满足对数据库高可扩展性和高可用性的需求。NoSQL数据存储：不需要固定的表结构，通常也不存在连接操作。在大数据存取上具备关系型数据库无法比拟的性能优势。非关系型数据库以键值对存储，它的结构不固定，每一个元组可以有不一样的字段，每个元组可以根据需要增加一些自己的键值对，这样就不会局限于固定的结构，可以减少一些时间和空间的消耗。

大数据存储与管理的三种技术路线。第一，大规模的结构化数据：采用新型数据库集群，结合MPP（Massive Parallel Processing）架构高效的分布式计算模式，实现对PB量级数据的存储和管理。第二，半结构化和非结构化数据：基于Hadoop开源体系。第三，结构化和非结构化混合的大数据：采用MPP并行数据库集群与Hadoop集群的混合来实现对百PB级、EB量级数据的存储和管理。

6.2.2 NoSQL的种类

关系数据库系统的挑战：难以管理所有类型多样的数据；关系模型不容易组织高维时空数据、大规模的图数据等；难以并行化实现大规模数据的高速处理；高并发读写操作难以实现；难以满足对海量数据高效率存储和访问的需求；大规模节点的并行操作很困难；难以满足对数据库高可扩展性和高可用性的需求。

大数据管理系统主要分为三类：第一，分布式文件系统，GFS、HDFS。第二，NoSQL数据库、键值（Key-value）存储数据库，Dynamo；列式存储数据库，BigTable、HBase；文档存储数据库，MongoDB；图形存储数据库（Graph-Oriented），Neo4J。第三，NewSQL数据库，VoltDB、RethinkDB、ScaleDB。

表6-2 NoSQL的类型

存储类型	特性	典型工具
键值存储	可以通过键快速查询到值，值无须符合特定格式	Redis
列存储	可存储结构化和半结构化数据，对某些列的高频查询；有很好的I/O优势	Bigtable、Hbase
文档存储	数据以文档形式存储，没有固定格式	CouchDB、MongoDB
图形存储	以图形的形式存储数据及数据之间的关系	Neo4J

1.键值存储

Key-Value键值数据模型是NoSQL中最基本的、最重要的数据存储模型。基本原理是在Key和Value之间建立一个映射关系。Key-Value数据模型和传统关系数据模型相比有一个根本的区别，就是在Key-Value数据模型中没有模式的概念。在Key-Value模型中，只要制定好Key与Value之间的映射，当遇到一个Key值时，就可以根据映射关系找到与之对应的Value，其中Value的类型和取值范围等属性都是任意的。

2.列存储

列存储是按列对数据进行存储的，在对数据进行查询的过程中非常有利，查询效率高。列存储可以将数据存储在列族中，存储在一个列族中的数据通常是经常被一起查询的相关数据。列存储的数据模型具有支持不完整的关系数据模型，适合规模巨大的海量数据，支持分布式并发数据处理等特点。总的来讲，列存储数据库的模式灵活、修改方便、可用性高、可扩展性强。

3.面向文档存储

面向文档存储是IBM最早提出的，是一种专门用来存储管理文档的数据库模型，是由一系列自包含的文档组成的。这意味着所有数据都存储在文档中，而不是表。在面向文档数据库中，文档被看作是数据处理的基本单位。文档可以很长也可以很短，可以复杂也可以简单，不必受到结构的约束。灵活、数据可共享是面向文档存储的特点。

4.图形存储

图形存储是将数据以图形的方式进行存储。在构造的图形中，实体被表示为结点，实体与实体之间的关系则被表示为边，对数据的查询就是对图的遍历。图形存储最突出的特点就是研究实体与实体间的关系，所以图形存储中有丰富的关系表示。

6.2.3 典型的NoSQL工具

1.Redis

Redis是一个典型的开源Key-Value数据库。目前Redis的最新版本为3.2.0。Redis的运行平台可以在Linux和Mac OS X等操作系统下运行使用，其中，Linux为主要推荐的操作系统。Redis的特点是支持存储的Value类型多样，存储效率高，同步性好。

2.Bigtable

Bigtable是Google在2004年开始研发的一个分布式结构化数据存储系统，运用列存储的方法，是一个未开源的系统。Bigtable不支持完整的关系数据模型，对BigTable而言，数据是没有格式的，用户可以自己去定义。

3.CouchDB

CouchDB是一个开源的面向文档的数据管理系统。CouchDB可以安装在大部分操作系统上，包括Linux和Mac OS X。CouchDB的文档更新模型是无锁的，对此CouchDB与SQL，CouchDB的结构无须预定义，没有固定模式，是任意结构的文档的集合；数据不必满足任何范式，存在数据冗余；用户无须了解文档结构甚至是文档名；属于动态模式下的静态查询。

6.3 HBase

6.3.1 HBase简介

1. HBase概述

HBase是Google BigTable的一种开源实现，它提供了稀疏、分布式、面向列的表存储。在HBase中，每个值都按照三元组（行、列和时间戳）的形式进行索引。

Hbase是Apache Hadoop 的数据库，目标就是存储并处理大型的数据，能够对大型数据提供随机、实时的读写访问，是建立在hdfs之上，提供高可靠性、高性能、多版本、面向列的存储模型实时读写的数据库系统。它介于NoQSL和RDBMS之间，仅能通过主键（row key）和主键的range来检索数据，主要用来存储非结构化和半结构化的松散数据。与Hadoop一样，Hbase目标的实现主要依靠横向扩展，通过不断增加廉价的商用服务器来增加计算和存储能力。

2. HBase的体系架构

HMaster是集群的管理者。HMaster失效短时间内，HBase集群仍可继续工作，最多可配置10个HMaster。

HRegion是HBase表数据存储分配的最小单位，会自动进行拆分与合并。HBase在存储表数据时自动按行键（rowkey）将表分成很多块进行存储，每一块称为一个HRegion。

HRegionServer。HRegionServer负责管理本服务器上的HRegions，处理对HRegion的I/O请求。

Client。Client端有访问HBase的接口，并通过缓存来加快对HBase的访问。

ZooKeeper。ZooKeeper主要用于解决分布式应用中经常遇到的统一命名服务、状态同步服务、集群管理、配置项管理等问题。

元数据。所有的HRegion ID及其映射信息组成了HRegions元数据。用户表的HRegions元数据被存储在.META.表中。

HBase的体系架构如图6-5所示，HRegions定位如图6-6所示。

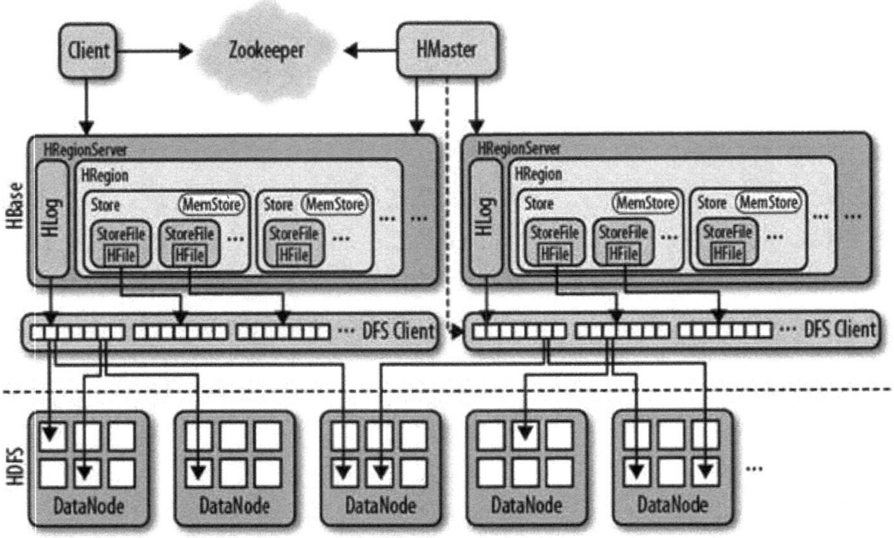

图6-5 HBase的体系架构

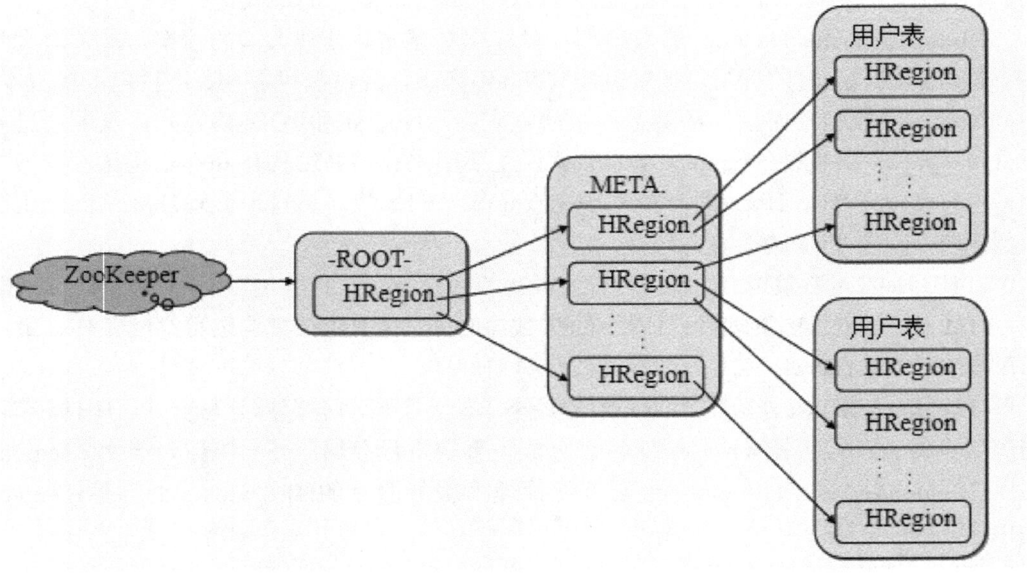

图6-6 HRegion定位示意图

HBase中的每张表都通过行键按照一定的范围被分割成多个子表（Region），默认一个Region超过256M就要被分割成两个，由RegionServer管理，管理哪些Region由HMaster分配。RegionServer存取一个子表时，会创建一个Region对象，然后对表的每个列族（Column Family）创建一个Store实例，每个Store都会有0个或多个StoreFile与之对应，每个StoreFile都会对应一个HFile， HFile就是实际的存储文件。因此，一个Region有多少个列族就有多少个Store。

3. 数据模型

（1）基本术语

表（Table）：HBase中的表由若干行组成。

行（Row）：HBase中表的一行由一个行键和若干个列名到值的映射组成。

列（Column）：HBase中的每一列都属于某一列族，列名称由<列族名>:<列修饰符>组成。

列族（Column Family）：HBase表在存储上是按列族存储的，将一张表同一列族下的所有列及其值存储在一起以便达到更好的性能。

列修饰符（Column Qualifier）：列修饰符加在列族名的后面用于表示某一列。

单元（Cell）：HBase中通过行键、列族、列修饰符的组合定位到一个单元，每个单元保存着多个版本的数据，即多个带有时间戳的值，时间戳代表了值的版本。

时间戳（Timestamp）：HBase中保存的每个值都带有一个时间戳，以时间戳作为值的版本标识。

概念视图示例与物理视图示例分别如表6-3、表6-4所示。

表6-3　概念视图示例

行键	时间戳	列族basicinfo	列族performance	列族package
C000001	t9	basicinfo:position= "Tenical manager"	performance:y2016= "A"	package:salary="15000" package:bonus="20000"
	t6		performance:y2015= "B"	package:salary="13000" package:bonus="10000"
	t3	basicinfo:name="张三" basicinfo:gender="男" basicinfo:birthyear="1978" basicinfo:position="Senior engineer"		package:salary="12000"
C000002	t7		performance:y2016= "C"	
	t4	basicinfo:name="李四" basicinfo:gender="男" basicinfo:birthyear="1986" basicinfo:position="Engineer"		package:salary="8000"

表6-4　物理视图示例

行键	时间戳	列族basicinfo
C000001	t9	basicinfo:position="Tenical manager"
	t3	basicinfo:name="张三" basicinfo:gender="男" basicinfo:birthyear="1978" basicinfo:position="Senior engineer"
C000002	t4	basicinfo:name="李四" basicinfo:gender="男" basicinfo:birthyear="1986" basicinfo:position="Engineer"
行键	**时间戳**	**列族performance**
C000001	t9	performance:y2016= "A"
	t6	performance:y2015= "B"
C000002	t7	performance:y2016= "C"
行键	**时间戳**	**列族package**
C000001	t9	package:salary="15000" package:bonus="20000"
	t6	package:salary="13000" package:bonus="10000"
	t3	package:salary="12000"
C000002	t4	package:salary="8000"

HBase的主要特性：可伸缩性；强读写一致性；自动分片；HRegionServer自动故障切换；Hadoop/HDFS集成；MapReduce集成；提供Java客户端API；提供Thrift/REST API；块缓存和布隆过滤（Bloom Filters）；提供内置的Web操作管理页面。

6.3.2 HBase部署

1. 准备工作

HBase集群对安装和运行环境的基本要求如下：

安装JDK；

建立ssh免费访问；

提供DNS服务器；

安装NTP服务；

ulimit配置；

支持GNU Bash Shell；

安装Hadoop；

安装ZooKeeper。

2. 单节点部署

单节点部署步骤如下：

选定安装目录，解压HBase安装包；

在HBase配置文件conf/hbase-env.sh中配置JAVA_HOME；

在HBase配置文件conf/hbase-site.xml中配置HBase和ZooKeeper用于写数据的目录；

至此，HBase单节点部署完毕，可执行脚本bin/start-hbase.sh启动HBase；

可以访问网址http://<host>:16010来查看HBase状态。

3. 伪分布式部署

将HBase单节点部署改为伪分布式部署并改用HDFS存储数据的步骤如下：

停止HBase；

配置文件conf/hbase-site.xml中增加hbase.cluster.distributed配置项并修改hbase.rootdir的配置值为HDFS目录；

启动HBase；

检查HBase目录；

启动和停止备用HMaster；

启动和停止更多HRegionServers。

4. 集群部署

HBase集群部署架构示例如表6-5所示。

表6-5 HBase集群部署架构示例

机器名称	HMaster	HRegionServer	ZooKeeper
master	主	否	是
slave1	备用	是	否
slave2	否	是	是
slave3	否	是	是

HBase集群部署的步骤如下：

建立ssh免密码访问；

部署master；

安装HBase；

配置HRegionServer；

配置备用HMaster；

配置ZooKeeper。

部署slave1、slave2、slave3；

启动、测试HBase集群；

在每个节点上执行jps命令确保都没有启动HBase进程；

在master上执行bin/start-hbase.sh脚本来启动集群；

检查每个节点上的进程是否启动；

检查Web界面；

模拟故障测试。

6.3.3 HBase配置

1. 配置文件

hbase-site.xml：HBase最主要的配置文件。

hbase-env.sh：设置HBase运行所需的工作环境。

backup-masters：列出哪些服务器应启动备用HMaster进程。

regionservers：列出了哪些服务器启动HRegionServer进程。

hbase-policy.xml：PRC服务器对客户端请求进行权限验证时使用的策略配置文件，仅当启用HBase安全管理时才使用。

log4j.properties：HBase所使用的日志模块log4j的配置文件。

Hadoop-metrics2-hbase.properties：该配置文件将HBase集群与Hadoop的Metrics2框架相关联，可用于实时收集HBase集群的各类监控信息。

上述七个HBase配置文件的路径和内容在每个节点上都必须一致。

2. 主要配置项

hbase.cluster.distributed：是否为分布式运行模式，默认值为false。

hbase.tmp.dir：HBase节点在本地文件系统中的临时目录，默认值为${java.io.tmpdir}/hbase-${user.name}。

hbase.rootdir：HBase所保存文件的根目录，默认值为${hbase.tmp.dir}/hbase。

hbase.fs.tmp.dir：HBase集群在HDFS文件系统中保存临时数据的中转目录，默认值为/user/${user.name}/hbase-staging。

hbase.local.dir：HBase节点在本地文件系统中用于本地存储的目录，默认值为${hbase.tmp.dir}/local。

hbase.zookeeper.quorum：哪些服务器上运行ZooKeeper进程，默认值为localhost。

hbase.zookeeper.property.dataDir：ZooKeeper用于保存数据的目录，默认值为${hbase.tmp.dir}/zookeeper。

hbase.zookeeper.property.maxClientCnxns：每个ZooKeeper服务器允许接受的客户端并发连接数量，默认值为300。

zookeeper.session.timeout：ZooKeeper会话的超时时间，单位是毫秒，默认值是90 000。

hbase.master.port：HMaster进程绑定的端口号，默认值为16 000。

hbase.master.info.port：HBase Master的Web页面的端口号，默认值为16 010。

hbase.master.wait.on.regionservers.mintostart：HBase集群启动时HMaster在有多少个

HRegionServer启动后开始分配任务，默认值为1。

hbase.regionserver.port：HRegionServer进程绑定的端口号，默认值为16 020。

hbase.regionserver.info.port：HRegionServer的Web页面的端口号，默认值为16 030。

hbase.regionserver.handler.count：每台HRegionServer和HMaster上用于侦听响应客户端请求的线程数量，默认值为30。

hbase.ipc.server.callqueue.handler.factor：每台HRegionServer和HMaster上对应于处理线程数的调用等待队列数量因子，范围在0～1之间，默认值为0.1，表示每10个处理线程共享一个调用等待队列。

hbase.hregion.max.filesize：一个HRegion中所有Hfile文件合计大小上限，默认值为10 737 418 240，即10G。

hbase.hregion.majorcompaction：HRegion数据自动进行周期性主压缩的间隔时间，单位是毫秒，默认值为604 800 000，即7天。

hbase.hregion.majorcompaction.jitter：随机执行周期性主压缩操作的前后时间范围，默认值为0.5。

hbase.hregion.memstore.flush.size：Store中的MemStore达到多大时会存入磁盘生成StoreFile，默认值为134 217 728，即128M。

hbase.regionserver.global.memstore.size：HRegionServer中所有MemStore合计大小的上限，按照堆内存的百分比计算，默认值为0.4，即上限为堆内存的40%。

hfile.block.cache.size：最多使用堆内存的百分之多少作为StoreFile的块缓存，默认值为0.4，即上限为堆内存的40%。

hbase.balancer.period：HMaster运行HRegion均衡器的周期，单位是毫秒，默认值为300 000。

hbase.client.write.buffer：HBase服务器端和客户端写入数据库缓冲区的大小，默认值为2 097 152，即2M。

hbase.security.authentication：是否启用HBase客户端安全认证，默认值为simple，表示不进行安全认证。

3. 配置建议

hbase-site.xml必须配置以下参数：

hbase.cluster.distributed

hbase.tmp.dir

hbase.rootdir

hbase.zookeeper.quorum

建议配置以下参数：

hbase.zookeeper.property.dataDir

hbase.master.wait.on.regionservers.mintostart

hbase.regionserver.handler.count

hbase.hregion.majorcompaction

```
hbase.hregion.majorcompaction.jitter
hbase.regionserver.global.memstore.size
hfile.block.cache.size
hbase.client.write.buffer
```

hbase-env.sh必须配置以下参数：

```
# The java implementation to use.  Java 1.7+ required.
export JAVA_HOME=/etc/alternatives/jre_1.7.0_openjdk
# The maximum amount of heap to use. Default is left to JVM default.
export HBASE_HEAPSIZE=8G
# Tell HBase whether it should manage it's own instance of Zookeeper or not.
export HBASE_MANAGES_ZK=false
```

4. **客户端配置**

在客户端解压HBase安装包，并将解压后的lib/子目录和conf/子目录加入客户端的CLASSPATH环境变量中；

客户端的配置比较简单，只需要在conf/hbase-site.xml配置文件中设置好参数hbase.zookeeper.quorum即可，示例如下：

```
<?xml version="1.0"?>
<?xml-stylesheet type="text/xsl" href="configuration.xsl"?>
<configuration>
  <property>
    <name>hbase.zookeeper.quorum</name>
    <value>master,slave2,slave3</value>
  </property>
</configuration>
```

hbase.zookeeper.quorum 配置值中不能包含空格。

6.3.4 **HBase Shell**

1. **交互模式**

在HBase安装目录的bin子目录下执行hbase shell命令即可进入HBase Shell交互模式进行数据库操作。

在HBase Shell提示符下执行help命令可列出所有命令列表。

执行help '<command>'可显示针对某条命令的帮助信息，注意<command>前后要加单引号或双引号。

（1）DDL命令

create：创建一张新表。

list：列出名称匹配的表。

exists：查看某张表是否存在。

describe：显示某张表的定义，也可以使用简写命令desc。

disable：停用某张表。表被停用后则无法再对其进行增删改和查询等操作，在对表执行alter命令或drop命令之前，必须先执行disable命令停用。

enable：启用某张被disable命令停用的表。表被启用后即可恢复正常操作。

alter：可在某张表中增加、修改、删除列族或者更改表的属性定义。

drop：删除某张表。在删除前必须先执行disable命令停用该表。

（2）DML命令

put：向某张表里的指定单元插入数据。通过行键和列名来指定一个单元。

scan：查询某张表中满足条件的数据。可以在行、列、时间戳等多个维度上设定查询条件。

get：获取表中给定行符合条件的数据。

count：查询某张表中的行数，默认时每1000行计一次数。

delete：删除某张表中指定单元的数据，通过表名、行键和列名指定一个单元，还可以加上时间戳。

（3）命名空间类命令

命名空间是对表的逻辑分组，HBase可以针对命名空间分配资源限额，指定HRegionServer子集，进行安全管理等。HBase有两个默认的命名空间，即

hbase：系统命名空间，用于保存HBase的内部表。

Default：HBase的默认命名空间。如果一张表没有指定命名空间时，则自动属于default命名空间。

create_namespace：创建一个命名空间。

alter_namespace：修改某个命名空间的定义。

describe_namespace：显示命名空间的定义。

list_namespace：不加选项时列出所有的命名空间，也可以加上带有通配符的正则表达式选项。

list_namespace_tables：列出某个命名空间中的所有表。

drop_namespace：删除某个命名空间。

（4）其他命令

配置类命令：对HBase集群参数配置值进行动态更新。

大多数配置更改后必须重新启动HBase集群才能生效，与HRegion压缩、拆分相关的参数可以动态更改，更改后在HBase Shell中执行update_all_config命令即可生效。

通过help命令可以查看每个命令的作用和使用方法。

2. 非交互模式

HBase Shell还可以以非交互方式运行，加上-n或者--noninteractive选项即可进入非交互模式，所执行命令可以通过输入重定向获取，例如：

```
[root@client bin]# echo "list_namespace_tables 'default'" | ./hbase shell -n
```

HBase命令也可以直接以脚本文件作为其命令行参数来执行，例如：

[root@client bin]# ./hbase shell sample_cmd.txt

6.3.5 HBase模式设计

1. 设计准则

（1）行键设计

读访问模式：通过行键索引提升查询效率。HBase中唯一可用的索引只有行键索引，需要对行键精心设计来尽可能地优化数据查询。某项数据放在行键中会得到更好的查询性能，但是行键的长度变长，行键索引会占用更多的内存资源。由于行键在每个列族中保存，也会需要更多的磁盘空间。

写访问模式：避免在同一时间段写入的数据形成热点。随机前缀：在原先彼此相邻的行键前面加上一个随机生成的前缀。哈希前缀：针对随机前缀生成的行键具有不确定性的缺陷，哈希前缀做了改进，通过对原行键调用选定的哈希函数生成前缀。反转键：将原先彼此相邻的行键按字节序反转生成新的行键。以上几种策略都会失去数据按特定行键顺序存放的特性，在进行范围查询时需要访问全部索引数据且需要有更多的磁盘IO操作，对性能影响很大。最理想的行键设计方法是既能让有关联的数据集中在一起存放，又能达到写负载均衡的目的。

行键长度：平衡查询性能和内存占用。常用的行键设计策略：优先考虑节省系统资源，设计有意义但尽可能短的行键；优先考虑查询性能，在资源允许的情况下尽可能实现查询优化；兼顾资源使用和查询性能，行键的设计仅考虑经常执行的关键查询优化。如果将行键设计为二进制字节型数据类型，可以在不牺牲行键内容的情况下明显缩短行键长度，但缺点是行键的可读性变得很差。

（2）列族划分

每张表的列族数能少则少，尽量不超过三个。将有相同访问模式的所有数据存储在同一列族，不同访问模式的数据存储在不同列族，并在列族属性中定义好访问模式。如果某些列数据经常被一起访问而不需要访问其他列的数据，可考虑将这些列划分为一个列族。列族和列的名字应尽量短，建议列族名用一个字母表示，列修饰符用少数几个字母表示。为了提高读性能，可进行反规范化设计，即在多张表中储存冗余数据。冗余设计会对写性能有影响，也会加大应用程序的复杂度。HBase不支持跨行事务，所以在列族设计时要避免一个事务涉及多行数据。

（3）数据量估算和控制

每个单元的大小最好不超过100K，如果超过100K应考虑使用MOB（Medium-sized Objects）文件存储，如果超过50M则应考虑将数据保存在HDFS文件中，在HBase中仅保存文件的访问路径。每个HRegion的大小最好在10G～50G之间，每张表的HRegion数量以不超过100个为宜。在创建表的时候预估数据量，据此预分配足够数量的HRegion，从而避免或减少日后对HRegion的拆分。对于不需要长期保存的数据，设置合理的数据过期时间。版本数量尽可能设置得小一些或使用默认值1。如果表中储存的是基于时间的设备数据或日志信息，可将行键设计为设备ID/服务ID加上时间。

（4）内存需求估算和配置

内存需求。集群中所有MemStore合计所需的最大内存通过下列公式估算：Mem Store大小×HRegion数量×每个HRegion中平均列族数。内存供给：集群参数hbase. regionserver. global.memstore.size配置了每个HRegionServer允许的所有MemStore合计大小上限，该配置值乘以HRegionServer数量即为整个集群的内存供给。如果因为HRegion数量过大造成MemStore内存需求远大于实际内存供给，则会导致系统频繁地进行MemStore存盘操作而影响性能。

2. 列族属性

BLOOMFILTER：定义布隆过滤器类型，默认为ROW。NONE：表示不使用布隆过滤。ROW：表示使用基于行的布隆过滤。ROWCOL：表示使用基于行和列的布隆过滤。

COMPRESSION：是否以压缩方式在磁盘上存储列族数据及压缩编码格式，默认值为NONE。NONE：表示不压缩。GZ：表示采用GZ压缩算法。LZ4：表示采用LZ4压缩算法，该算法在Hadoop库中提供。LZO：表示采用LZO压缩算法，该算法库需由用户自行安装。SNAPPY：表示采用SNAPPY压缩算法，该算法库需由用户自行安装。

DATA_BLOCK_ENCODING：定义数据块编码格式，默认值为NONE。NONE：表示不使用压缩编码格式。PREFIX：表示使用前缀编码格式。DIFF：表示使用差异编码格式。FAST_DIFF：表示使用快速差异编码格式。PREFIX_TREE：表示采用前缀树编码格式。

VERSIONS：定义列族单元保存的数据版本数量，默认值为1。

MIN_VERSIONS：定义列族存储的最少版本数，默认值为0。

TTL：定义数据的生存时间，以秒为单位，默认值为FOREVER，表示永远不过期。

KEEP_DELETED_CELLS：定义在主压缩时是否清除带有删除标志的数据以及在查询时是否返回带有删除标志的数据，默认值为false。

BLOCKSIZE：定义HFile数据块的大小，默认值为64K。

BLOCKCACHE：定义是否在内存中缓存数据块，默认值为true。

IN_MEMORY：定义列族是否优先放入块缓存中，默认值为false。

REPLICATION_SCOPE：定义列族是否在其他HBase集群中复制以及复制份数，默认值为0，表示不在其他集群中复制。

3. 表属性

SPLITS、SPLITS_FILE、NUMREGIONS、SPLITALGO：对表进行预拆分，有如下预拆分方法：提供拆分点数组，对应的表属性为SPLITS；将拆分点保存在文本文件中，对应的表属性为SPLITS_FILE；通过给出HRegion数量和拆分算法来自动计算出拆分点，对应的表属性分别是NUMREGIONS和SPLITALGO。

READONLY：定义只读表。

DURABILITY ：定义WAL日志的持久化策略，默认值为USE_DEFAULT。SYNC_WAL：表示采用同步方式写WAL日志。ASYNC_WAL：表示采用异步方式写WAL日志。FSYNC_WAL：表示采用同步方式写WAL日志，并且强制将WAL刷新到磁盘上。

SKIP_WAL：表示不写入WAL日志。USE_DEFAULT：表示使用HBase的全局默认值SYNC_WAL。

MAX_FILESIZE：定义该表的每个HRegion中所有HFile合计大小上限，默认值为集群配置项hbase.hregion.max.filesize的配置值。

MEMSTORE_FLUSHSIZE：定义表的MemStore大小上限，默认值为集群配置项hbase.hregion.memstore.flush.size的配置值。

6.3.6 HBase安全

1. 安全访问配置

（1）客户端安全访问

在每台服务器的hbase-site.xml配置文件中设置hbase.security.authentication、hbase.security.authorization、hbase.coprocessor.region.classes等属性来要求客户端必须通过Kerberos认证才能访问HBase。

配置修改之后必须关闭整个HBase集群再重新启动才能生效。

客户端也需要在hbase-site.xml中将hbase.security.authentication设置为kerberos才能访问集群，如果客户端和服务器端该参数配置不一致，它们之间将无法进行通信。

（2）客户端简单访问控制

客户端简单访问控制并不能阻止黑客攻击，只是一种很方便的通过设置用户权限来进行访问控制的方法，可防止误操作。在每台服务器的hbase-site.xml配置文件中设置hbase.security.authentication为simple以及hbase.security.authorization，hbase.coprocessor.master. classes，hbase.coprocessor.region.classes，hbase.coprocessor.regionserver.classes等参数。配置修改之后关闭整个HBase集群再重新启动让其生效。客户端hbase-site.xml中也将hbase.security.authentication设置为simple。

2. 数据访问权限控制

HBase中的数据访问权限分为以下五种彼此独立的级别：Read（R）：读权限，可以读取指定范围内的数据。Write（W）：写权限，可以在指定范围内写数据。Execute（X）：执行权限，可以在指定范围内执行HBase协处理器终端程序。Create（C）：创建权限，可以在指定范围内创建、删除表。Admin（A）：管理权限，可以在指定范围内执行分配HRegion，平衡负载等集群操作。

权限的作用范围包含如下几种：超级用户，可以对任意对象执行所有操作。全局，允许在集群的所有表上执行操作。命名空间，允许在指定命名空间的所有表上执行操作。表，允许在指定表的数据或元数据上执行操作。列族，允许在指定列族的单元上执行操作。列，允许在指定列的单元上执行操作。各种权限级别和作用范围组合在一起，可以实现非常细粒度的权限控制。

在HBase Shell中可以通过grant命令来进行授权，其语法格式如下：

grant <user>, <permissions> [, <@namespace> | <table> [, <column family> [, <column qualifier>]]]

权限回收命令revoke格式和grant命令类似，只是少了第二个表示权限级别的参数，含义是回收该用户在指定范围内的所有权限。注意revoke命令的作用范围参数必须和grant命令一致才能成功回收权限，否则，不论给出的作用范围是更大还是更小都不会回收权限。

6.4 Hive

Hive是基于Hadoop的一个数据仓库工具，用来进行数据提取、转化、加载，是一种可以存储、查询和分析存储在Hadoop中的大规模数据的机制。Hive数据仓库工具能将结构化的数据文件映射为一张数据库表，并提供SQL查询功能，能将SQL语句转变成MapReduce任务来执行。Hive的优点是学习成本低，可以通过类似SQL语句实现快速MapReduce统计，使MapReduce变得更加简单，而不必开发专门的MapReduce应用程序。Hive十分适合数据仓库的统计分析和Windows注册表文件。

Hive是一种底层封装了Hadoop的数据仓库处理工具，使用类SQL的HiveQL语言实现数据查询，所有Hive的数据都存储在Hadoop兼容的文件系统（例如Amazon S3、HDFS）中。Hive在加载数据过程中不会对数据进行任何修改，只是将数据移动到HDFS中Hive设定的目录下。因此，Hive不支持对数据的改写和添加，所有的数据都是在加载的时候确定的。

Hive的设计特点如下：支持创建索引，优化数据查询；不同的存储类型，例如，纯文本文件、HBase中的文件；将元数据保存在关系数据库中，大大减少了在查询过程中执行语义检查的时间；可以直接使用存储在Hadoop文件系统中的数据；内置大量用户函数UDF来操作时间、字符串和其他的数据挖掘工具，支持用户扩展UDF函数来完成内置函数无法实现的操作；类SQL的查询方式，将SQL查询转换为MapReduce的job在Hadoop集群上执行。

第 7 章　大数据采集和预处理

本章引言

本章主要讨论数据采集、大数据建模过程、数据采集工具问题，Flume、Kafka和Sqoop的相关方法技术，大数据的采集、大数据采集的数据来源、大数据采集的技术方法和大数据的预处理以及大数据采集与预处理的一些工具和简单的采集任务执行范例。大数据采集后，为了减少及避免后续的数据分析和数据挖掘中会出现的问题，有必要对数据进行预处理。数据的预处理主要是对已经采集到的数据进行适当的处理、清洗、去噪及进一步的集成存储。

7.1 数据采集概述

数据采集（Data acquisition）又称数据获取，是通过RFID射频数据、传感器数据、社交网络数据、移动互联网数据等方式获得各种类型的结构化、半结构化及非结构化的海量数据。

常用的数据采集的方式：大数据的采集通常采用多个数据库来接收终端数据，包括智能硬件端、多种传感器端、网页端、移动App应用端等，并且可以使用数据库进行简单的处理工作。

大数据的数据采集是在确定用户目标的基础上，针对该范围内所有结构化、半结构化和非结构化的数据的采集。

表7-1　数据采集

比较项目	传统的数据采集	大数据的数据采集
数据来源	来源单一，数据量相对大数据较小	来源广泛，数据量巨大
数据类型	结构单一	数据类型丰富，包括结构化、半结构化、非结构化
数据处理	关系型数据库和并行数据仓库	分布式数据库

按照数据来源划分，大数据的三大主要来源为商业数据、互联网数据与物联网数据。物联网数据的特点主要包括：物联网中的数据量更大，物联网中的数据传输速率更高，物联网中的数据更加多样化，物联网对数据真实性的要求更高。

大数据采集的研究分类：（1）智能感知层。包括数据传感体系、网络通信体系、传感适配体系、智能识别体系及软硬件资源接入系统，实现对结构化、半结构化、非结构化的海量数据的智能化识别、定位、跟踪、接入、传输、信号转换、监控、初步处理和管理等。涉及针对大数据源的智能识别、感知、适配、传输、接入等技术。随着物联网技术、智能设备的发展，这种基于传感器的数据采集会越来越多，相应对于其的研究和应用也会越来越重要。（2）基础支撑层。提供大数据服务平台所需的虚拟服务器，结构化、半结构化及非结构化数据的数据库及物联网资源等基础支撑环境。重点解决分布式虚拟存储技术，大数据获取存储、组织、分析和决策操作的可视化接口技术，大数据的网络传输与压缩技术，大数据隐私保护技术等。

数据采集的技术方法：（1）系统日志采集方法，很多互联网企业都有自己的海量数据采集工具，多用于系统日志采集，如Hadoop的Chukwa，Cloudera的Flume，Facebook的Scribe。（2）对非结构化数据的采集。非结构化数据的采集就是针对所有非结构化的数据的采集，包括企业内部数据的采集和网络数据采集等。企业内部数据的采集是对企业内部各种文档、视频、音频、邮件、图片等数据格式之间互不兼容的数据采集。网络数据采集是指通过网络爬虫或网站公开API等方式从网站上获取互联网中相关网页内容的过程，并从中抽取出用户所需要的属性内容。网络爬虫是一种按照一定的规则，自动地抓取万维网信息的程序或者脚本，是一个自动提取网页的程序。它为搜索引擎从万维网上下载网页，是搜索引擎的重要组成。（3）其他数据采集方法。对于企业生产经营数据或学科研究数据等保密性要求较高的数据，可以通过与企业或研究机构合作，使用特定系统接口等相关方式采集数据。

7.2 大数据建模过程

1. 大数据预处理

大数据正带来一场信息社会的变革。大量的结构化数据和非结构化数据的广泛应用使得人们需要重新思考已有的IT模式。与此同时，大数据将推动进行又一次基于信息革命的业务转型，使社会能够借助大数据获取更多的社会效益和发展机会。庞大的数据需要我们进行剥离、整理、归类、建模、分析等操作，通过这些动作，我们开始建立数据分析的维度，通过对不同维度的数据进行分析，最终才能得到想要的数据和信息。因此，如何进行大数据的采集、导入/预处理、统计/分析和大数据挖掘，是“做”好大数据的关键基础。

导入/预处理。虽然采集端本身有很多数据库，但是如果要对这些海量数据进行有效的分析，还是应该将这些数据导入到一个集中的大型分布式数据库或者分布式存储集群当中。同时，在导入的基础上完成数据清洗和预处理工作。也有一些用户会在导入时使用来自Twitter的Storm对数据进行流式计算，来满足部分业务的实时计算需求。现实世界中，数据大体上都是不完整、不一致的“脏”数据，无法直接进行数据挖掘，或挖掘结果差强人意，为了提高数据挖掘的质量，产生了数据预处理技术。

数据清理：主要是达到数据格式标准化、异常数据清除、数据错误纠正、重复数据的清除等目的。

数据集成：是将多个数据源中的数据结合起来并统一存储，建立数据仓库。

数据变换：通过平滑聚集、数据概化、规范化等方式将数据转换成适用于数据挖掘的形式。

数据归约：寻找依赖于发现目标的数据的有用特征，缩减数据规模，最大限度地精简数据量。

大数据预处理的方法主要包括：数据清洗、数据集成、数据变换和数据规约，如图7-1所示。

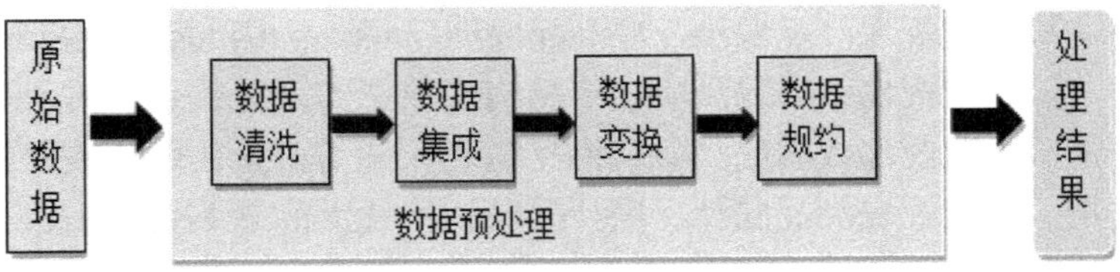

图7-1　大数据处理流程

2. 数据清洗

数据清洗是在汇聚多个维度、多个来源、多种结构的数据之后，对数据进行抽取、转换和集成加载，目的在于删除重复信息、纠正存在的错误，并提供数据一致性。

数据清洗是发现并纠正数据文件中可识别错误的最后一道程序，包括对数据一致性的检查、无效值和缺失值的处理。数据清洗的原理是利用有关技术如数据挖掘或预定义的清理规则，将“脏”数据转化为满足数据质量要求的数据。

残缺数据。这一类数据主要是因为部分信息缺失，如公司的名称、客户的区域信息缺失，业务系统中主表与明细表不能匹配等。将这一类数据过滤出来，按照缺失的内容分别填入对应的文档信息并提交给客户，在规定时间内补全，才可写入数据仓库。

错误数据。这一类错误产生的原因往往是业务系统不够健全，在接收输入信息后没有进行判断直接将数据写入后台数据库导致的。比如，将数值数据输成全角数字字符，字符串数据后面有一个回车操作，日期格式不正确等。这类数据也需要分类，对于类似于全角字符、数据前后有不可见字符问题的只能写SQL语句查找出来，让客户在修正之后抽取。日期格式的错误会导致ETL运行失败，需要去业务系统数据库用SQL的方式挑出来，修正之后再抽取。

重复数据。这一类数据多出现在维护表中，是将重复数据记录的所有字段导出来，让客户确认并整理。数据清理的方法是通过填写无效和缺失的值、光滑噪声的数据、识别或删除离群点并解决不一致性来“清理”数据。主要是达到格式标准化、异常数据消除、错误纠正、重复数据的清除等目的。数据清理是将数据库中所存数据精细化，去除重复无用的数据，并使剩余部分的数据转化成标准可接受格式的过程。

数据清理的方法：（1）填充缺失值。大部分情况下，缺失的值必须通过手工来进行清理。当然，某些缺失值可以从本身数据源或其他数据源中推导出来，可以用平均值、最大值或更为复杂的概率估计代替缺失的值，从而达到清理的目的。（2）修改错误值。用统计分析的方法识别错误值或异常值，如数据偏差、识别不遵守分布的值，也可以用简单规则库检查数据值，或使用不同属性间的约束来检测和清理数据。（3）消除重复记录。数据库中属性值相同的情况被认定为是重复记录。通过判断记录间的属性值是否相等来检测记录是否相等，相等的记录合并为一条记录。（4）数据的不一致性。由多数据源集成的数据，语义会不一样，可供定义完整性约束，用于检查不一致性，也可通过对数据进行分析来发现它们之间的联系，从而保持数据的一致性。

3. 数据集成

数据集成是把不同来源、不同格式、不同特点性质的数据在逻辑上或物理上有机地集中，从而为企业提供全面的数据共享。目前通常采用联邦式、基于中间件模型和数据仓库等方法来构造集成的系统。

大数据集成：狭义上讲是指如何合并规整数据；广义上讲，数据的存储、移动、处理等与数据管理有关的活动都称为数据集成。大数据集成一般需要将处理过程分布到源数据上进行并行处理，并仅对结果进行集成。

数据集成：数据集成是将不同应用系统、不同数据形式，在原应用系统不做任何改变的条件下，进行数据采集、转换、储存的数据整合过程。其主要目的是解决多重数据储存或合并时所产生的数据不一致、数据重复或冗余的问题，以提高后续数据分析的精确度和速度。

4. **数据转换**

数据转换（data transfer）是采用线性或非线性的数学变换方法将多维数据压缩成较少维的数据，消除它们在时间、空间、属性及精度等特征表现方面的差异。实际上就是将数据从一种表示形式变为另一种表现形式的过程。

数据转换方法：（1）中心化变换。变换之后均值为0，协方差阵不变，可以用来方便地计算样本协方差阵。（2）标准化变换。变换之后，每个变量均值为0，标准差为1，变换后的数据与变量的量纲无关。（3）极差标准化变换。变换后每个变量样本均值为0，极差为1，变换后数据绝对值数据在[-1,1]之间，能减少分析计算中的误差，无量纲。（4）极差正规化变换。变换后数据在[0,1]之间，极差为1，无量纲。（5）对数变换。将具有指数特征的数据结构变换为现行数据结构。

5. **数据规约**

数据规约是从数据库或数据仓库中选取并建立使用者感兴趣的数据集合，然后从数据集合中滤掉一些无关、偏差或重复的数据，在尽可能保持数据原貌的前提下，最大限度地精简数据量。数据归约主要有两个途径：属性选择和数据采样，分别针对原始数据集中的属性和记录。

数据归约技术可以用来得到数据集的归约表示。它很小，但并不影响原数据的完整性，结果与归约前结果相同或几乎相同。所以，我们可以说数据归约是指在尽可能保持数据原貌的前提下，最大限度地精简数据量，保持数据的原始状态。

两个途径：属性选择，针对原始数据集中的属性；数据采样，针对原始数据集中的记录。

数据归约可以分为三类，分别是特征归约、样本归约、特征值归约。（1）特征归约是将不重要的或不相关的特征从原有特征中删除，或者通过对特征进行重组和比较来减少个数。其原则是在保留甚至提高原有判断能力的同时减少特征向量的维度。特征归约算法的输入的是一组特征，输出的是它的一个子集。（2）样本归约就是从数据集中选出一个有代表性的子集作为样本。子集大小的确定要考虑计算成本、存储要求、估计量的精度以及其他一些与算法和数据特性有关的因素。（3）特征值归约分为有参和无参两种。有参方法是使用一个模型来评估数据，只需存放参数，而不需要存放实际数据，包含回归和对数线性模型两种。无参方法的特征值归约有三种，包括直方图、聚类和选样。

特征值规约算法三步骤：（1）搜索过程。在特征空间中搜索特征子集，每个子集称为一个状态，由选中的特征构成。（2）评估过程。输入一个状态，通过评估函数或预先设定的阈值输出一个评估值。搜索算法的目的是使评估值达到最优。（3）分类过程。使用最后的特征集完成最后的算法。

7.3 数据采集工具

系统日志采集方法。高可用性、高可靠性、可扩展性是日志收集系统所具有的基本特征。常用的日志系统有Hadoop的Chukwa、Cloudera的Flume、Facebook的Scribe和LinkedIn的Kafka。这些工具大部分采用分布式架构，以满足大规模日志采集的需求。常用日志系统的采集工具与数据类型如下。

Chukwa：Apache的开源项目Hadoop，被业界广泛认可，很多大型企业都有了各自基于Hadoop的应用和扩展。当1000+个节点的Hadoop集群变得常见时，Apache提出了用Chukwa的方法来解决。

Flume：是Cloudera提供的一个可靠性和可用性都非常高的日志系统，采用分布式的海量日志采集、聚合和传输的系统，支持在日志系统中定制各类数据发送方，用于收集数据。同时，Flume具有通过对数据进行简单的处理，并写到各种数据接收方的能力。

Scribe：Scribe是Facebook开源的日志收集系统，它能够从各种日志源上收集日志，存储到一个中央存储系统（可以是NFS、分布式文件系统等）上，便于进行集中统计分析处理。它最重要的特点是容错性好。

Kafka：Kafka是一种高吞吐量的分布式发布订阅消息系统，它可以处理大规模网站中的所有动作流数据。其具有高稳定性、高吞吐量、支持通过Kafka服务器和消费机集群来分区消息、支持Hadoop并行数据加载的特性。

7.4 Flume

Flume是Cloudera提供的一个高可用的、高可靠的、分布式的海量日志采集、聚合和传输的系统。官网：http://flume.apache.org/ 。

在数据处理方面：Flume对数据进行简单处理，并写到各种数据接收方处。它提供了从console（控制台）、RPC（Thrift-RPC）、text（文件）、tail（UNIX tail）、syslog（syslog日志系统，支持TCP和UDP等两种模式）、exec（命令执行）等数据源上收集数据的能力。

在工作方式上：Flume-og采用了多Master的形式。为了保证配置数据的一致性，Flume引入了ZooKeeper，用于保存系统配置的数据。ZooKeeper本身可保证配置数据的一致性和高可用。同时，在配置数据发生变化时，ZooKeeper可以通知Flume Master节点。Flume Master间使用gossip协议同步数据。Flume-ng取消了集中管理配置的Master和Zookeeper，变为一个纯粹的传输工具。Flume-ng还有一个不同点是读入数据和写出数据现在由不同的工作线程处理（称为Runner）。在Flume-og中，读入线程同样做写出工作（除了故障重试）。如果写出慢的话（不是完全失败），它将阻塞Flume接收数据的能力。这种异步的设计使读入线程可以顺畅的工作而无须关注下游的任何问题。

Flume特征：Flume可以高效率地将多个网站服务器中收集的日志信息存入HDFS/HBase中；使用Flume，我们可以将从多个服务器中获取的数据迅速地移交给Hadoop；

除了日志信息，Flume同时也可以用来接入收集规模宏大的社交网络节点事件数据，比如Facebook、Twitter、电商网站如亚马逊等；支持各种接入资源数据的类型以及输出数据类型；支持多路径流量、多管道接入流量、多管道输出流量、上下文路由等。

7.5 Kafka

Kafka是由Apache软件基金会开发的一个开源流处理平台，由Scala和Java编写。Kafka是一种高吞吐量的分布式发布订阅消息系统，它可以处理消费者在网站中的所有动作流数据。这种动作（网页浏览、搜索和其他用户的行动）是现代网络上的许多社会功能的一个关键因素。这些数据通常是根据吞吐量的要求，通过处理日志和日志聚合来解决的。对于像Hadoop一样的日志数据和离线分析系统，有实时处理的限制，这是一个可行的解决方案。Kafka的目的是通过Hadoop的并行加载机制来统一线上和离线的消息处理，也是为了通过集群来提供实时的消息。

Kafka有如下特性：对数以TB的消息存储也能够保持长时间的稳定性能，即使是非常普通的硬件，Kafka也可以支持每秒数百万消息的高吞吐量。支持通过Kafka服务器和消费机集群来分区消息，支持Hadoop并行数据加载。

Kafka日志采集流程：生产者定期向主题发送消息；消费者订阅特定主题；消费者将定期请求Kafka需要新消息；消费者将收到消息并进行处理；消费者可以随时回退/跳到所需的主题偏移量，并阅读所有后续消息。

7.6 Sqoop

Sqoop是一个用来将Hadoop和关系型数据库中的数据相互转移的开源工具，可以将一个关系型数据库（例如MySQ、Oracle等）中的数据导入到Hadoop的HDFS中，也可以将HDFS的数据导入到关系型数据库中。

Sqoop主要是通过JDBC和关系数据库进行交互。理论上支持JDBC的database都可以使用Sqoop和HDFS进行数据交互，其是为Hadoop的大数据体系提供数据的工具。

Sqoop工具属于Hadoop体系中的一个子项目，整合了Hadoop的Hive和Hbase等，抽取的数据可以直接传输至Hive中，且无须做复杂的开发编程等工作。对于数据抽取过程中产生的错误或者数据遗漏，可以通过捕获错误日志来进行错误收集和分析。人机操作界面没有ETL工具的可操作性和可视性高，需要技术人员编程进而实现日志分析。

第 8 章　大数据分析技术

本章引言

大数据分析为处理结构化与非结构化的数据提供了新的途径。本章主要讨论大数据分析问题，Mahout的相关方法技术，大数据处理流程、大数据分析的主要技术、大数据分析应用，Mahout对医学大数据分析处理。大数据的基本分析方法：预测性分析、可视化分析、大数据挖掘算法、语义引擎、数据质量和数据管理；大数据的分析流程：提出问题、大数据理解、大数据的采集、大数据的预处理、大数据分析、结果的解析；大数据分析的主要技术深度学习、知识计算及可视化等。

8.1 大数据分析简介

传统数据分析与挖掘方法主要是针对结构化数据和事务处理的关系型数据库，根据不同应用的需求在此基础上构建数据仓库，并选择相关数据进行分析，常用的分析与挖掘方法有数据挖掘、机器学习、统计分析等。

表8-1　传统数据分析与挖掘方法

算法	描述	举例
分类分析	分类分析是数据挖掘、机器学习和模式识别中一个重要的研究领域。通过对已知类别训练集的分析，从中发现分类规则，从而预测新数据的类型	逻辑回归（Logistic Regression） 贝叶斯（Bayesian） 支持向量机（Support Vector Machines） 感知器（Perceptron and Winnow） 神经网络（Neural Network） 随机森林（Random Forests） 有限波乐兹曼机（Restricted Boltzmann Machines）
聚类分析	聚类是在给定的数据集合中寻找同类的数据子集合。每一个子集合形成一个类簇，同类簇中的数据具有更大的相似性	*K*均值（KMeans Clustering） 模糊*K*均值（Fuzzy KMeans） 期望最大化聚类（Expectation Maximization） 均值漂移聚类（Mean Shift Clustering） 层次聚类（Hierarchical Clustering） 狄里克雷过程聚类（Dirichlet Process Clustering） LDA聚类（Latent Dirichlet Allocation） Canopy聚类（Canopy Clustering） 谱聚类（Spectral Clustering）
关联规则	关联规则概念最早是由Agrawal等人于1993年提出的，即发现大量数据中数据项之间的相关联系	Apriori算法 频繁树（FP-Tree）算法
回归分析	确定两种或两种以上变量之间相互依赖的定量关系的一种统计分析方法，即通过规定因变量和自变量来确定变量之间的因果关系	局部加权线性回归 主成分回归分析法

随着海量半结构化和非结构化数据的迅速增长，给传统的数据分析与挖掘方法带来了冲击和挑战。因为传统数据分析与挖掘方法大多都是以数据量小为前提，基于内存基础上所构造的算法，而面对大数据时，就需要保证具有基于外存以及处理大规模数据集合的能力。

现实世界中的大数据处理问题复杂多样，难以有一种单一的计算模式能涵盖所有不同的大数据计算需求。所谓大数据计算模式，即根据大数据的不同数据特征和计算特征，从多样性的大数据计算问题和需求中提炼并建立的各种高层抽象（Abstraction）或模型（Model）。大数据计算模式如表8-2所示，大数据分析与挖掘框架如表8-3所示。

表8-2　大数据计算模式

典型大数据计算模式	典型系统
大数据查询分析计算	HBase、Hive、Cassandra、Impala、Spark、Hana等
批处理计算	Hadoop MapReduce、Spark等
流式计算	Scribe、Flume、Storm、S4、Spark Steaming等
迭代计算	HaLoop、iMapReduc、Twister、Spark等
图计算	Pregel、Giraph、Trinity、PowerGraph、GraphX等
内存计算	Dremel、Hana、Spark等

表8-3　大数据分析与挖掘框架

分类	名称	特点	应用领域
批处理框架	MapReduce UCBerkeley Spark	高度可扩展、高容错能力、动态灵活的资源分配和高度	数据分析、日志分析、数据挖掘、机器学习等
流式计算框架	Twitter Storm Apache S4 Spark Steaming Apache Samza	保证响应时间的事务功能、消息精确处理、动态流数据处理、记录级容错	在线机器学习、连续计算、数据采集等
迭代计算框架	UCBerkeley Spark HaLoop Twister	循环控制、数据缓存、减少磁盘I/O	数据挖掘、信息检索、实时视频处理等
内存计算框架	SAP Hana UCBerkeley Spark	基于内存计算的可扩展集群、交互式数据处理、实时返回分析结果	实时分析、数据挖掘、机器学习、可视化模式分析等
图计算框架	Google Pregel Facebook Giraph Microsoft Trinity Spark GraphX PowerGraph	基于BSP（Bulk Synchronous Parallel）模型的分布式图计算框架、占用较低资源的消息通信机制、同步控制框架	矩阵计算、面向图计算、排序计算、图索引、PageRank等

大数据分析是指对规模巨大的数据进行分析。通过多个学科技术的融合，实现数据的采集、管理和分析，从而发现新的知识和规律。

大数据分析的基本方法：（1）预测性分析。从大数据中挖掘出有价值的知识和规则，通过科学建模的手段呈现出结果，然后可以将新的数据带入模型，从而预测未来的情况。（2）可视化分析。能够直观地呈现大数据的特点，同时能够非常容易被用户所接受。（3）大数据挖掘算法。常用的数据挖掘方法有分类、预测、关联规则、聚类、决策树、描述和可视化、复杂数据类型挖掘（Text、Web、图形图像、视频、音频）等。（4）语义引擎。语义引擎通过对网络中的资源对象进行语义上的标注以及对用户的查询表达进行语义处理，使得自然语言具备语义上的逻辑关系，能够在网络环境下进行广泛而有效的语义推理，从而更加准确、全面地实现用户的检索。（5）数据质量和数据管理。为了满足信息利用的需要，对信息系统的各个信息采集点进行规范，包括建立模式化的操作规程，原始信息的校验，错误信息的反馈、矫正等一系列的过程。

大数据分析的主要技术：（1）针对结构化数据的数据挖掘、统计分析方法；（2）针对非结构化、富文本语义的文本分析，有文本表示、自然语言处理、信息抽取、主题模型、文本摘要、文本分类、文本聚类、自动问答、观点挖掘等方法；（3）针对半结构化的Web分析，有Web内容挖掘、Web结构挖掘、Web应用挖掘等方法；（4）针对图形、图像、音频、视频等大规模冗余语义缺失的多媒体分析，有自动摘要、自动标注、索引与检索、自动推荐、事件检测等方法；（5）针对富文本社交关系的噪声冗余的社交网络分析，有链接预测、社团检查、网络进化、关键词检索、分类分析、聚类分析、迁移学习等方法；（6）针对依赖位置和个性用户信息的移动分析，有监测、基于位置的挖掘等方法。

数据挖掘是从大量的、不完全的、有噪声的、模糊的、随机的实际应用数据中，提取隐含在其中的、人们事先不知道的但是又潜在有用的信息和知识的过程。统计学主要是通过机器学习来对数据挖掘产生影响，而机器学习和数据库则是数据挖掘的两大支撑技术。

深度学习是一种能够模拟人脑的神经结构的机器学习方式，从而能够让计算机具有人一样的智慧。利用层次化的架构学习对象在不同层次上的表达，这种层次化的表达可以帮助解决更加复杂抽象的问题。深度学习本质上是一个人工神经网络，两者都包含输入层、输出层及中间的若干隐藏层组成的多层网络，每层都有若干结点及连接这些点的边。同一层以及跨层节点之间相互无连接，每一层都可以看作是一个逻辑回归模型，在训练数据集上学习，得到边的权值，从而建立模型。

知识计算是从大数据中首先获得有价值的知识，并对其进行进一步深入的计算和分析的过程，也就是要对数据进行高端的分析。需要从大数据中先抽取出有价值的知识，并把它构建成可支持查询、分析与计算的知识库。

大数据分析处理系统简介：（1）批量数据及处理系统。批量数据通常数据体量巨大，如数据从TB级别跃升到PB级别，且是以静态的形式存储。Hadoop是典型的大数据批量处理架构，由HDFS负责静态数据的存储，通过MapReduce实现计算逻辑、机器学习和数据挖掘算法。（2）流式数据及处理系统。流式数据是一个无穷的数据序列，序列中的每一个元素来源不同，格式复杂，序列往往包含时序特性。流式数据处理有Twitter的Storm、Facebook的Scribe、Linkedin的Samza等。（3）交互式数据及处理系统。交互式数据是操作人员与计算机以人机对话的方式产生的数据。交互式数据处理系统有Berkeley的Spark和Google的Dremel等。（4）图数据及处理系统。图数据是通过图形表达出来的信息含义。图数据处理的典型系统，如Google的Pregel系统、Neo4j系统和微软的Trinity系统。

8.2 Mahout

Apache Mahout起源于2008年，当时是Apache Lucene的子项目，使用Hadoop库，可以将其功能有效地扩展到Apache Hadoop云平台。Apache Lucene是一个著名的开源搜索引擎，实现了先进的信息搜索、文本挖掘功能。一些Apache Lucene的开发者最终转而开发机器学习算法，这些算法也就形成了最初的Apache Mahout。Mahout不久又吸收了名为Taste的开源协同过滤算法的项目。2010年4月，Apache Mahout最终成为Apache的顶级项目。

Mahout的特点：Mahout的主要目的是实现针对大规模数据集的可伸缩的机器学习算法（就是算法的M-R化）。Mahout的算法运行在Hadoop平台下，通过MapReduce模式实现。但其并不严格要求算法的实现基于Hadoop平台，单个节点或非Hadoop平台也可以，其目标是帮助开发人员快速建立具有机器智能的应用程序。目前比较成熟和活跃的类型主要有聚类、分类、推荐引擎、频繁项集的挖掘等。

Mahout算法集主要包括：（1）分类算法，逻辑回归（Logistic Regression）、贝叶斯（Bayesian）、支持向量机（SVM）、感知器算法（Perceptron）、神经网络（Neural Network）、随机森林（Random Forests）、有限波尔兹曼机（Restricted Boltzmann Machines）。（2）聚类算法，Canopy聚类（Canopy Clustering）、*K*均值算法（KMeans Clustering）、模糊*K*均值（Fuzzy KMeans）、EM聚类（Expectation Maximization）、均值漂移聚类（Mean Shift Clustering）、层次聚类（Hierarchical Clustering）、狄里克雷过程聚类（Dirichlet Process Clustering）、LDA聚类（Latent Dirichlet Allocation）、谱聚类（Spectral Clustering）。（3）关联规则挖掘，并行FP Growth算法（Parallel FP Growth Algorithm）。（4）回归，局部加权线性回归（Locally Weighted Linear Regression）。（5）降维/维约简，奇异值分解（Singular Value Decomposition）、主成分分析（Principal Components Analysis）、独立成分分析（Independent Component Analysis）。

第 9 章　搭建大数据分析平台

本章引言

本章讨论搭建大数据分析平台。主要内容：VMware中安装CentOS；CentOS中安装Hadoop，启动CentOS 6、配置时钟同步、配置主机名、使用setup命令配置网络环境、配置hosts列表、安装JDK、安装Hadoop、启动Hadoop集群；安装部署Hive，安装Hive、安装MySQL、配置Hive；安装部署HBase，解压HBase安装包、配置HBase环境、启动HBase；安装部署Mahout。

9.1 VMware中安装CentOS

打开VMware Workstation→点击文件→新建虚拟机。

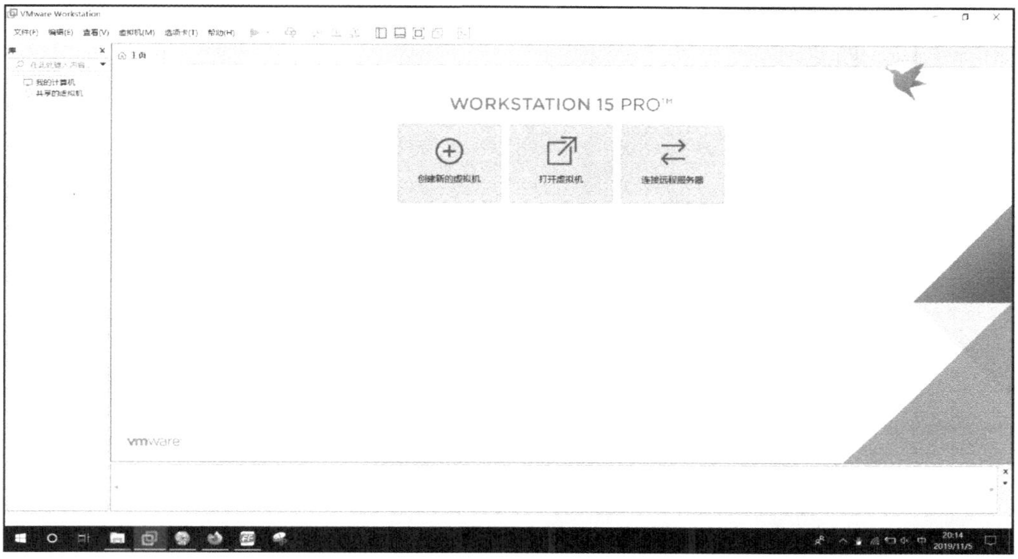

图9-1　新建虚拟机

选择典型（推荐）（T）选项，点击“下一步（N）>”。

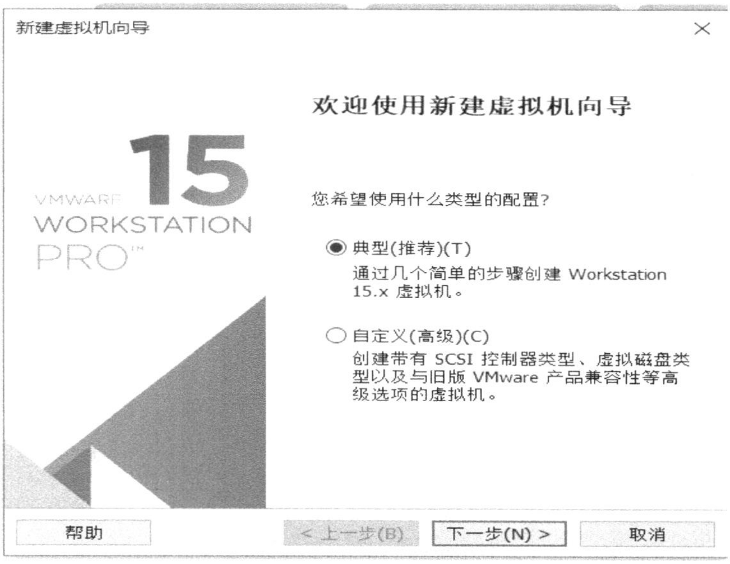

图9-2　选择典型（推荐）

选择“安装程序光盘映像文件（iso）（M）”，选择指定的CentOS系统的.iso文件，点击“下一步（N）>”。

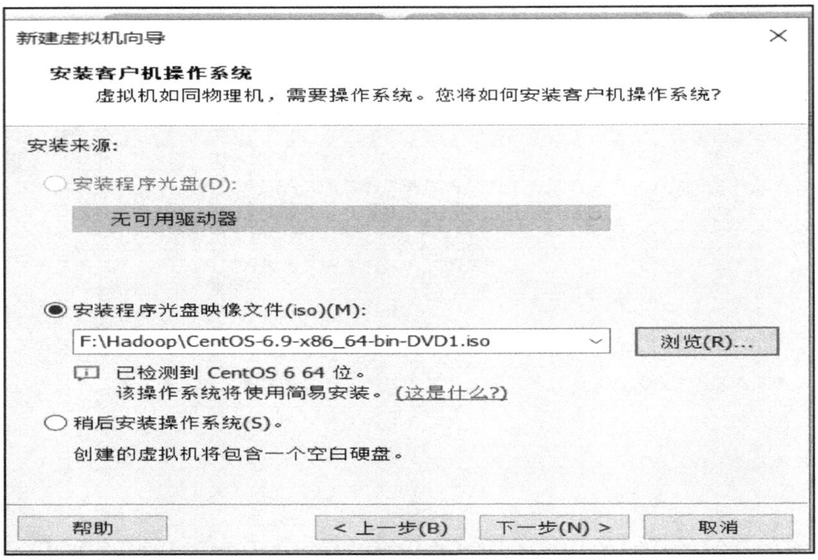

图9-3　选择“安装程序光盘映像文件（iso）（M）”

设置账户全名：zkpk，用户名：zkpk，密码：zkpk，确认：zkpk。

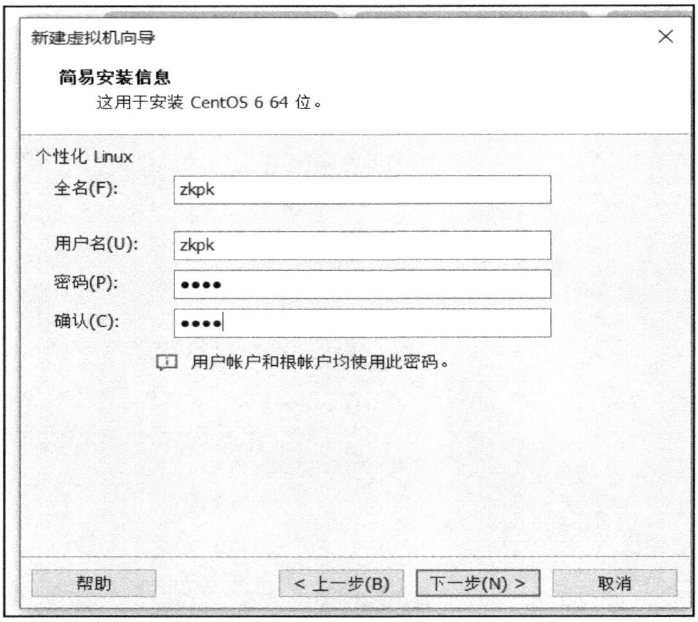

图9-4　设置账户

命名虚拟机。

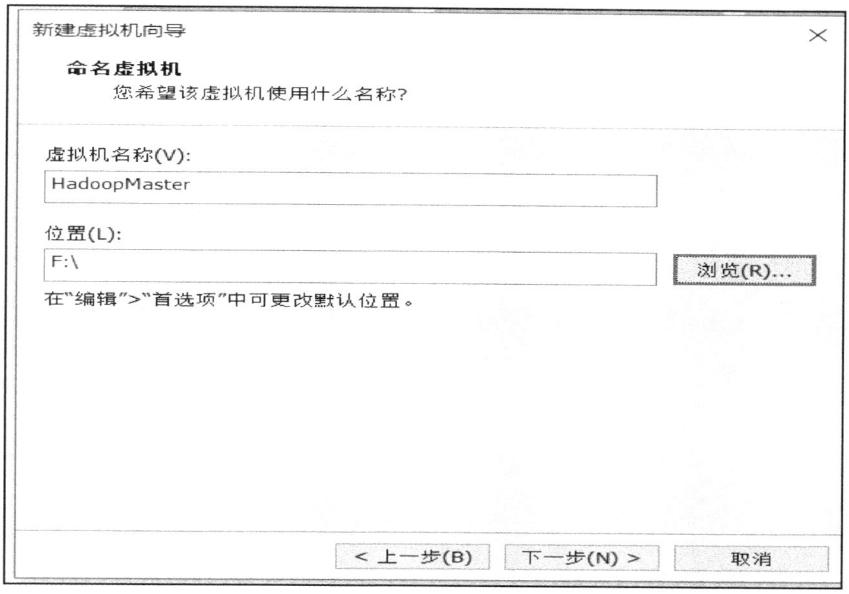

图9-5　命名虚拟机

这里的磁盘大小不要直接使用默认值，要调大该值，设置为30.0。

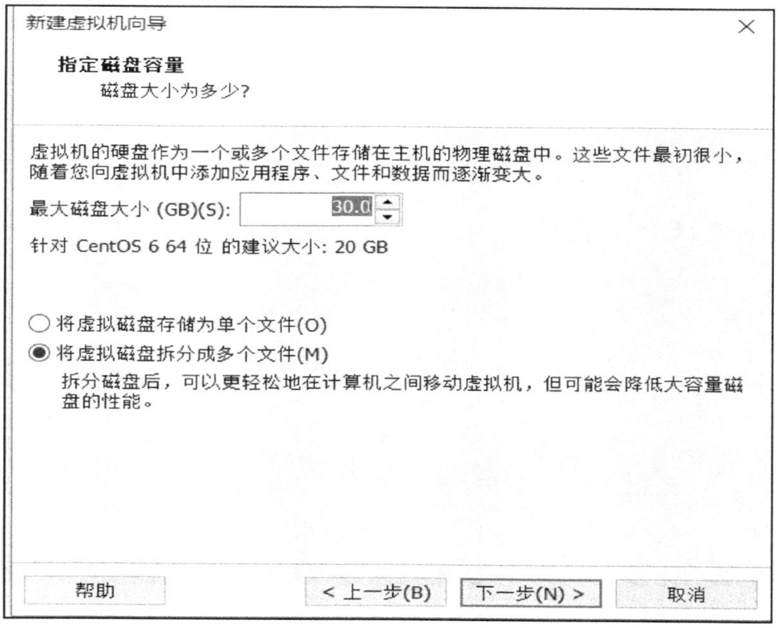

图9-6　指定磁盘容量

准备创建虚拟机。

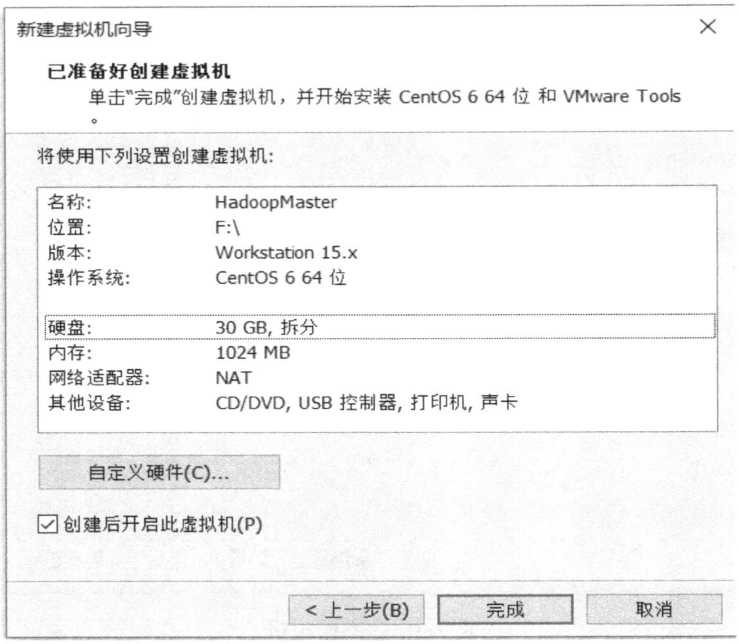

图9-7　准备创建虚拟机

开始创建虚拟机。

图9-8　开始创建虚拟机

创建虚拟机。

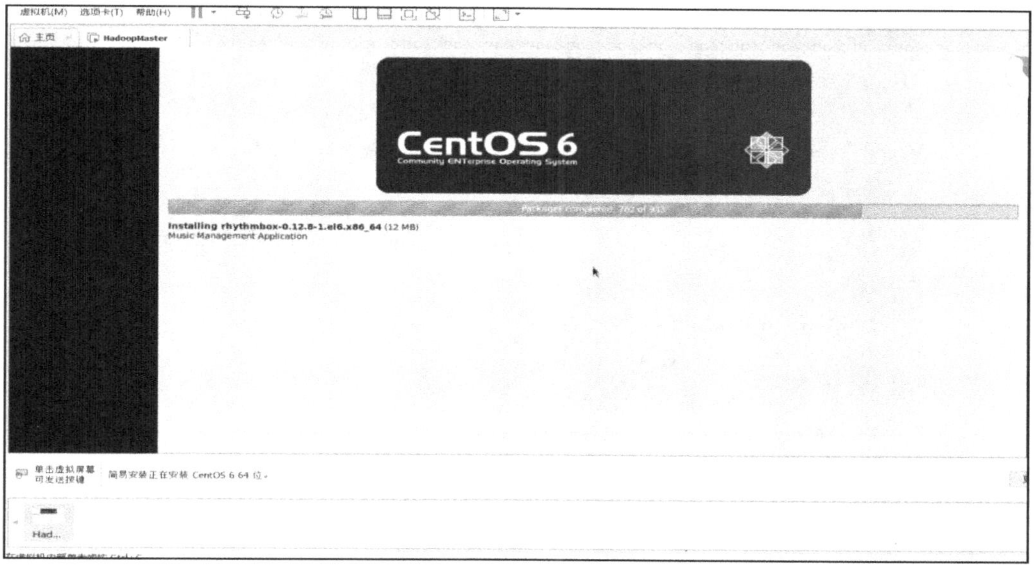

图9-9　创建虚拟机

在CentOs 6中安装VMware Tools。

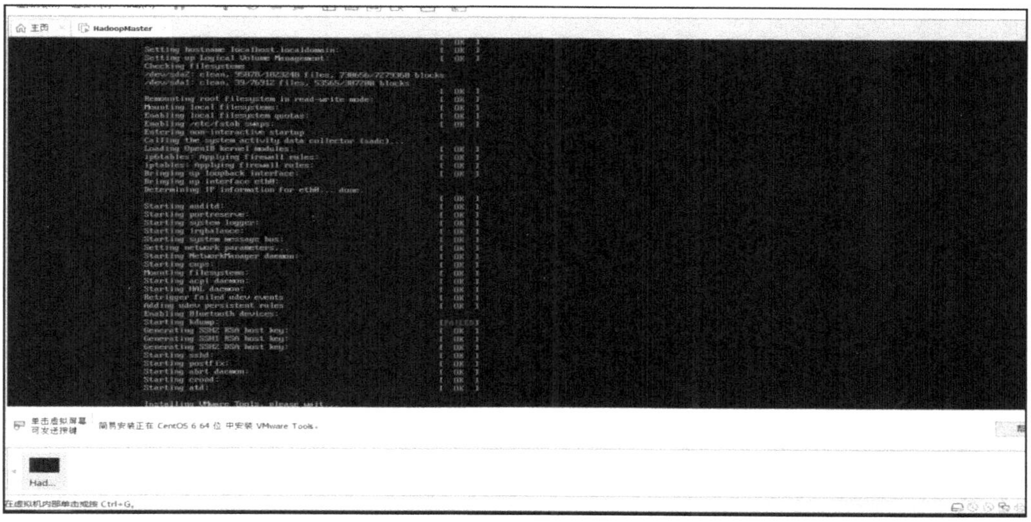

图9-10　在CentOS 6中安装VMware Tools

重启CentOs 6。

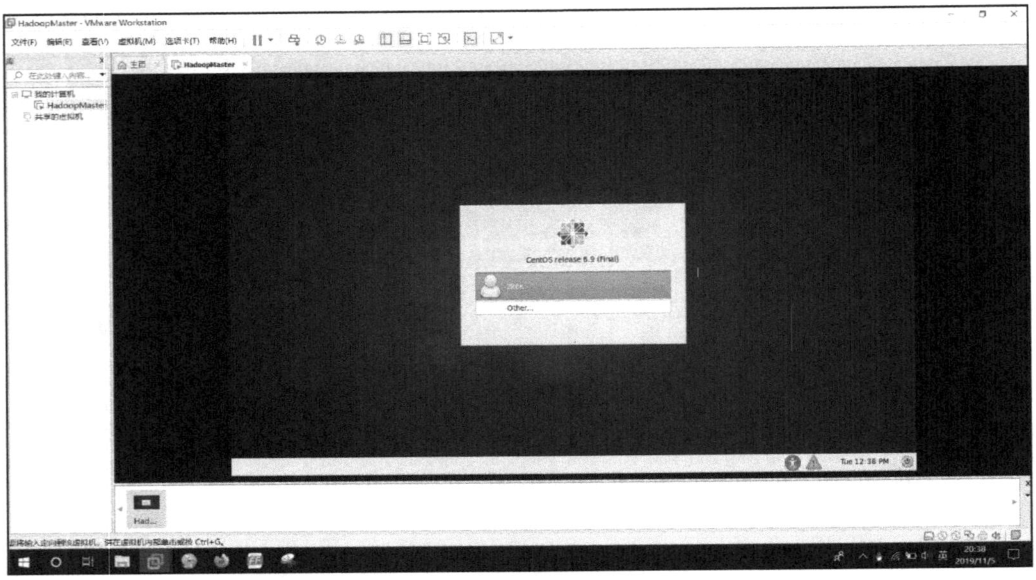

图9-11　CentOS 6重启

输入密码zkpk，登录进系统。

图9-12　CentOS 6安装完成

下面克隆HadoopSlave。

打开克隆虚拟机向导。

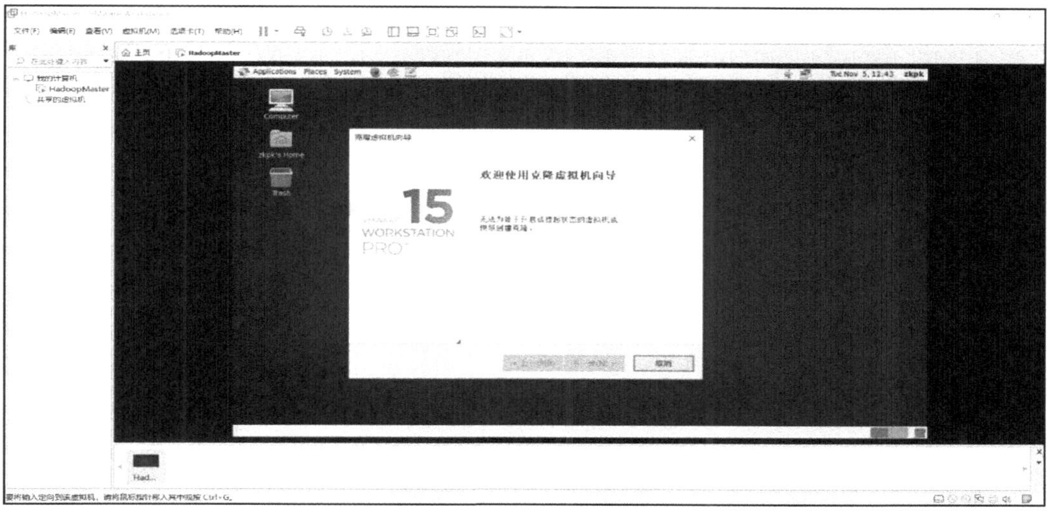

图9-13　打开克隆虚拟机向导

设置克隆虚拟机选项。

图9-14　设置克隆虚拟机选项

创建完整克隆。

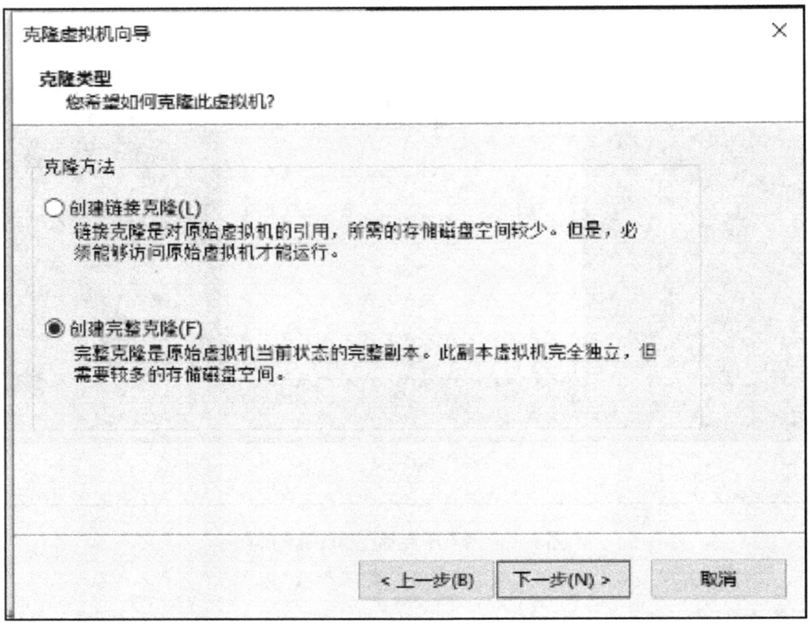

图9-15　创建完整克隆

命名虚拟机。

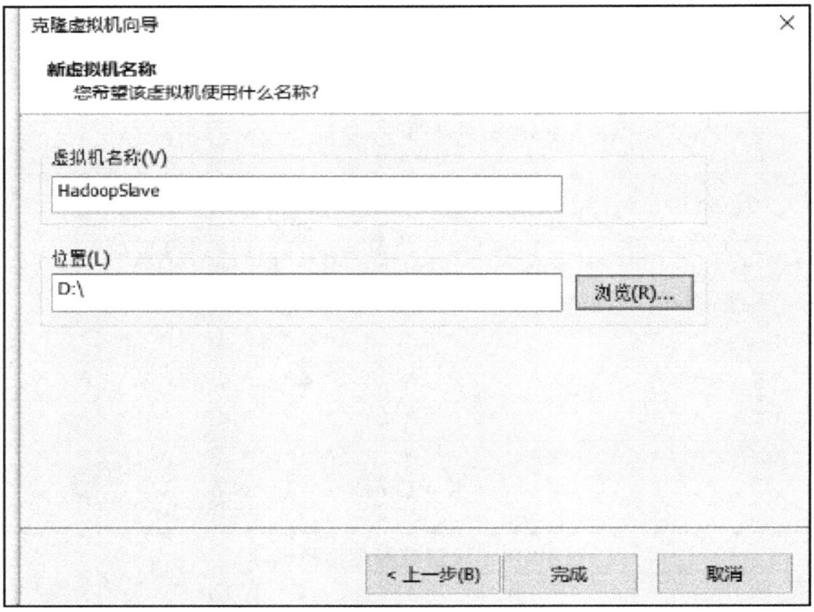

图9-16　命名虚拟机

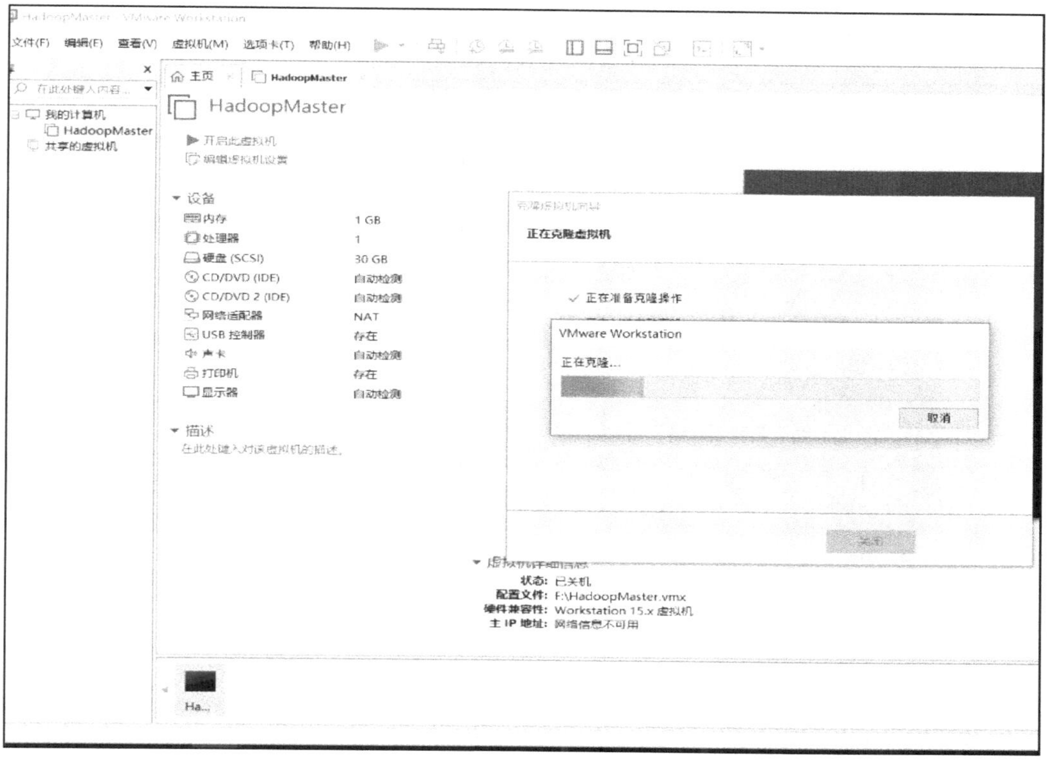

图9-17　正在准备克隆虚拟机

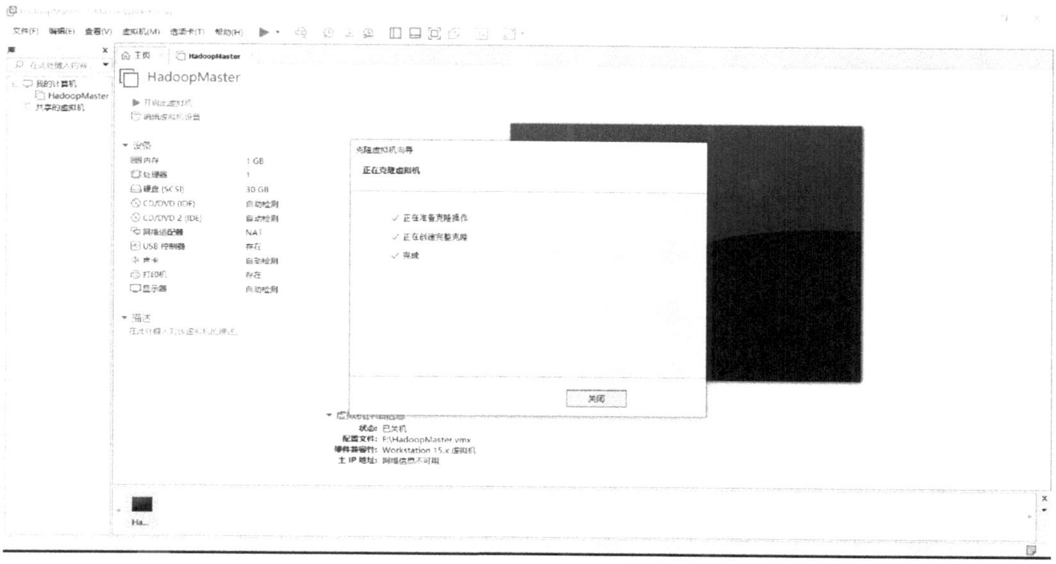

图9-18　正在克隆虚拟机

点击“关闭”按钮后，发现“HadoopSlave”虚拟机已经在左侧的列表栏中。

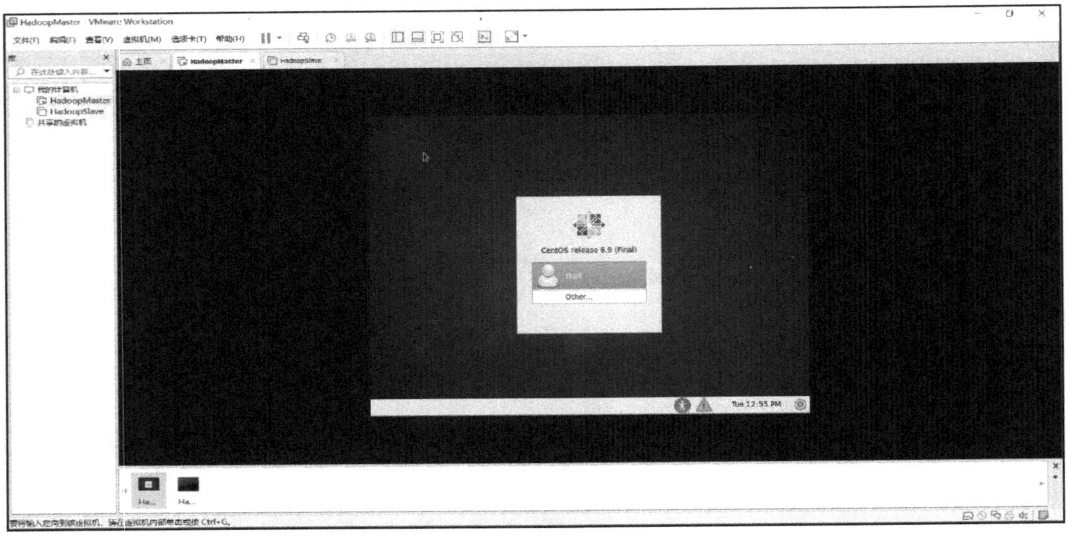

图9-19　克隆虚拟机完成

9.2 CentOS中安装Hadoop

9.2.1 启动CentOS 6

打开VMware Workstation，打开之前已经安装好的虚拟机：HadoopMaster和HadoopSlave。本节所有的命令操作都在终端环境Terminal菜单。

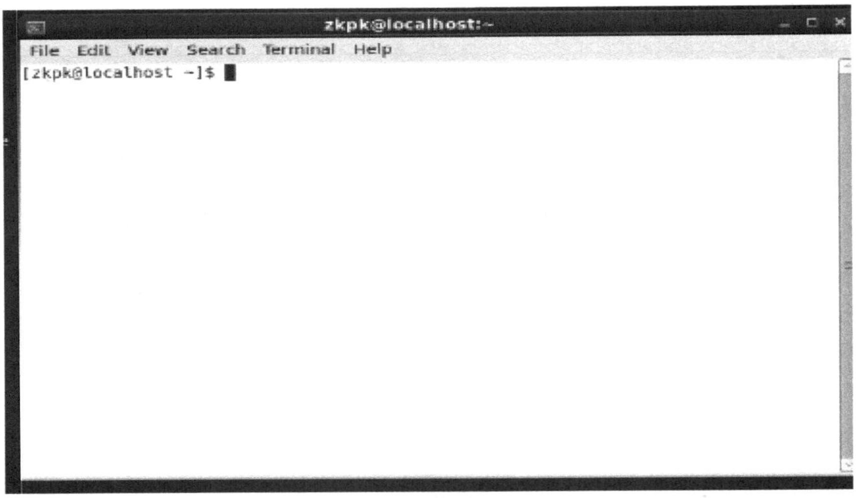

图9-20　打开Terminal

以下操作步骤需要在HadoopMaster和HadoopSlave节点上分别完整操作，都使用root用户，从当前用户切换root用户的命令如下：

```
[zkpk@localhost ~]$ su root
```

切换root用户。

图9-21　切换root用户

输入root用户密码“zkpk”。

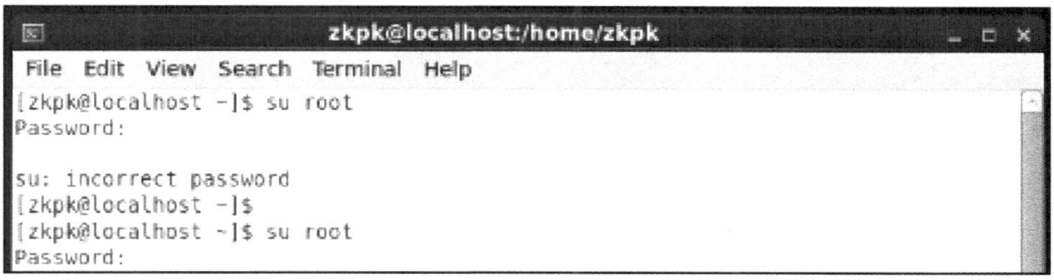

图9-22　输入root用户密码“zkpk”

9.2.2 配置时钟同步

1. 配置自动时钟同步

该项同时需要在HadoopSlave节点配置。使用Linux命令配置：

```
[root@localhost zkpk]$ crontab -e
```

该命令是 vi 编辑命令，按“i”进入插入模式，按 Esc，然后键入“wq”保存退出。键入下面的一行代码，输入“i”，进入插入模式（星号之间和前后都有空格）。

```
0 1 * * * /usr/sbin/ntpdate cn.pool.ntp.org
```

2. **手动同步时间**

直接在Terminal运行下面的命令：

```
[root@localhost zkpk]$ /usr/sbin/ntpdate cn.pool.ntp.org
```

手动同步时间。

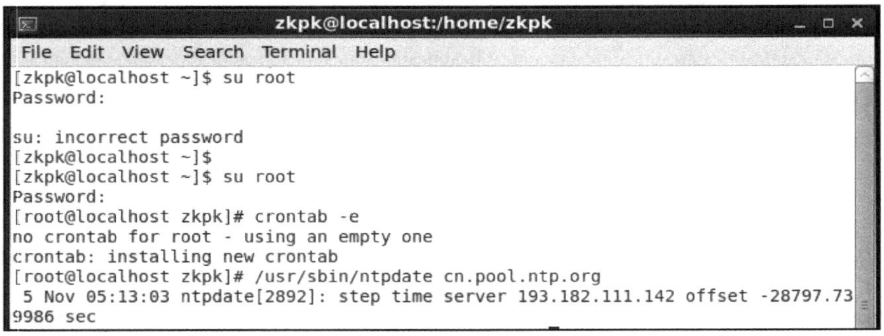

图9-23　手动同步时间

9.2.3 配置主机名

1. HadoopMaster**节点**

使用gedit编辑主机名，如果不可以使用gedit，请直接使用vi编辑器（后面用到gedit的地方也同此处处理一致）。

```
[root@localhost zkpk]$ gedit /etc/sysconfig/network
```

打开gedit。

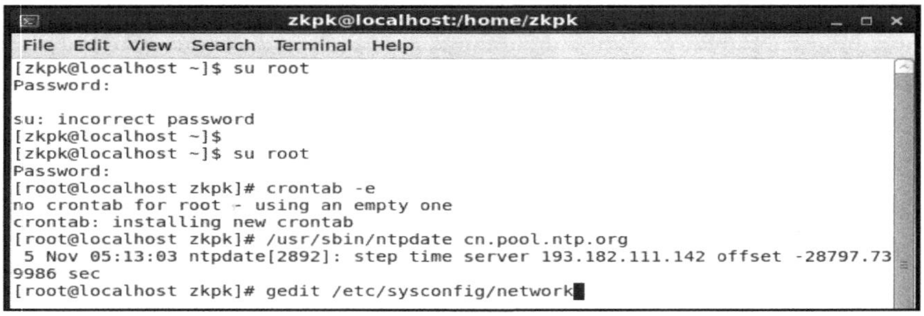

图9-24　打开gedit

配置主机名，将下面的localhost.localdomian修改为master，即下面代码的第二行所示。

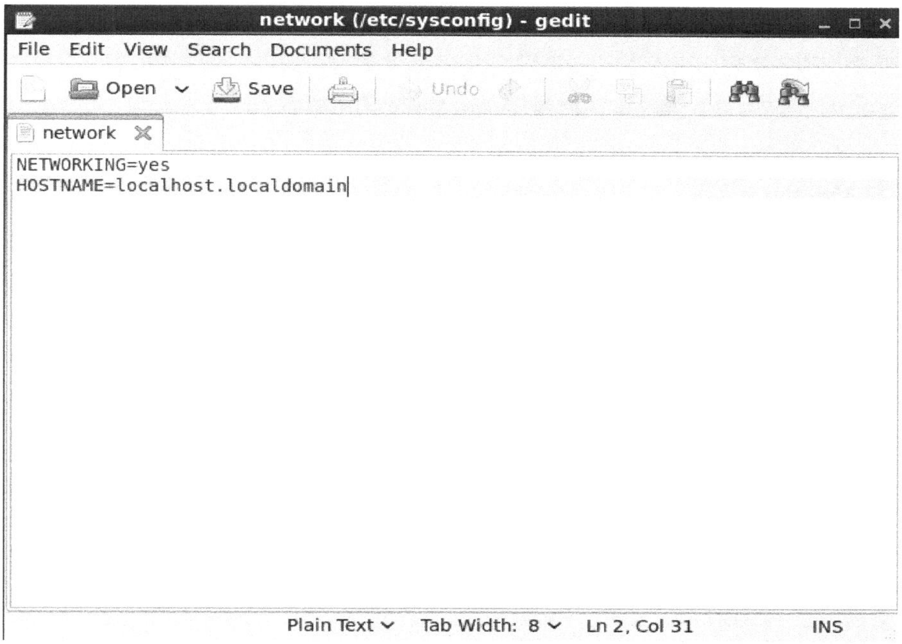

图9-25　配置主机名

```
NETWORKING=yes #启动网络
HOSTNAME=master #主机名
```

修改生效命令。

```
[root@master zkpk]$ hostname master
```

检测主机名是否修改成功，命令如下，在操作之前需要关闭当前终端，重新打开一个终端。

```
[root@master zkpk]$ hostname
```

执行完命令，会看到如图9-26所示的打印输出。

图9-26　配置HadoopMaster的主机名完成

2. HadoopSlave节点

针对HadoopSlave节点，按照对HadoopMaster的配置方法，配置HadoopSlave的主机名称为slaver。

9.2.4 使用setup命令配置网络环境

该项也需要在HadoopSlave节点配置。在终端中执行下面的命令：

```
[zkpk@master ~]$ ifconfig
```

如果在输出中看到inet addr，Bcast和Mask有对应的网络地址，即存在内网IP、广播地址、子网掩码，说明该节点不需要配置网络，否则进行下面的步骤。在终端中执行下面命令：

```
[zkpk@master ~]$ setup
```

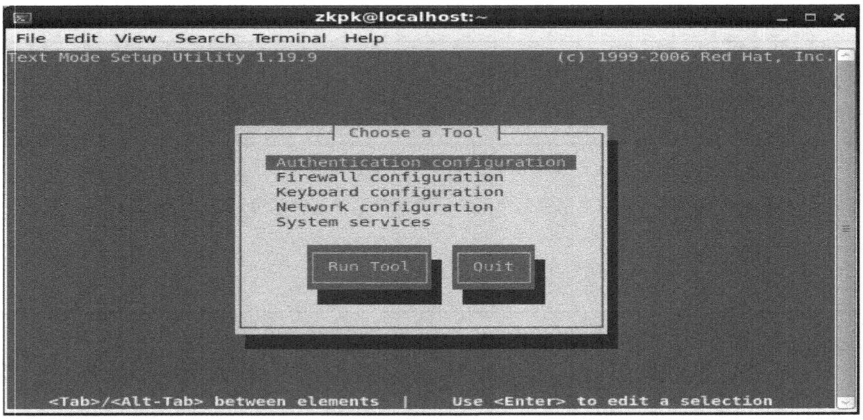

图9-27　配置网络环境窗口

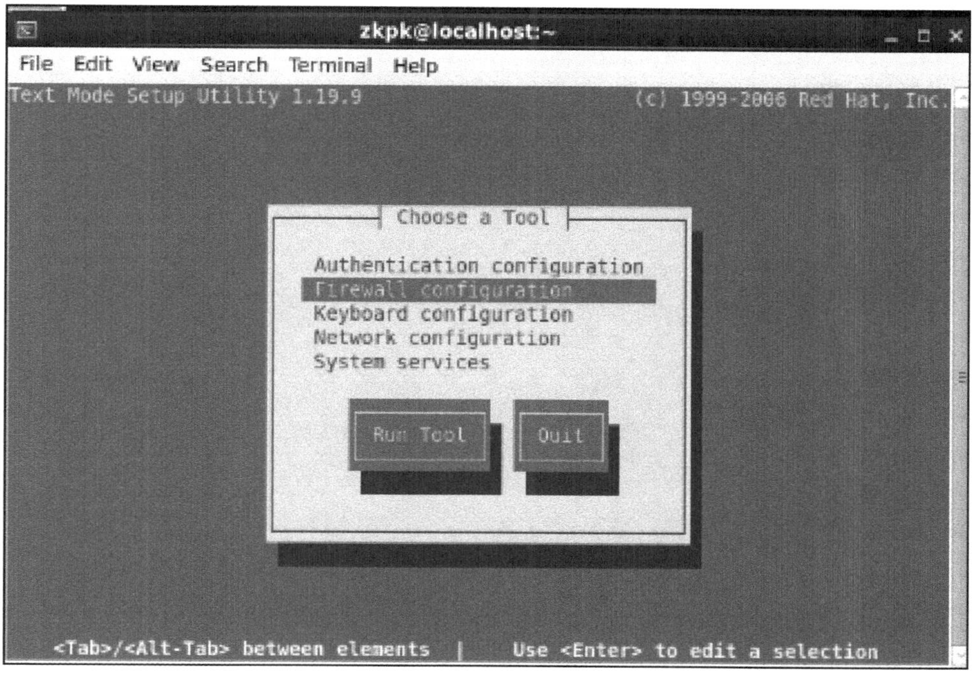

图9-28　选择Firewall configuration

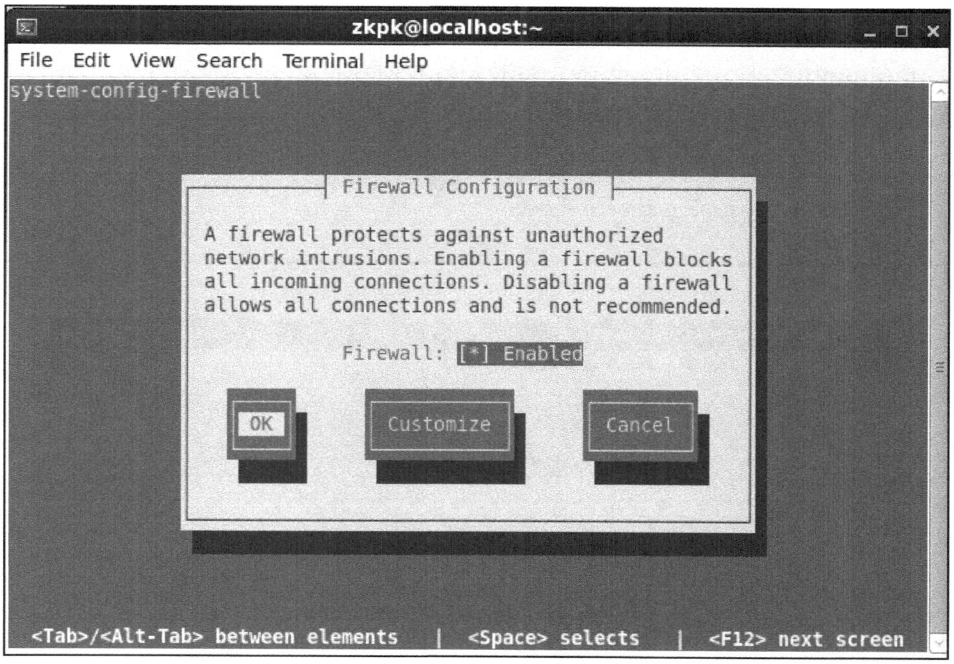

图9-29　选择Enabled和OK

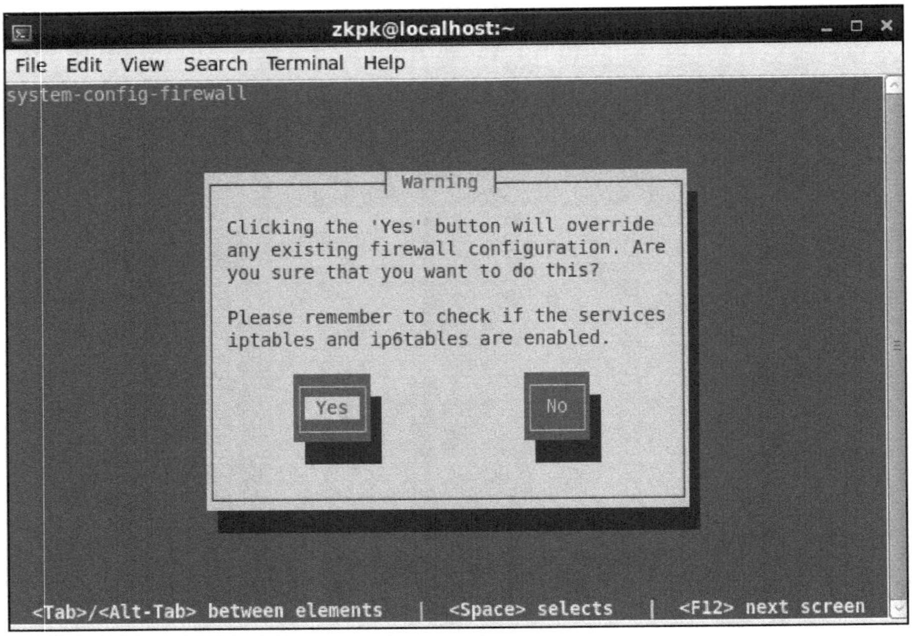

图9-30　选择Yes

9.2.5 **配置hosts列表**

该项也需要在HadoopSlave节点配置。

需要在root用户下（使用su命令）编辑主机名列表的命令：

[root@master zkpk]$ gedit /etc/hosts

```
[root@master zkpk]$ gedit /etc/hosts
```

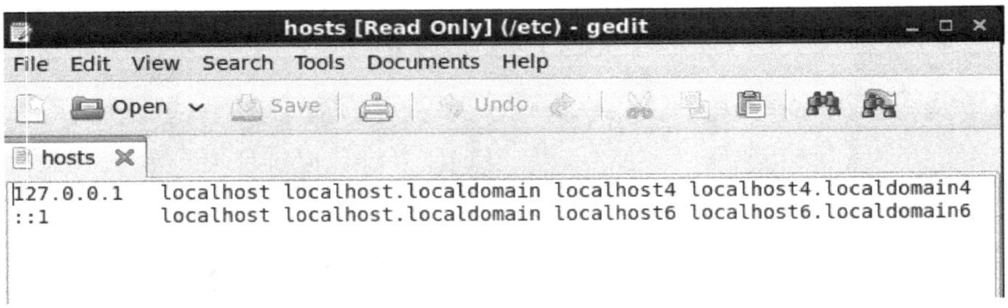

图9-31　使用gedit打开hosts文件

将下面两行添加到/etc/hosts 文件中：

```
172.16.219.130    master
172.16.219.131    slave
```

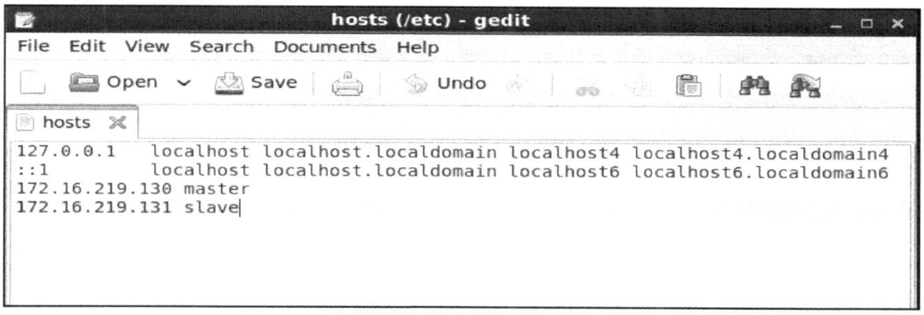

图9-32　使用gedit配置hosts

验证是否配置成功的命令：

```
[zkpk@master ~]$ ping master
[zkpk@master ~]$ ping slave
```

出现下列界面说明配置成功。

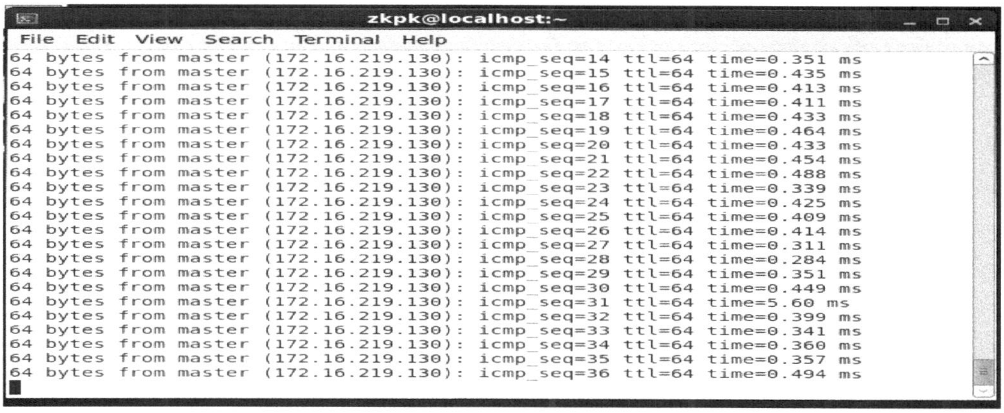

图9-33　hosts 配置成功

9.2.6 安装JDK

复制安装jar文件到桌面。

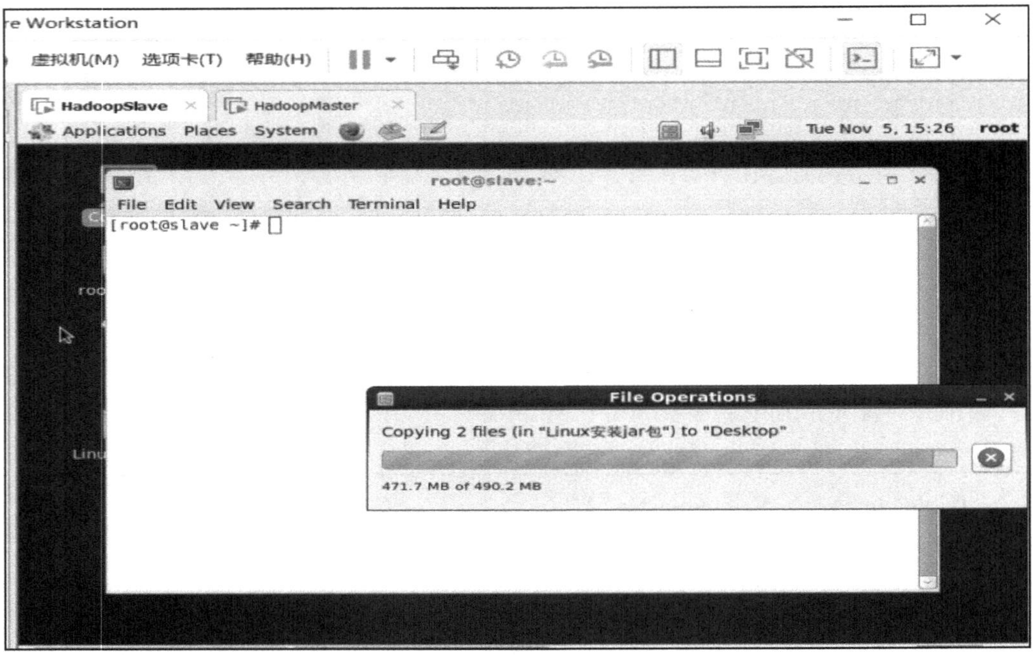

图9-34 复制安装jar文件到桌面

解压jar文件。

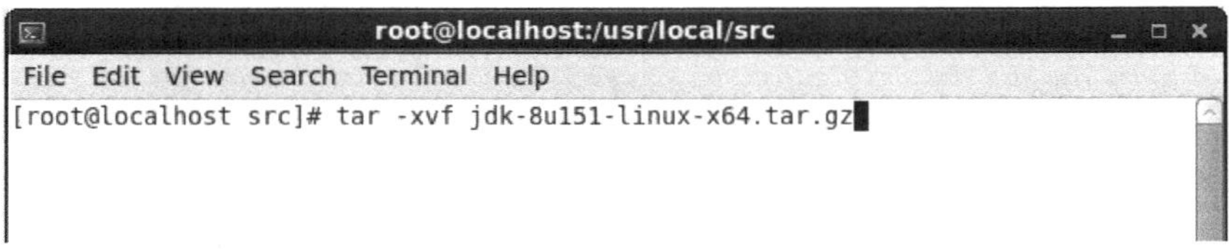

图9-35 解压jar文件

测试 java-version。

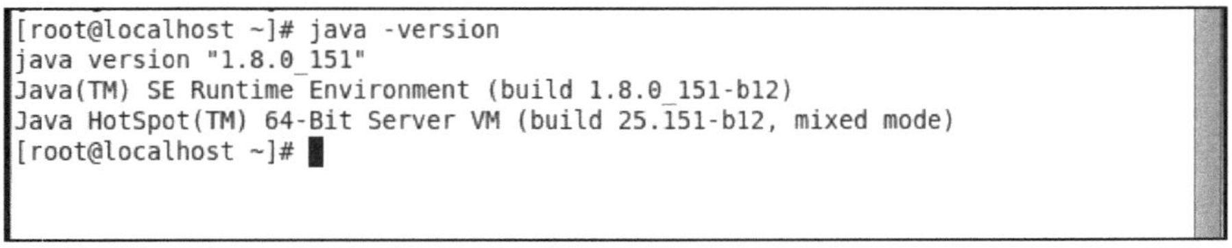

图9-36 测试java -version

9.2.7 安装Hadoop

1.安装Hadoop

在[root@localhost src]#下安装Hadoop。

```
[root@localhost src]# tar   -xvf   hadoop-2.7.5.tar.gz
```

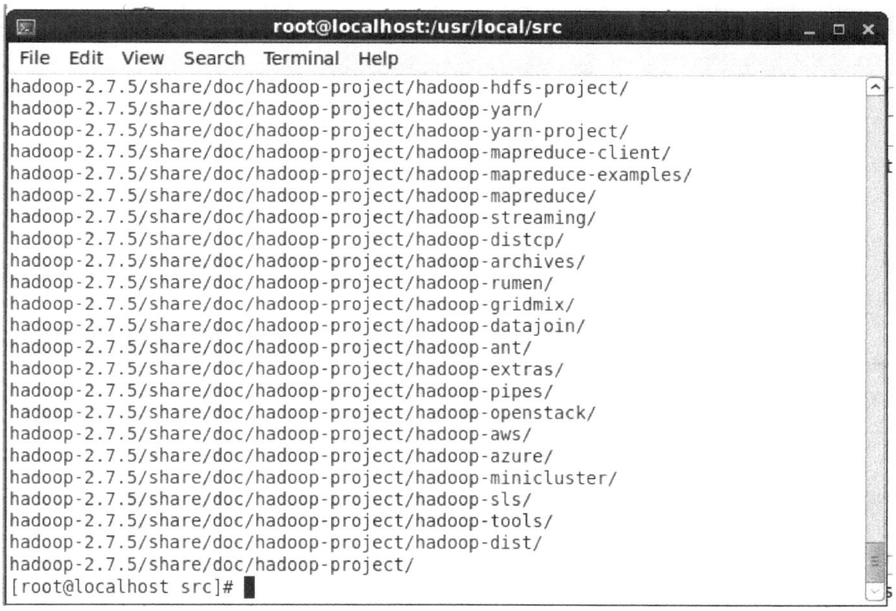

图9-37　解压Hadoop的jar文件

2.配置Hadoop-env.sh

使用gedit打开Hadoop-env.sh，配置JDK的路径。

```
export JAVA_HOME = /usr/local/src/jdk1.8.0_151
```

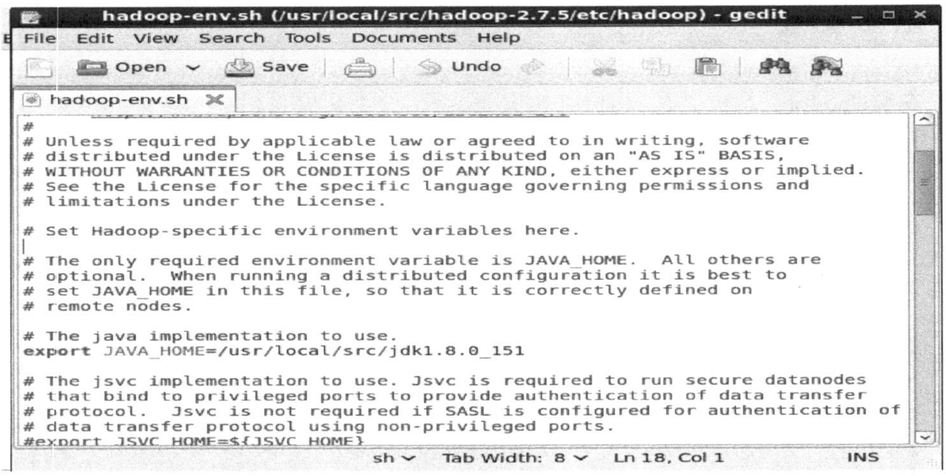

图9-38 配置Hadoop-env.sh

3.配置yarn-env.sh

使用gedit打开yarn-env.sh，配置JDK的路径。

```
export JAVA_HOME = /usr/local/src/jdk1.8.0_151
```

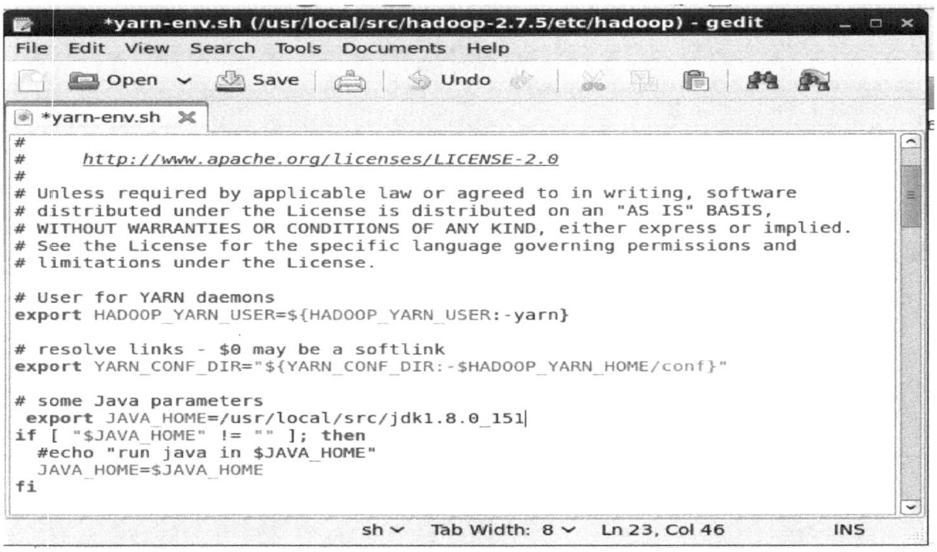

图9-39 配置Hadoop-env.sh

4.配置core-site.xml

使用gedit打开core-site.xml，做以下修改：

```xml
<?xml version="1.0" encoding="UTF-8"?>
<?xml-stylesheet type="text/xsl" href="configuration.xsl"?>
<!-- Put site-specific property overrides in this file. -->
<configuration>
 <property>
 <name>fs.defaultFS</name>
 <value>hdfs://master:9000</value>
 </property>
 <property>
 <name>hadoop.tmp.dir</name>
 <value>/usr/local/src/hadoopdata</value>
 </property>
</configuration>
```

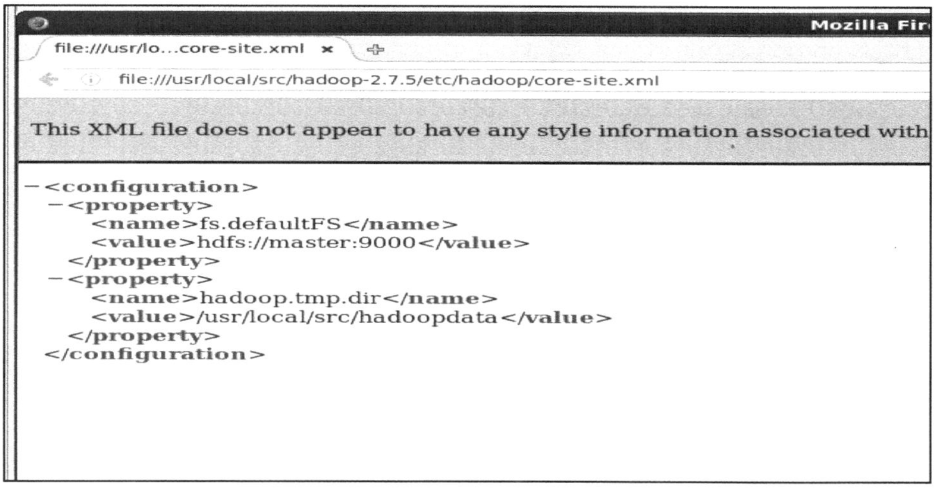

图9-40　配置核心组件core-site.xml

5.配置hdfs-site.xml

使用gedit打开hdfs-site.xml，做以下修改：

```xml
<?xml version="1.0" encoding="UTF-8"?>
<?xml-stylesheet type="text/xsl" href="configuration.xsl"?>
<!-- Put site-specific property overrides in this file. -->
<configuration>
 <property>
 <name>dfs.replication</name>
```

```
<value>1</value>
</property>
</configuration>
```

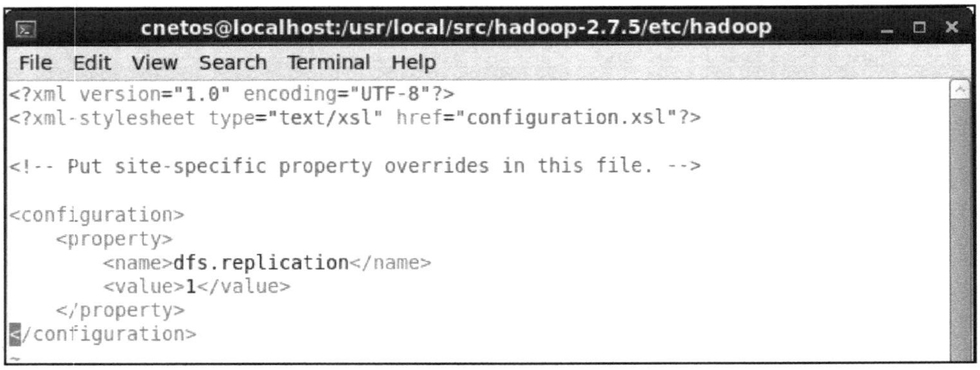

图9-41　**配置文件系统** hdfs-site.xml

6.**配置**yarn-site.xml

使用gedit打开yarn-site.xml，做以下修改：

```
<?xml version="1.0"?>
<configuration>
<property>
<name>yarn.nodemanager.aux-services</name>
<value>mapreduce_shuffle</value></property>
<property>
 <name>yarn.resourcemanager.address</name>
 <value>master:18040</value> </property>
<property>
 <name>yarn.resourcemanager.scheduler.address</name>
 <value>master:18030</value> </property>
<property>
 <name>yarn.resourcemanager.resource-tracker.address</name>
 <value>master:18025</value> </property>
<property>
 <name>yarn.resourcemanager.admin.address</name>
 <value>master:18141</value> </property>
<property>
 <name>yarn.resourcemanager.webapp.address</name>
```

```
  <value>master:18088</value> </property>
</configuration>
```

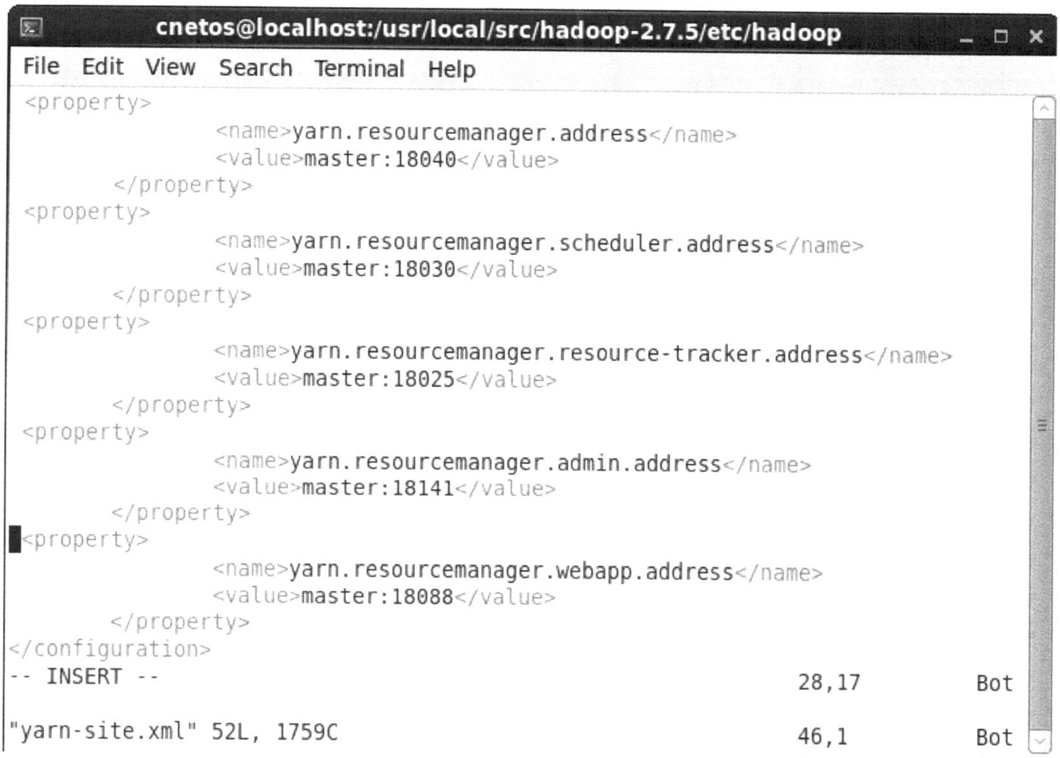

图9-42　配置文件系统 yarn-site.xml

7.配置mapred-site.xml

使用gedit打开mapred-site.xml，做以下修改：

```
<?xml version="1.0"?>
<?xml-stylesheet type="text/xsl" href="configuration.xsl"?>
<configuration>
<property>
<name>mapreduce.framework.name</name>
<value>yarn</value>
</property>
</configuration>
```

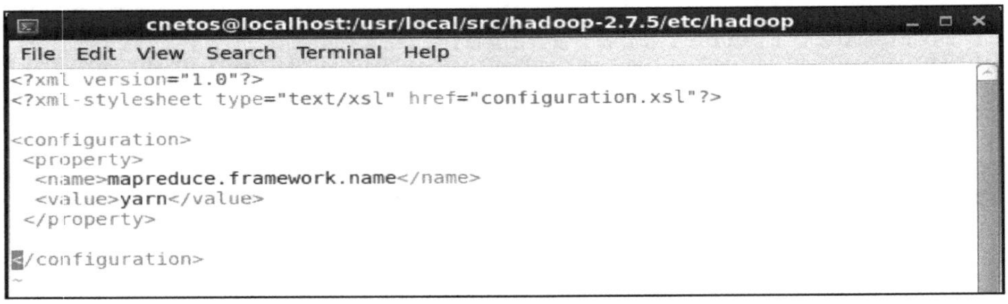

图9-43　配置计算框架 mapred-site.xml

8.配置Hadoop启动的系统环境变量

使用gedit打开.bash_profile，做以下修改：

```
[root@localhost hadoop-2.7.5]# cd
[root@localhost ~]# gedit   ~/.bash_profile

//将下面的代码追加到.bash_profile末尾：
#HADOOP
export HADOOP_HOME=/usr/local/src/hadoop-2.7.5
export PATH=$HADOOP_HOME/bin:$HADOOP_HOME/sbin:$PATH

//然后执行命令：
[root@localhost ~]#source   ~/.bash_profile
```

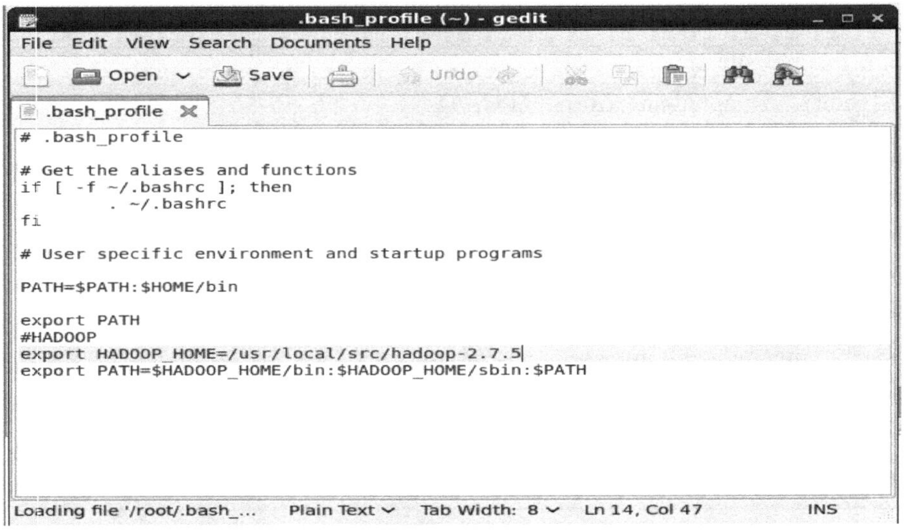

图9-44　配置Hadoop启动的系统环境变量

9.在master节点配置slaves文件

使用gedit编辑：

```
[zkpk@master hadoop-2.7.5]$ gedit ~/hadoop-2.7.5/etc/hadoop/slaves
```

用下面的代码替换slaves中的内容：

```
Slave
```

10.复制到从节点

使用下面的命令将已经配置完成的Hadoop复制到从节点 HadoopSlave上：

```
[zkpk@master hadoop-2.7.5]$ cd
[zkpk@master ~]$ scp -r hadoop-2.7.5 zkpk@slave:~/
```

11.创建数据目录

```
[root@slave ~]#   mkdir   ~/hadoopdata
```

```
[root@slave /]# cd root
[root@slave ~]# ls
anaconda-ks.cfg      hadoopdata   install.log.syslog
hadoop-2.7.5.tar.gz  install.log
[root@slave ~]# 
```

图9-45　查看数据目录

9.2.8 启动Hadoop集群

格式化文件系统。格式化命令如下，该操作需要在HadoopMaster节点上执行。

```
[root@master hadoop]#   hdfs namenode -format
```

看到如图9-46所示的打印信息表示格式化成功，INFO util.ExitUtil:Exiting with status 1，INFO namenode.NameNode:SHUTDOWN_MSG；如果出现Exception/Error，则表示出问题。

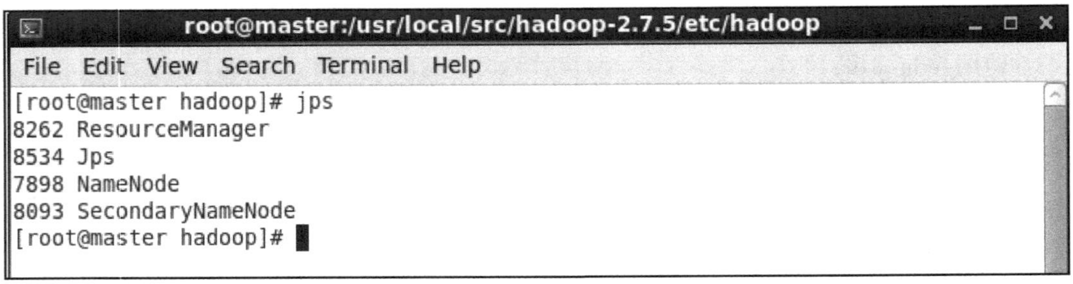

图9-46　master的进程成功

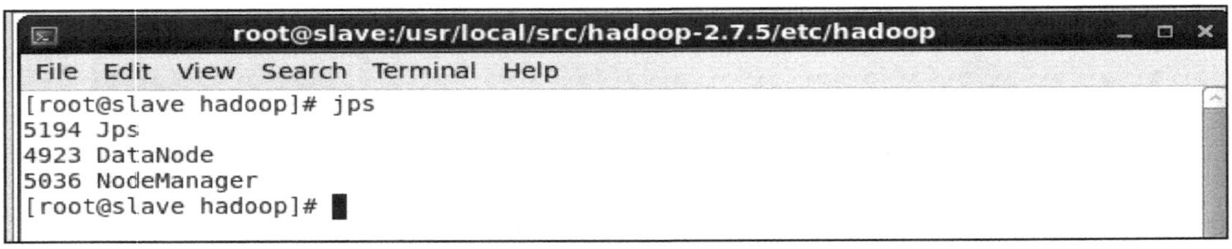

图9-47　slave的进程成功

Web UI查看集群是否成功启动。在HadoopMaster上启动Firefox浏览器，在浏览器地址栏中输入http://master:50070/，检查namenode和datanode是否正常。UI如图9-48所示。

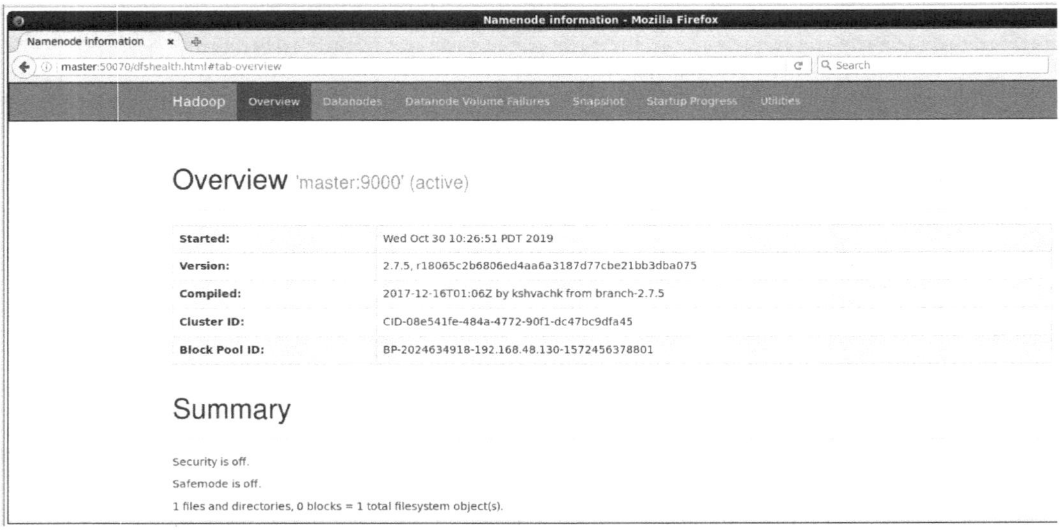

图9-48　Web UI查看集群是否成功启动

检查Yarn是否正常。在HadoopMaster上启动Firefox浏览器，在浏览器地址栏中输入http://master:18088/，页面如图9-49所示。

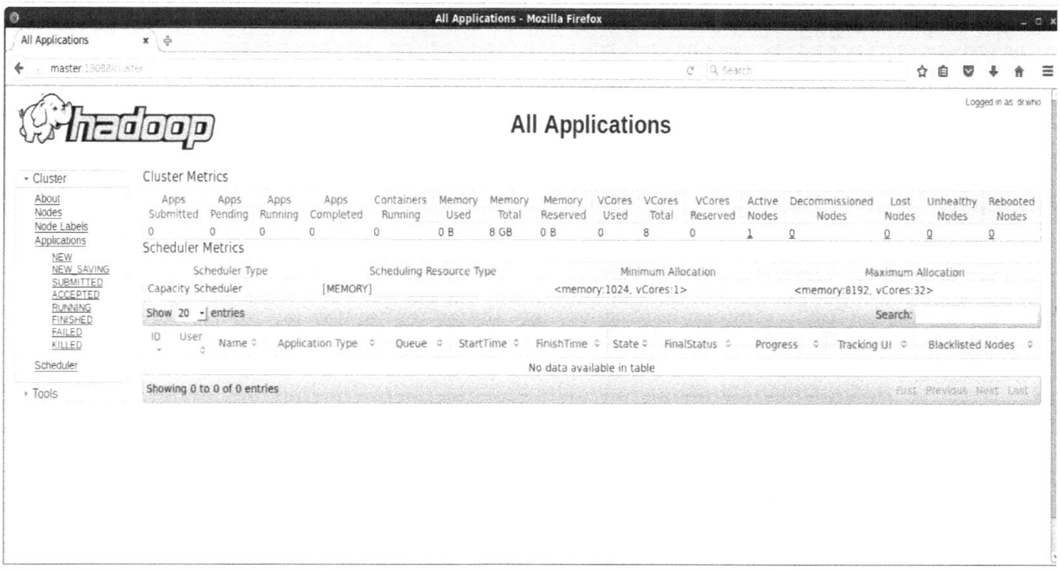

图9-49　检查Yarn是否正常

运行PI实例检查集群是否成功。进入Hadoop安装主目录，执行下面的命令：

```
[zkpk@master ~]$ cd ~/hadoop-2.7.5/share/hadoop/mapreduce/
[zkpk@master mapreduce]$ hadoop jar
~/hadoop-2.7.5/share/hadoop/mapreduce/hadoop-mapreduce-examples-2.5.1.jar
pi 10 10
```

完成后，会看到如下的执行结果，输出：Estimated value of Pi is 3.20000000000000000000，集群正常启动。

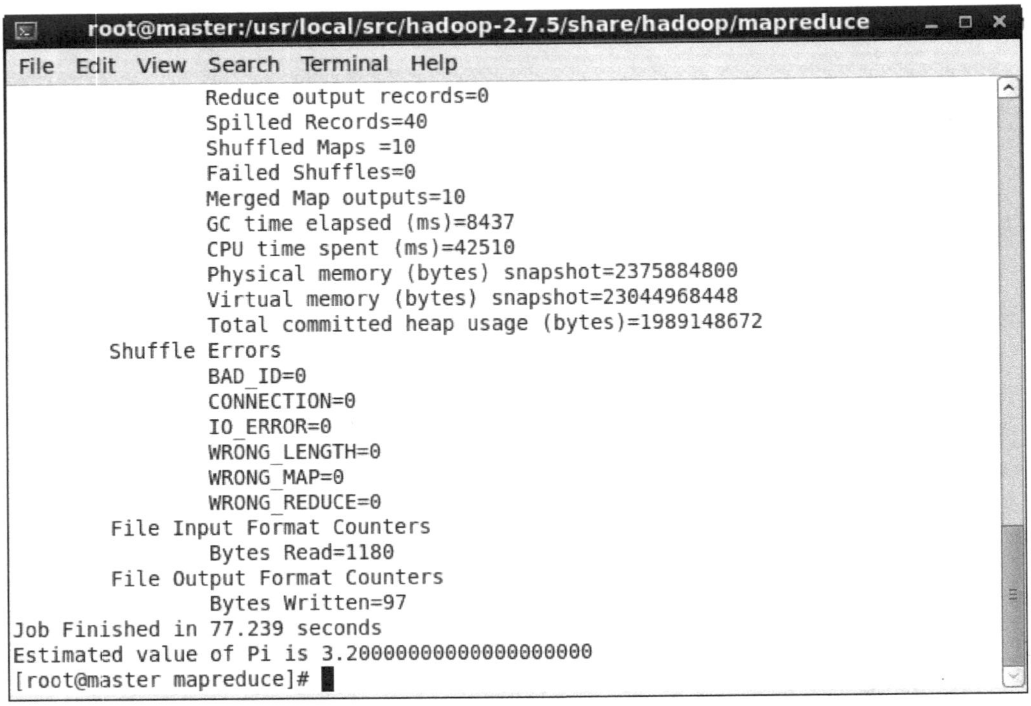

图9-50 运行PI实例检查集群

安装Hadoop需要注意的问题：(1)基础Linux命令必须熟悉，使用频率最高的Linux命令如su root，cd，ping slave，ifconfigure，tar -xvf ~。（2）master和slave的IP地址。（3）找不到jps，hdfs等，看jdk环境，看dadoop配置环境，然后再梳理其他配置文件。（4）注意哪些在slave上配置，哪些在master上配置。（5）使改动生效命令，source /home/zkpk/.bash_profile。（6）gedit命令无法修改系统环境变量问题的解决办法是注销用户，用root用户登录，获得最高权限，再修改环境变量。（7）配置Hadoop时，路径和实际Hadoop安装路径必须一致。

9.3 安装部署Hive

9.3.1 安装Hive

该部分的安装需要在Hadoop已经成功安装的基础上进行，并且要求Hadoop已经正常启动。Hadoop正常启动的验证过程如下：(1)使用下面的命令，看可否正常显示HDFS上的目录列表，[zkpk@master ~]$ hdfs dfs -ls /。（2）使用浏览器查看相应界面，http://master:50070，http://master:18088，该页面的结果跟Hadoop安装部分浏览器展示结果一致。如果满足上面的两个条件，表示Hadoop正常启动。我们将Hive安装在HadoopMaster节点上，所以，下面的所有操作都在HadoopMaster节点上进行。

输入下面的命令，解压Hive安装包：

```
[root@master src]#   tar -zxvf ~/apache-hive-1.2.2-bin.tar.gz
[root@master src]# cd /apache-hive-1.2.2-bin
[root@master apache-hive-1.2.2-bin]# ls
```

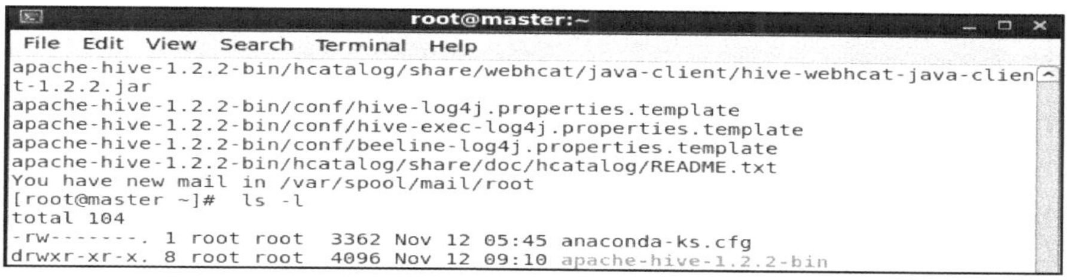

图9-51　查看Hive安装

9.3.2 安装MySQL

1.使用yum安装MySQL

输入下面的命令，安装MySQL。

```
[root@master ~]#   yum -y install mysql-server   //使用yum安装MySQL
[root@master ~]#   chkconfig mysqld on          //设置开机启动
[root@master ~]#   service mysqld start         //启动MySQL服务
```

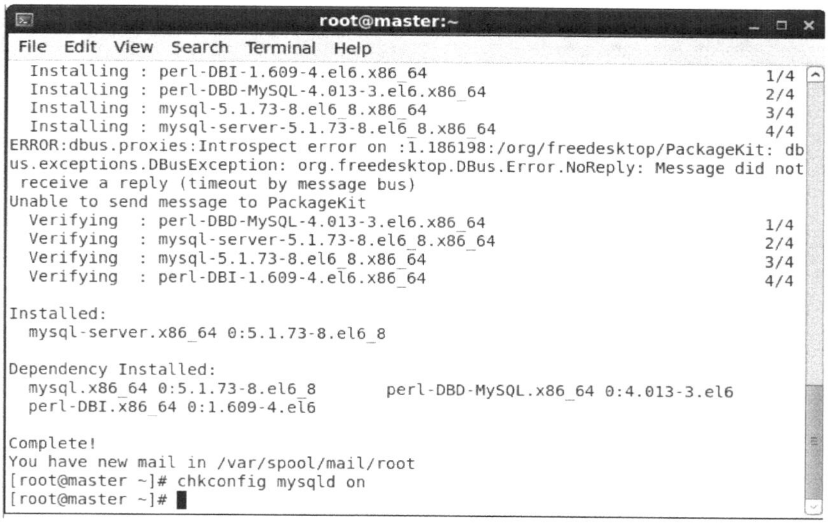

图9-52　安装MySQL

启动MySQL。

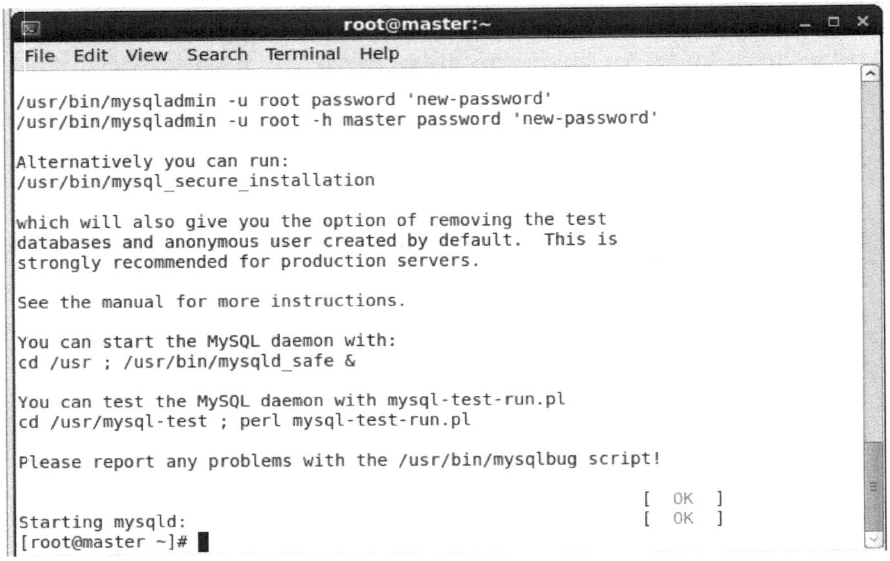

图9-53　启动MySQL

2.设置MySQL的root用户设置密码

输入下面的命令，设置MySQL的root用户设置密码。

```
[root@master ~]#   mysql -u root   //root登录
```

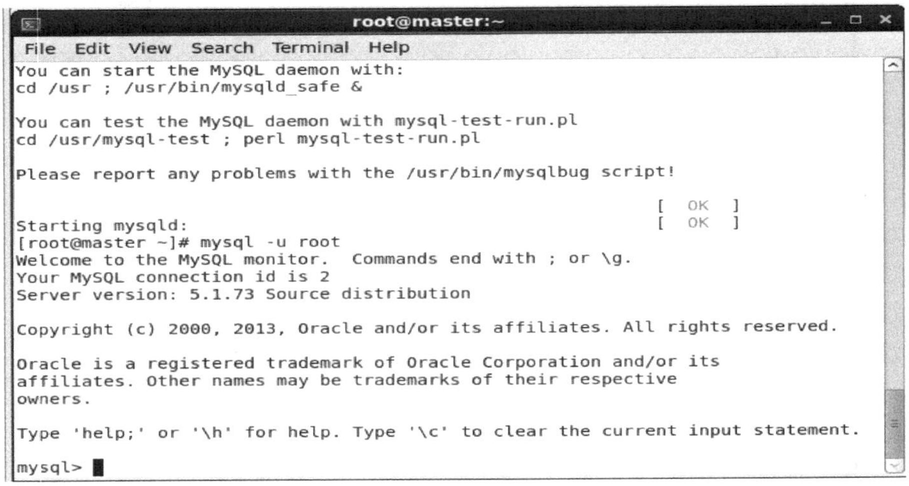

图9-54　root登录MySQL

mysql> select user,host,password from mysql.user;　//查询用户的密码，都为空

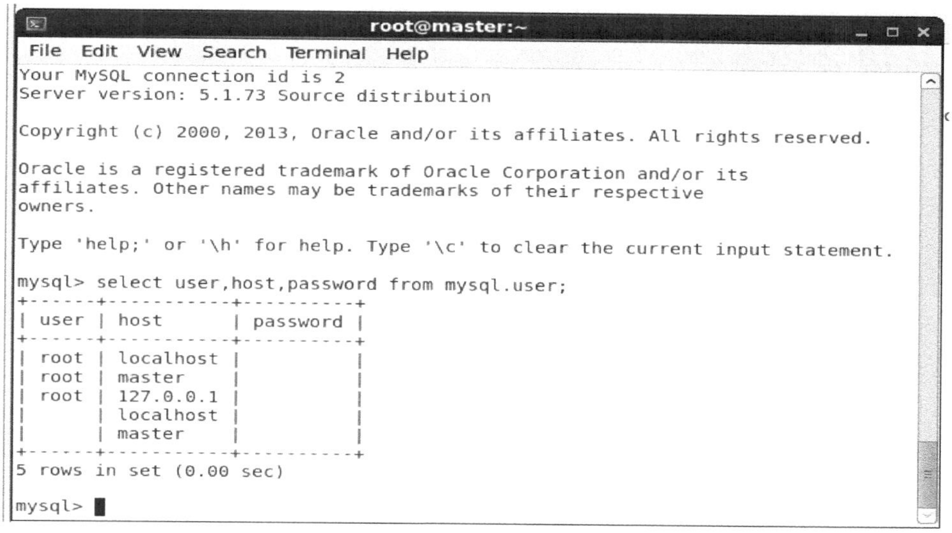

```
root@master:~
File  Edit  View  Search  Terminal  Help
Your MySQL connection id is 2
Server version: 5.1.73 Source distribution

Copyright (c) 2000, 2013, Oracle and/or its affiliates. All rights reserved.

Oracle is a registered trademark of Oracle Corporation and/or its
affiliates. Other names may be trademarks of their respective
owners.

Type 'help;' or '\h' for help. Type '\c' to clear the current input statement.

mysql> select user,host,password from mysql.user;
+------+-----------+----------+
| user | host      | password |
+------+-----------+----------+
| root | localhost |          |
| root | master    |          |
| root | 127.0.0.1 |          |
|      | localhost |          |
|      | master    |          |
+------+-----------+----------+
5 rows in set (0.00 sec)

mysql> 
```

图9-55　查询用户的密码

mysql> set password for root@localhost=password（'root'）; //设置root的密码为root

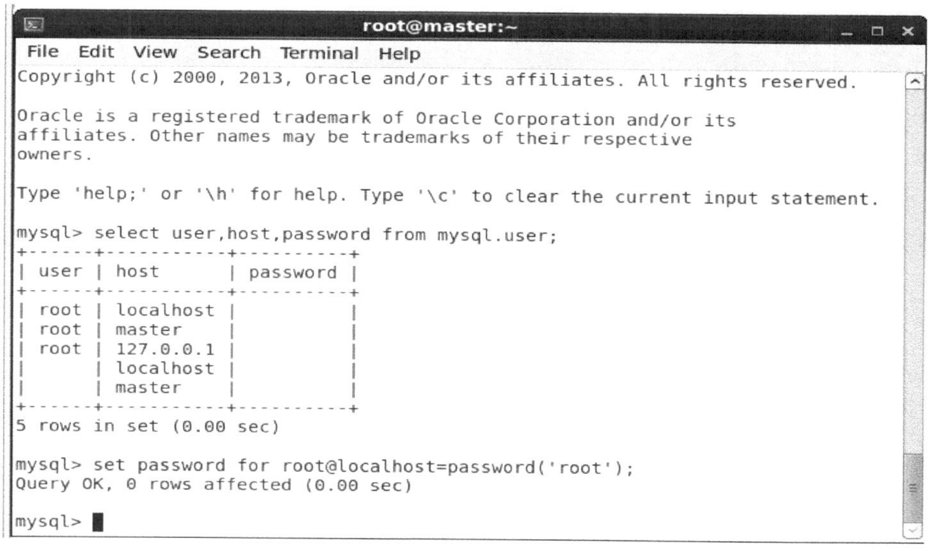

```
root@master:~
File  Edit  View  Search  Terminal  Help
Copyright (c) 2000, 2013, Oracle and/or its affiliates. All rights reserved.

Oracle is a registered trademark of Oracle Corporation and/or its
affiliates. Other names may be trademarks of their respective
owners.

Type 'help;' or '\h' for help. Type '\c' to clear the current input statement.

mysql> select user,host,password from mysql.user;
+------+-----------+----------+
| user | host      | password |
+------+-----------+----------+
| root | localhost |          |
| root | master    |          |
| root | 127.0.0.1 |          |
|      | localhost |          |
|      | master    |          |
+------+-----------+----------+
5 rows in set (0.00 sec)

mysql> set password for root@localhost=password('root');
Query OK, 0 rows affected (0.00 sec)

mysql> 
```

图9-56　设置root的密码

```
mysql> exit                          //退出
[root@master ~]#   mysql -u root -p  //用新密码登录
```

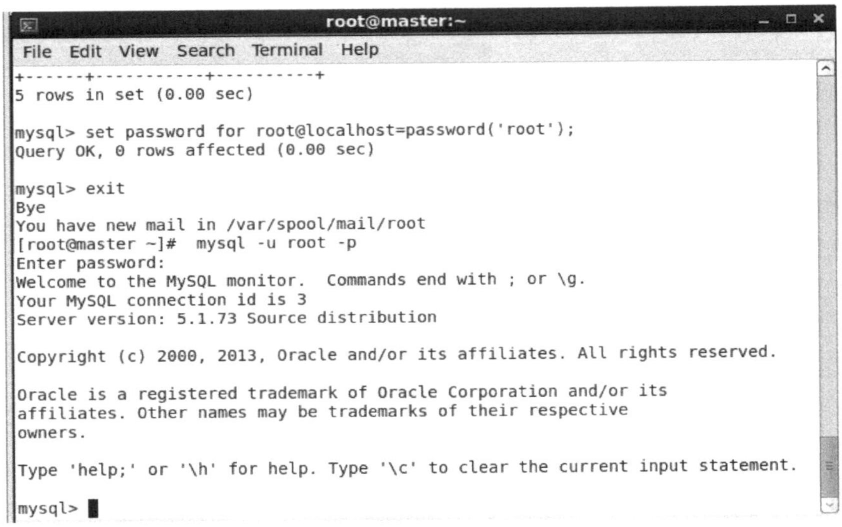

图9-57　用新密码登录MySQL

3.基本命令

show databases; // 查看系统已存在的数据库

use databasesname; // 选择需要使用的数据库

drop database databasename; // 删除选定的数据库

exit//退出数据库的连接

create database test01; // 建立名为test的数据库

show tables; // 列出当前数据库下的表

其他基本的增删改查使用标准SQL即可。

4.开放远程登录权限和创建数据库

输入下面的命令，开放远程登录权限和创建用户。

```
//开放远程登录权限
mysql> GRANT ALL PRIVILEGES ON *.* TO 'root'@'%' IDENTIFIED BY 'root' WITH GRANT OPTION;
mysql> FLUSH PRIVILEGES;
//创建hadoop用户
mysql> grant all on *.* to hadoop@'%' identified by 'hadoop';
mysql> grant all on *.* to hadoop@'localhost' identified by 'hadoop';
mysql> grant all on *.* to hadoop@'master' identified by 'hadoop';
mysql> flush privileges;
```

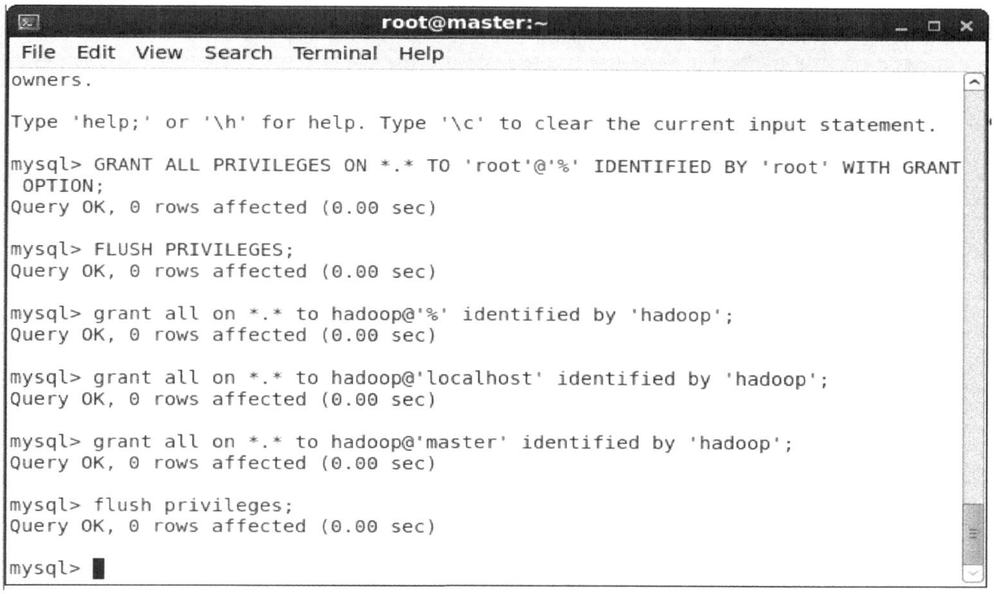

```
owners.

Type 'help;' or '\h' for help. Type '\c' to clear the current input statement.

mysql> GRANT ALL PRIVILEGES ON *.* TO 'root'@'%' IDENTIFIED BY 'root' WITH GRANT
 OPTION;
Query OK, 0 rows affected (0.00 sec)

mysql> FLUSH PRIVILEGES;
Query OK, 0 rows affected (0.00 sec)

mysql> grant all on *.* to hadoop@'%' identified by 'hadoop';
Query OK, 0 rows affected (0.00 sec)

mysql> grant all on *.* to hadoop@'localhost' identified by 'hadoop';
Query OK, 0 rows affected (0.00 sec)

mysql> grant all on *.* to hadoop@'master' identified by 'hadoop';
Query OK, 0 rows affected (0.00 sec)

mysql> flush privileges;
Query OK, 0 rows affected (0.00 sec)

mysql>
```

图9-58　开放远程登录权限和创建用户

```
mysql> create database hive_13;        //创建数据库 hive_13
mysql> quit;                           //退出MySQL
[root@master src]# ls -l               //查看MySQL安装目录文件
```

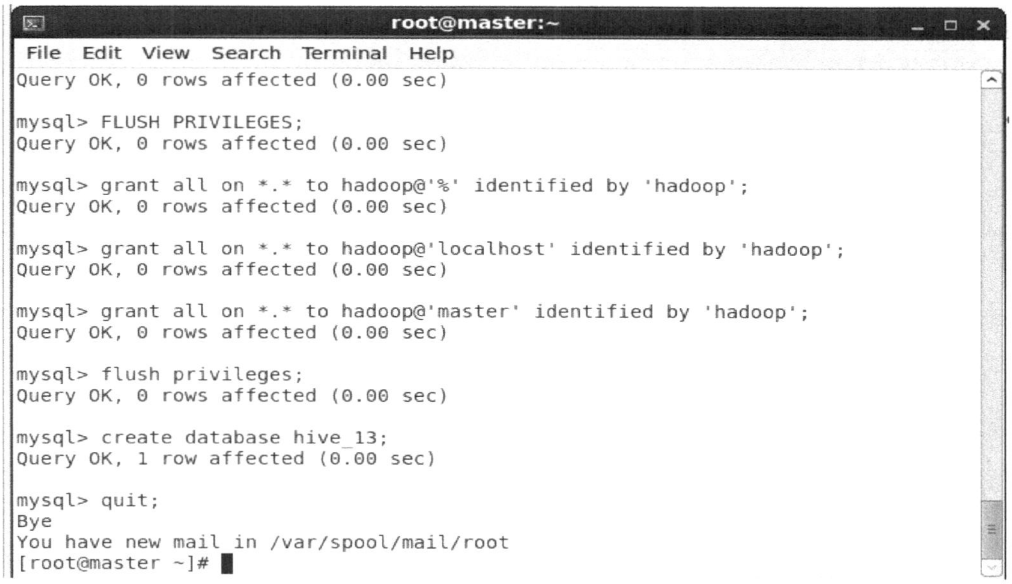

```
Query OK, 0 rows affected (0.00 sec)

mysql> FLUSH PRIVILEGES;
Query OK, 0 rows affected (0.00 sec)

mysql> grant all on *.* to hadoop@'%' identified by 'hadoop';
Query OK, 0 rows affected (0.00 sec)

mysql> grant all on *.* to hadoop@'localhost' identified by 'hadoop';
Query OK, 0 rows affected (0.00 sec)

mysql> grant all on *.* to hadoop@'master' identified by 'hadoop';
Query OK, 0 rows affected (0.00 sec)

mysql> flush privileges;
Query OK, 0 rows affected (0.00 sec)

mysql> create database hive_13;
Query OK, 1 row affected (0.00 sec)

mysql> quit;
Bye
You have new mail in /var/spool/mail/root
[root@master ~]#
```

图9-59　创建数据库Hive_13

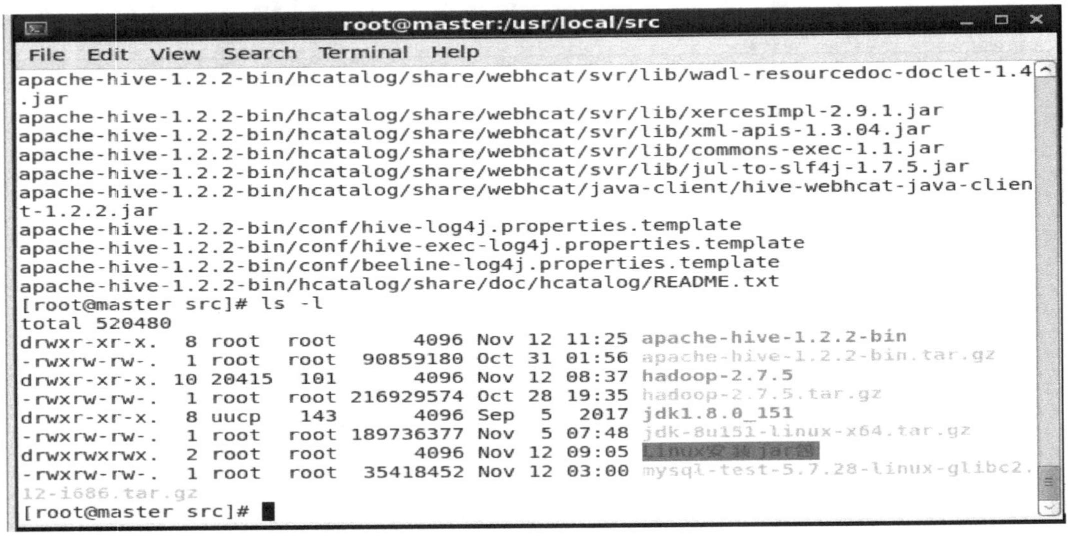

图9-60　查看MySQL安装目录文件

9.3.3 配置Hive

进入Hive安装目录下的配置目录，然后修改配置文件。

```
[root@master ~]#   cd   /usr/local/src/apache-hive-1.2.2-bin/conf
```

然后再该目录下创建一个新文件Hive-site.xml，命令如下：

```
[root@master conf]#   gedit ~/apache-hive-1.2.2-bin/conf/hive-site.xml
```

将下面的内容添加到Hive-site.xml文件中：

```
<?xml version="1.0"?>
<?xml-stylesheet type="text/xsl" href="configuration.xsl"?>
<configuration>
  <property>
  <name>hive.metastore.local</name>
  <value>true</value>
  </property>
```

```
    <property>
    <name>javax.jdo.option.ConnectionURL</name>
    <value>jdbc:mysql://master:3306/hive_13?characterEncoding=UTF-8</value>
    </property>
    <property>
    <name>javax.jdo.option.ConnectionDriverName</name>
    <value>com.mysql.jdbc.Driver</value>
    </property>
    <property>
    <name>javax.jdo.option.ConnectionUserName</name>
    <value>hadoop</value>
    </property>
    <property>
    <name>javax.jdo.option.ConnectionPassword</name>
    <value>hadoop</value>
    </property>
</configuration>
```

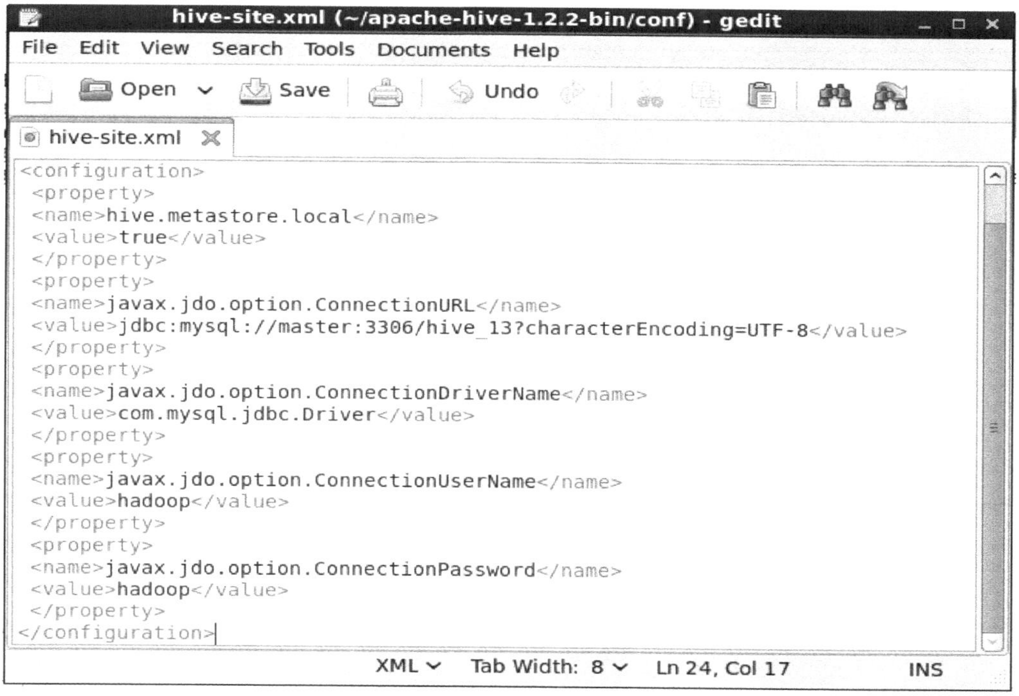

图9-61　配置Hive-site.xml

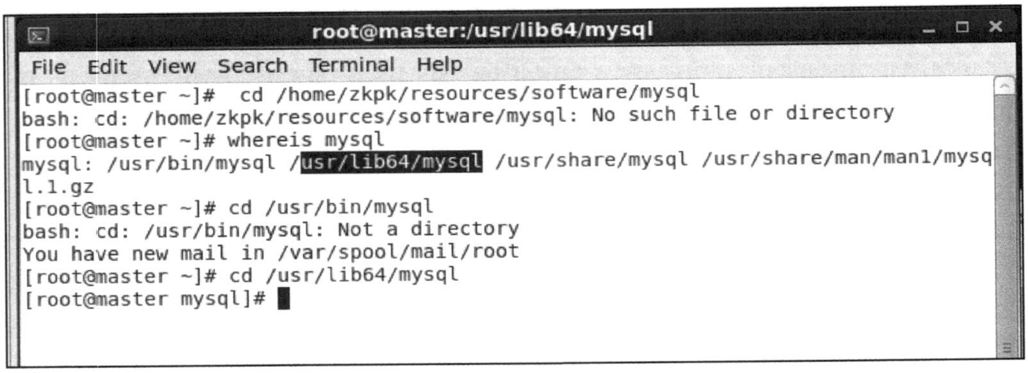

图9-62　用whereis MySQL查找

将mysql的java connector复制到依赖库中，其中，第三、四、五行是一行代码（要在一行中键入这三行，然后回车执行）。

```
[root@master ~]# cd   /usr/lib64/mysql
[root@master                    mysql]#                    tar                    -zxvf
~/usr/local/src/mysql-connector-java-5.1.27.tar.gz
[root@master mysql]# cp
~/usr/local/src/mysql-connector-java-5.1.27/mysql-connector-java-5.1.27-bin.jar
~/apache-hive-1.2.2-bin/lib/
```

使用下面的命令打开配置：

```
[root@master mysql]# cd
[root@master ~]# gedit   ~/.bash_profile
```

利用下面两行配置环境变量：

```
export HIVE_HOME=$PWD/apache-hive-1.2.2-bin
export PATH=$PATH:$HIVE_HOME/bin
```

然后执行命令：

```
[root@master ~]#source   ~/.bash_profile
```

进入Hive安装主目录，启动Hive客户端。

```
[root@master apache-1.2.2-bin]#    bin/hive
```

9.4 安装部署HBase

9.4.1 解压HBase安装包

输入下面的命令，解压HBase安装包。

```
[root@master ~]# cd /usr/local/src/
[root@master src]# tar -zxvf ~/hbase-0.98.17-hadoop2-bin.tar.gz    //解压并安装
[root@master src]# cd hbase-0.98.17-hadoop2
[root@master hbase-0.98.17-hadoop2]# ls -l             //查看HBase包含的文件
```

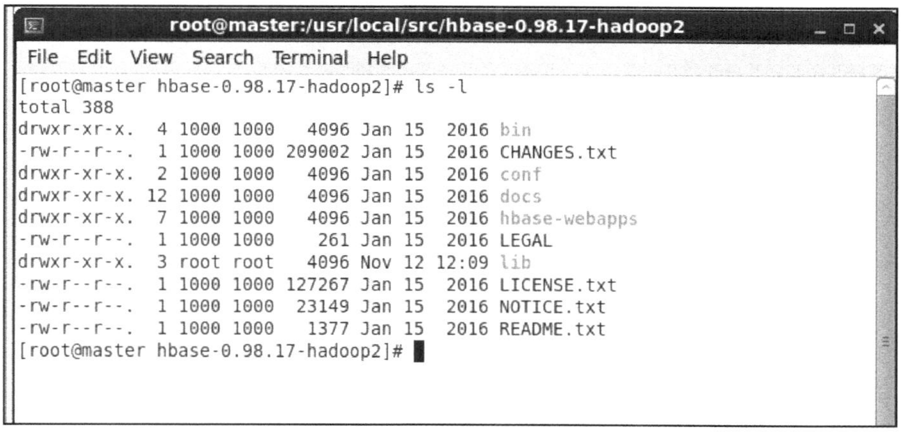

图9-63　查看HBase包含的文件

9.4.2 配置HBase环境

进入HBase安装主目录，然后修改配置文件hbase-env.sh。

```
[root@master ~]# cd    /usr/local/src/hbase-0.98.17-hadoop2/conf
[root@master conf]# gedit hbase-env.sh    //打开文件
export    JAVA_HOME=    /usr/local/src/jdk1.8.0_151       // 修 改 环 境 变 量
JAVA_HOME
```

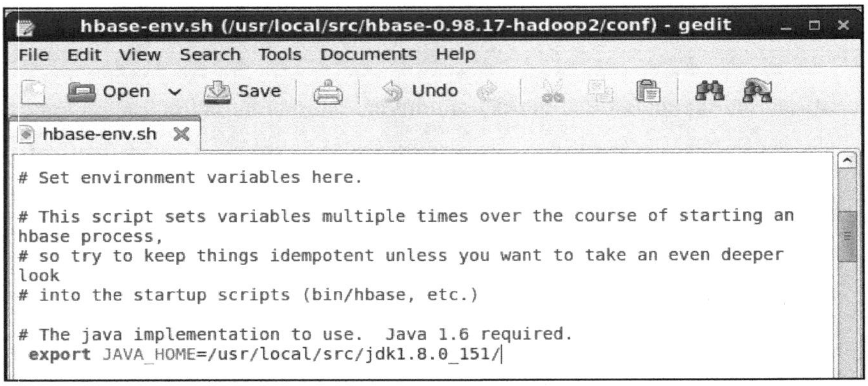

图9-64　修改环境变量

修改配置文件hbase-site.xml，使用gedit打开hbase-site.xml，用下面的内容替换原先hbase-site.xml中的内容：

```
<?xml version="1.0"?>
<?xml-stylesheet type="text/xsl" href="configuration.xsl"?>
<configuration>
 <property>
 <name>hbase.cluster.distributed</name>
 <value>true</value>
 </property>
 <property>
 <name>hbase.rootdir</name>
 <value>hdfs://master:9000/hbase</value>
 </property>
 <property>
 <name>hbase.zookeeper.quorum</name>
 <value>master</value>
 </property>
</configuration>
```

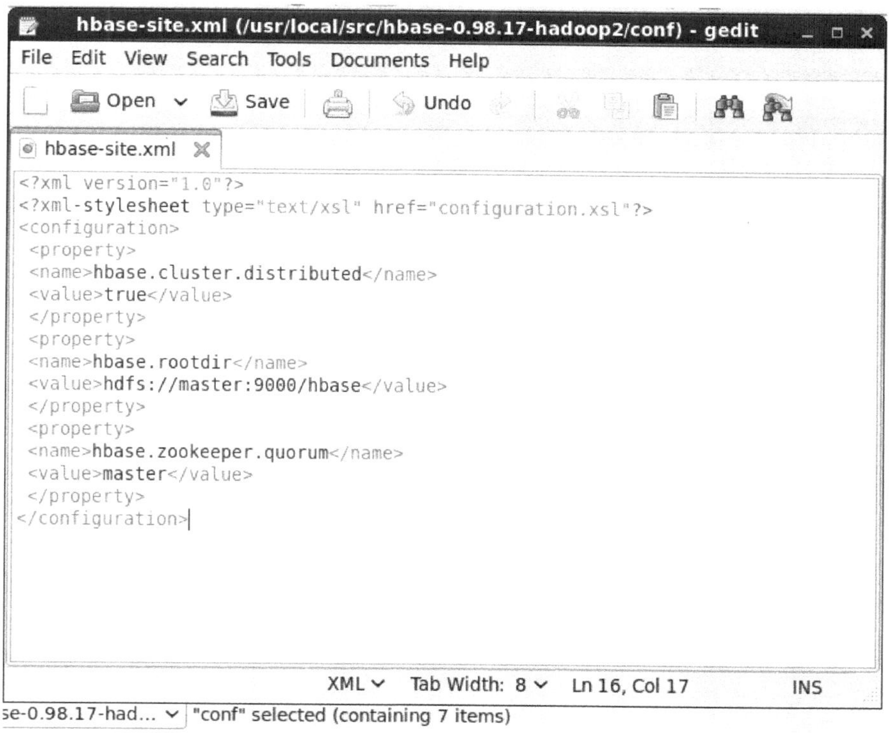

图9-65　配置hbase-site.xml

设置regionservers，使用gedit打开regionservers，将regionservers中的localhost修改为slave。

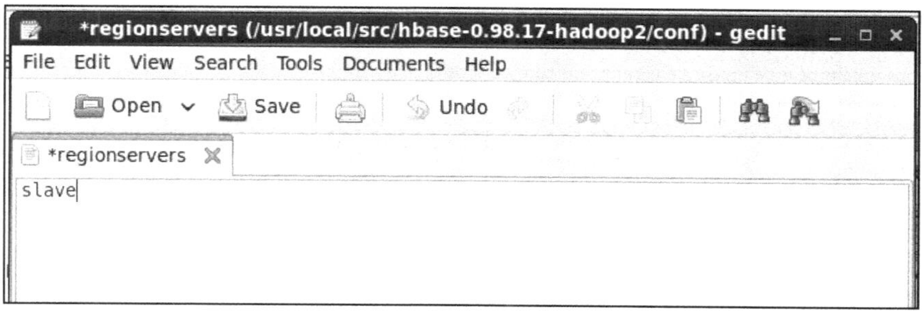

图9-66　设置regionservers

设置环境变量，编辑系统配置文件，执行下面代码：

```
[root@master ~]# gedit ~/.bash_profile
```

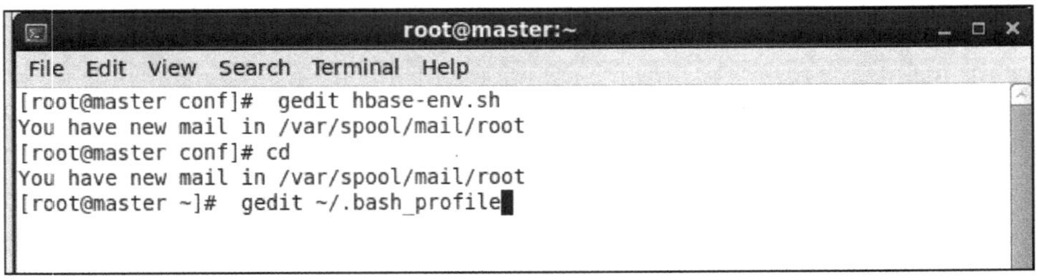

图9-67 打开bash_profile

将下面代码添加到文件末尾：

```
export HBASE_HOME=/usr/local/src/hbase-0.98.17-hadoop2
export PATH=$HBASE_HOME/bin:$PATH
export HADOOP_CLASSPATH=$HBASE_HOME/lib/*
```

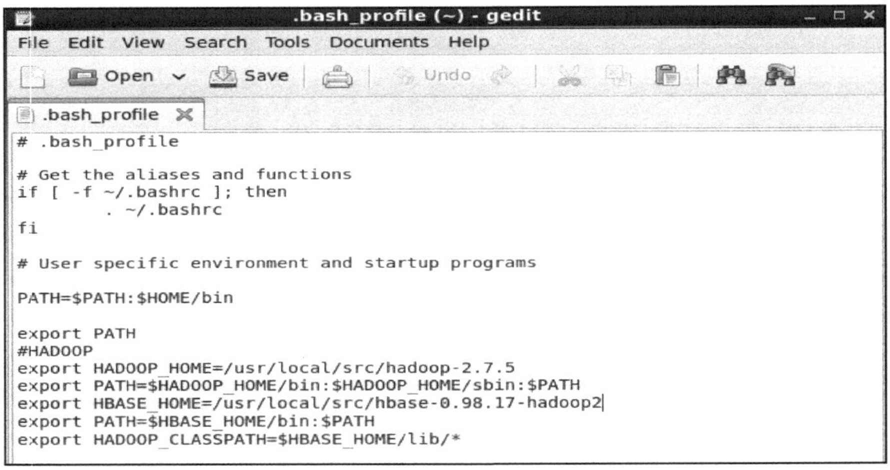

图9-68 设置bash_profile

然后执行：

```
[root@master ~]# source ~/.bash_profile
```

将HBase安装文件复制到HadoopSlave节点，使用下面的命令操作：

```
[root@master ~]# scp -r ~/hbase-0.98.17-hadoop2 slave:~/
```

9.4.3 启动HBase

进入HBase安装主目录，启动HBase。

```
[root@master ~]# cd /usr/local/src/hbase-0.98.17-hadoop2
[root@master hbase-0.98.17-hadoop2]# bin/start-hbase.sh
```

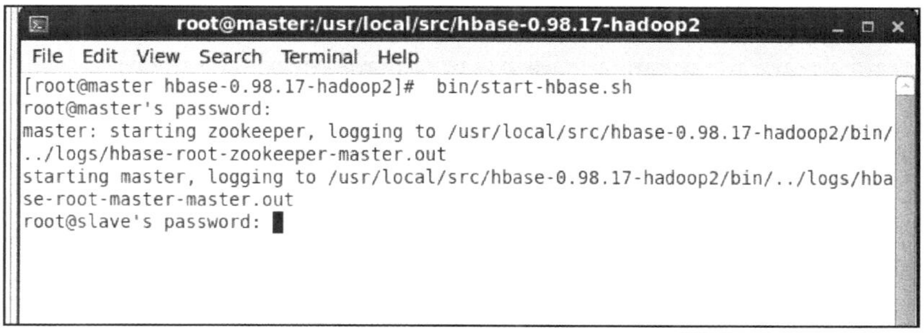

图9-69　启动HBase

图9-70　浏览器查看HBase启动信息

9.5 安装部署Mahout

输入下面的命令，解压Mahout安装包。

```
[root@master ~]# cd /usr/local/src/
[root@master src]# tar -zxvf ~/mahout-distribution-0.7.tar.gz    //解压并安装
[root@master src]# cd mahout-distribution-0.7
[root@master mahout-distribution-0.7]# ls -l            //查看Mahout包含的文件
```

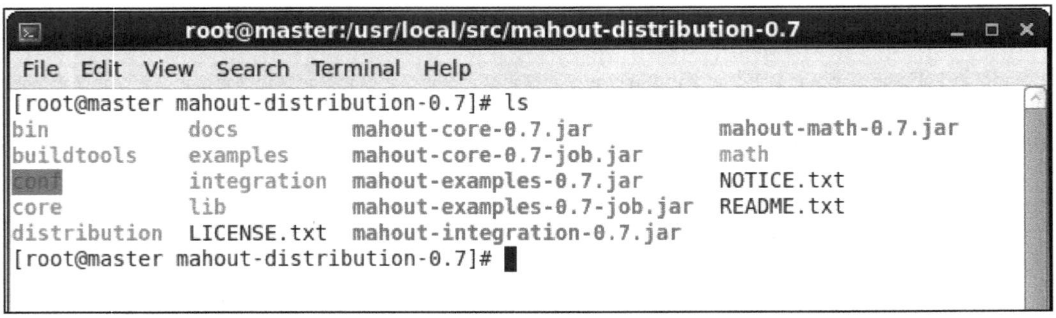

图9-71 查看Mahout包含的文件

启动并验证Mahout，进入Mahout安装主目录。

```
[root@master mahout-distribution-0.7]#    bin/mahout
```

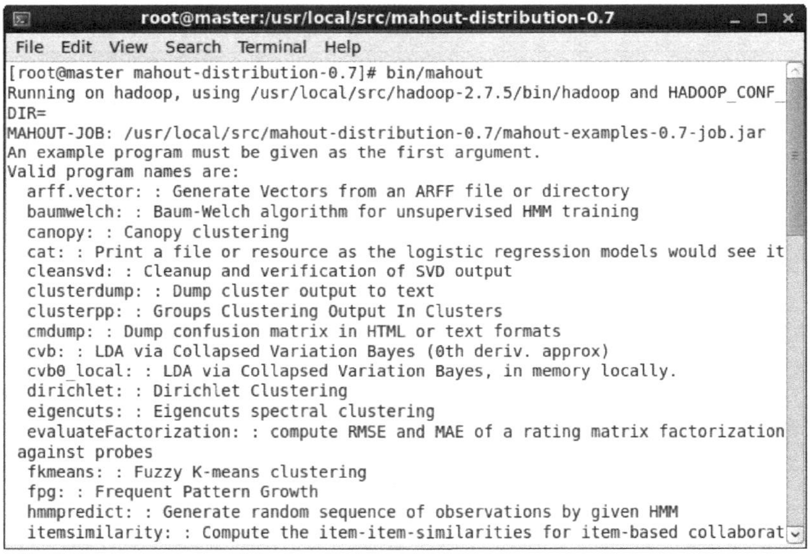

图9-72 Mahout安装成功

参 考 文 献

[1] 娄岩.医学大数据挖掘与应用[M].北京：科学出版社，2015.
[2] 邵学杰.医疗革命：医学数据挖掘的理论与实践[M].北京：电子工业出版社，2016.
[3] 华琳，李林.医学数据挖掘案例与实践[M].北京：清华大学出版社，2016.
[4] 刘鹏.大数据[M].北京：电子工业出版社，2016.
[5] 韩家炜，Micheline Kamber，裴健. 数据挖掘：概念与技术[M]. 3版. 范明，孟小峰，译. 北京：机械工业出版社，2012.
[6] 娄岩.大数据技术与应用[M].北京：清华大学出版社，2016.
[7] 周英，卓金武.系统方法与实例分析[M].北京：机械工业出版社，2016.
[8] 于广军，杨家泓.医疗大数据[M].上海：上海科学技术出版社，2015.
[9] 深圳国泰安教育技术股份有限公司大数据事业部群.关键技术与行业应用最佳实践[M].北京：清华大学出版社，2015.
[10] 李联宁.大数据技术及应用教程[M].北京：清华大学出版社，2016.